清华哲学文库

摆渡在有-无之间的哲学
第一哲学问题研究

黄裕生 著

清华大学出版社
北京

内 容 简 介

所谓第一哲学问题，也就是哲学中最基础、最恒常，同时也是最困难的那些问题。本书是作者近二十年有关第一哲学问题的持续思考与讨论的总结，分上、下两篇。上篇为"思想现场"，是作者直接面对第一哲学问题展开的思考。作者在现象学哲学的视野下对诸如本原与有-无、存在与是，以及自由与真理、自由与历史、自由与普遍之爱等问题进行了深入而有诸多新见的讨论，提出并论述了一系列前沿性的核心观点。下篇为"历史现场"，是在上篇基础上对哲学史上一些最重要的哲学家有关第一哲学问题的思考的分析、讨论与反思。

本书以直接面对问题的方式展开讨论与思考，专业性分析与思想性论述并重，历史阐释与原创思考结合，一改哲学界侧重历史阐释或专业技术分析的主流风格。

版权所有，侵权必究。举报：010-62782989，beiqinquan@tup.tsinghua.edu.cn。

图书在版编目(CIP)数据

摆渡在有-无之间的哲学：第一哲学问题研究/黄裕生著．—北京：清华大学出版社，2019（2024.6重印）
（清华哲学文库）
ISBN 978-7-302-51486-2

Ⅰ．①摆… Ⅱ．①黄… Ⅲ．①哲学—文集 Ⅳ．①B-53

中国版本图书馆 CIP 数据核字（2018）第 254889 号

责任编辑：梁　斐
封面设计：常雪影
责任校对：刘玉霞
责任印制：沈　露

出版发行：清华大学出版社
网　　址：https://www.tup.com.cn，https://www.wqxuetang.com
地　　址：北京清华大学学研大厦 A 座　　邮　编：100084
社 总 机：010-83470000　　邮　购：010-62786544
投稿与读者服务：010-62776969，c-service@tup.tsinghua.edu.cn
质量反馈：010-62772015，zhiliang@tup.tsinghua.edu.cn

印 装 者：三河市龙大印装有限公司
经　　销：全国新华书店
开　　本：170mm×240mm　　印　张：17.25　　字　数：316 千字
版　　次：2019 年 3 月第 1 版　　印　次：2024 年 6 月第 5 次印刷
定　　价：79.00 元

产品编号：080128-01

序言

本书是关于第一哲学问题的研究。什么是第一哲学？第一哲学就是第一科学。

"第一科学"这个说法首先来自亚里士多德。在他的分科系统里，有三门理论科学（die betrachtende⟨theöretik⟩Wissenschaft），即物理（自然）学、数学与哲学。这三门理论科学优先于其他科学，而在这三门理论科学中，哲学又优先于另外两门科学。要马上指出的是，这里的优先，不是指实用上、需要上的优先，更与现代人所谓技术突破、社会需要或国家战略无关。希腊民族是世界上唯一一个确立了理论科学的民族。而这种理论科学最初与实用、功利毫无关系，也即说，理论科学不关切实用与利益。这是希腊人的纯粹性与超然性的精神所在。就理论科学才使其他（实践）科学有范本而成为可能而言，这种纯粹性与超然性就是科学精神。科学本不关切实际功用，不产生于功利诉求，不产生于社会需要。简单说，科学不关切、也不产生于"经世致用"。那么，科学关切什么？产生于何处？科学只关切对象本身，只关切真实的事物。所以，科学不关切、不产生于实用，却也并非空谈务虚，相反，科学是真正的"实学"。

那么，如何才能关切对象本身呢？如何才能关切真实的事物呢？希腊人的一个伟大发现就是：在纯粹的理论兴趣里才能关切事物本身。科学只产生于对事物的纯粹的理论兴趣、纯粹的理论态度之中。发现或学会了以理论的态度对待事物，才会产生出科学，在希腊人看来，也才能关切到事物本身。我们将会进一步发现，在理论态度中才能关切事物本身，从而才产生科学，在根本上意味着，是在自由中才能关切到事物本身，在自由中才会有科学。

这里，我们首先要追问：何谓理论的态度？这里的态度不是一种观念或看法，而是一种作为（Verhaltung），一种与事物打交道而让事物呈现出来的作为。理论态度就是一种理论作为。但是，这种作为不是带着某种功用或目的的行动。在我们的日常生活里，我们的作为通常都带着某种明确的目的或利益诉求，但是，理论作为本身却不带任何具体的目的，也没有具体的利益诉求，它超然于功利与实用的诉求之上。但是，理论作为之为理论作为，并不只在于其超越功利性，否则它就无法与道德作为和审美作为区别开来，因为后两者也超然于利益诉求。如果说道德作为是依据纯然的道德法则，审美作为依据于纯然的情感，那么理论作为则是依据于纯粹概念。我们是有理性的存在者，这理性使我们能够给出一系列在先性的纯粹概念，比如质、量、关系、模态这四类概念。理论态度或理论作为区别于道德作为与审美活动就在于，它是以出自于理性自身的纯粹概念去与事物打交道。就此而言，所有理性存在者都能够以这些类型的概念去理解、把握事物，并且也都会因此而产生一种对待事物的理论兴趣，也即以那些纯粹的概念去与事物打交道的兴趣，但是，实际上却只有希腊人明确自觉到这些纯粹概念，并因此突显出了理论兴趣而投身于以那些在先性的概念去看待、审视、探究事物。

以理论的态度去面对事物，究竟意味着什么呢？上面的讨论实际上已经暗示，这首先意味着摆脱感性、功利与习见（包括经验、积习）去面对事物。如果说这种摆脱是一种解放，一种超越，因而是一种自由，那么，我们也可以说，理论的态度首先是一种自由的态度，或者说，是一种以自由为前提的态度。因此，以理论态度面对事物，根本上也就是以自由的态度去面对事物。在这个意义上，希腊人对理论科学的追求，就是对这样一种自由的追求：摆脱感性、功利与习惯经验的约束的自由。希腊人虽然尚未有"自由意志"这样的概念，也尚未把自由作为一个问题进行主题讨论，但是，希腊人以确立并热衷于理论科学的努力展开了一种自由精神：对感性世界的摆脱，对实用与功利的超越，对日常意见与积习的否定。不满足于感性世界里任何一个现实的圆，而去寻找并努力去认识一个在感性世界里并不存在却被认定为真实地存在于概念里的纯粹之圆，这就是希腊人的上述自由精神的典范体现。不过，这只是理论态度的一个方面。以理论态度面对事物同时意味着，**自觉地**以出自于理性的纯粹概念去与事物打交道，以那些纯粹理性概念去统一、综合事物，或者说,让事物在质、量、关系、模态这些概念性的类型意识里呈现自己而被定在这些类型概念里,并进而使其获得某种标准的规定而成为标准物,也就是自身同一物。可以"A 是 A"表达出来的自身同一物就是以纯粹理性概念去**定住**事物,并从事物身上那些已被这些概念定住的方面抓取、截留出某些内容而将之统一、规定为某一种类物本身,也即某一标准物。自在物或物自身本只是**显-隐不定地存在着**,并没有类或种的规定,也无个体性或特殊性的规定。只是当人们以理论的态度去与事物打交道时,事物才被迎进了概念叙述而获得标准化形象,成为可以"A 是 A"表达出来的第一定义物,也即第一种-类物。

实际上,只要以理论态度去对待事物,就必自觉地把事物纳入概念叙述,而被自觉纳入概念叙述的事物,也即那些被自觉地从质、量、关系、模态这些类型概念得到呈现、理解与把握的事物,又必成为能够被确定为具有某种确定的质、量、关系与样态而具有自身同一性的事物。对于在概念叙述中被标准化为自身同一物的事物,我们都可以问它"是什么",或者更确切说,对于被自觉纳入概念叙述里的事物,我们首先会去追问的就是"这是什么",以致我们总习惯于迫切问"是什么",甚至只习惯于问"是什么"。这实际上就是一切理论科学的追问方式,首先则是自然科学("物理学")的追问方式。

但是,所有在概念中被呈现出来的事物在"是什么"之前,首先是它自己,也即首先是作为自身同一物呈现出来。简单说,在"A 是 B 或 C……X"之前,首先有"A 是 A",否则说"A 是 B"或"A 是 Y"是没有意义的。当然,我们也可以说,一个事物的自身同一物就是它的第一个"什么"。如果我们把"是什么"看作定义活动,那么,给出"A 是 A",则是第一定义或原级定义。所以,在理论态度的观照中呈现出来的事物首先是它自己,然后才能够是其他的"什么"。如果说自然科学是以"是什么"的方式发问,因此,它的对象就是作为"什么"出现的事物,那么,自然科学要以逻辑学的自身同一律为前提,它的对象要以自身同一物为基础。

上面的讨论实际上表明,能够作为自身存在的存在者是它能够作为"什么"而存在的存在者的前提。在理论态度中,事物总是作为"什么"而存在,也即总是作为"什么"来与我们相遇照面。这种"什么"就是一存在者(das Seiende),自身同一物是每个事物的第一个"什么",在这个意义上,自身同一物这一第一个"什么"是使一存在者能够成为其他"什么"的前提或根据。就自然科学(以及现代才出现的社会科学)只追问事物"是什么"而言,自然科学并不关切使事物成为"什么"的根据或理由。如果说作为"什么"出现的事物都是被概念定住并被概念截取、规定出来的事物,因而都只是具体的、部分的事物,那么,自然科学关切的对象就只是具体的、部分的有限事物。

但是,如果是自身同一物使事物能够成为某种存在者或某一存在者("什么"),那么,这个自身同一物又是如何成为自身同一物呢?这个第一个"什么"又是如何成为一个"什么"呢?这也就是亚里士多德追问的"存在者之为存在者"所涉及的问题。追问存在者之所以为存在者,一个"什么"之所以为一个"什么",实际上也就是追问使存在者("什么")成为存在者("什么")的根据问题。按亚里士多德的追问思路,那么这个追问能给出的最后根据也是一个"什么"(存在者),这个最后的"什么",也就是最高的存在者本身,或者来自这一最高存在者的某种"什么"。但是,亚里士多德马上看到,这个既是最后也最高的"什么"显然不同于来自它自身的其他"什么",或者说,这个最后与最高的存在者不同于来自它的所有其他存在者,否则,它就不是最后与最高的。因为如果它与其他"什么"一样,因而是可以进行种加属差的定义,那么,在它之上就有更高的东西。简单说,那个最后与最高的存在者是不可定义的。这意味着,对那个最后与最高的"什么"是不可再问它"是什么"这一问题的。一个最后与最高的"什么",却不可被问"是什么",这意味着,这个最后与最高"什么"竟然不是"什么"。这是亚里士多德哲学留下来的一个困境。

不过,这里我们先不追究这个困境,而要着眼于他对哲学的定位:哲学不追问具体事物"是什么",而是追问使一切"什么"能够成为"什么"的理由或根据,这就是"存在者之为存在者"的问题。哲学之所以为"第一科学"而优先于其他理论科学,就在于它的对象优先于其他科学的对象。在亚里士多德看来,那个使一切"什么"能够是一"什么"的最高存在者作为哲学的对象,**乃是先于一切存在者("什么")而构成一切存在者的永恒原因,而这样的原因不是神性事物本身,也必定是来自于神性事物**(die goettliche Dinge)。因此,在亚里士多德那里,哲学乃是关于神圣事物的科学,他称之为"神学"(Theologie)[①]。所以,哲学之为"第一哲学",根本上就指哲学是"第一科学",而不是指除了第一哲学之外还有第二哲学、第三哲学,比如今天泛滥成灾的各种应用哲学或分支哲学。在这个意义上,第一哲学或第一科学之外没有哲学。我们甚至还可以进一步说,不追究最高者与最后者的问题,或者在神圣事物缺席的地方,便没有真正的哲学。哲学要保持为哲学本身,它必定是一种神学而保持向最后者与最高者敞开自身。

尽管亚里士多德对最高与最后的事物的理解存在种种问题,但是他借"第一哲学"或"第一科学"这个概念把哲学的独特性与优先性揭示了出来:哲学与其他理

[①] 参见亚里士多德《形而上学》,1026a10-30,参见吴寿彭的中译本,北京:商务印书馆,1991年,第119-120页;德译本 *Metaphysik*, übersetzt von Hermann Bonitz, Muenchen; Héctor Carvallo und Ernesto Grassi, 1966, SS. 132-133。

论科学一样是无关功用的,但是,与其他科学相比,哲学离功用又是最远的。因为其他科学虽然不以功用为考量去追问事物"是什么",但是它们所追问的一个个"什么"又是与我们生活中的各种功能需要相关,所以,其他科学一旦提供出关于"什么"的知识,那么它就必定会是有用的。但是,哲学所要面对的不是一个个"什么",而是"不是什么"的"什么",也即那最高或最后的事物,而这种最高或最后的事物恰恰是离我们生活的各种功能需要最远的事物。在这个意义上,哲学是最纯粹而最不实用的科学。换一个更确切的说法,哲学是最无法被工具化为一门提供关于如何满足功能需要的知识的科学。但是,这绝不意味着哲学是无意义的,或者哲学是不被需要的。相反,作为第一科学,哲学虽然不在功能上被需要,却在目的上被需要:人要自觉维护其带神性的绝对存在这一目的本身,哲学就是他所需要的。是哲学而不是其他科学才摆明了人这种特殊存在者一个超越性的存在处境:人的存在总是带着一个整体的存在,因为我们的存在不是一种封闭的存在——既不封闭于自然,也不封闭于自身,而总是或显或隐地朝向一个最高者与最后者而敞开自身的存在,因此,我们的生活世界是一个有绝对在的整体世界,而不是只有一个个具体的"什么"叠加的世界——由一个个具体的存在者相加的世界永远只是一个零散的局部世界,那里只有相对、有限、部分,而没有绝对,没有无限,没有整体。真正的哲学能提示我们,我们存在于整体之中,存在于有绝对的世界里。不仅如此,也是哲学,而不是其他科学能够帮助我们把自己维护在一个整体世界之中而不堕落为飘浮的无根生物,不沉沦为单纯世俗的相对个体。因为它通过向我们提示最后者的存在向我们表明,我们需要打开自己,以便与绝对者、与整体建立某种联系,并通过这种联系,才能理解我们自身,并成就我们自身。这意味着,第一哲学对于我们成为自身与维护为自身具有根本的意义。这也是哲学之为第一科学的优先性所在。这既意味着,哲学是最不容易得到世人认可的科学,因为它离日常功用最远,同时也意味着,哲学是最不需要得到认可的科学,因为它最切己而最根本,因此,哲学无需得到世人认可也一样拥有自己的权能。也就是说,哲学永远有一种非权力的权能:它只召唤先知却直抵世间的真理;它高居云端而触碰着世间每个心灵的边际,照亮每个灵魂的孤独旅程。

虽然第一哲学根本上要追究的是使存在者之为存在者的那个最高或最后的存在者,但是,并非说,第一哲学或哲学本身只有一个问题。为了真正追究这个最高或最后的存在者,哲学首先要面对一系列问题:是否存在着这样的最高者或最后者?如何理解这样的最高与最后?如何才能真正通达、面对那最高与最后?我们是否需要做准备?哪些准备?为什么需要这些准备?当我们能真正面对最后与最高时,对我们自己意味着什么?进而,当我们能真切地与最后或最高共在时,对我们之间的关系而言意味着什么？或者换一个问法，我们之间处在什么样的关系里，我们才能真正面对、通达那最后与最高？我们如何相互对待，才能与最后或最高共在？对于那最高与最后，除了哲学这门第一科学能与之打交道以外，是否还有其他方式？诸如此类都属于第一哲学的问题。

本书上篇讨论的就是这些问题。思想的区分一章，讨论的就是寻找能通达源头也即那最后者或最高者的思想途径，"是"与"是什么"的分别一章，实际上讨论的就是最后者与其他存在者的区分问题。在有关自由与真理、自由与爱、自由与差异等章节的讨论将在根本上表明，自由不仅是我们面对真理-真在的前提，而且也是我们面对绝对者的前提，还是我们以本相自身相互面对的前提。简单说，自由成了讨论所有其他大根大本的基础。因此，这些讨论成了第一哲学内容。下篇是在上篇提供的思想视野下讨论第一哲学问题在历史中的展开，试图呈现第一哲学问题在一些思想史关节点上的突破与推进。

不过，这些讨论虽然都被归为第一哲学，却并不意味着我们仍在亚里士多德的"第一哲学"视野下展开讨论。在亚里士多德那里，使存在者之为存在者的那个最后者或最高者虽然不能定义，总还是个"什么"，也即总还是一个"有"。因此，作为第一科学，哲学与其他科学一样，都是关于"有"的科学，也只是关于"有"的科学。但是，当我们发现，我们的解放不仅像希腊人以为的那样可以摆脱感性世界，而且像东方人觉悟到的那样可以摆脱概念世界时，我们不仅发现自身的本相——自在-自由，而且发现那最高者或最后者竟然可以不是"什么"，换一个东方思想表达，它竟然可以是"无"。那最高者或最后者，那个再没有源头的绝对源头不是单纯的"有"，不是单纯在场的"什么"，它同时是"无"。于是，那绝对者不在别处，而在有-无之间，在显-隐之际。

因此，作为第一科学，哲学就不只是面对"有"的科学，而且是一门面对"无"的科学。更确切说，哲学是一门在有-无之间进行摆渡的科学：它以概念体系实现从"有"的世界解放出来而朝向无，朝向玄暗的绝对者而敞开自己。所以，当哲学达到其最深处时，它将充满虔诚与敬畏、谦卑与自豪。对于这样的哲学，我们在导论里将会有更深入、详细的讨论。

Contents 目录

上篇　思想现场

导论　哲学是什么？ …………………………………………………… 3
　一、"什么是哲学"和"哲学是什么"的区分 ………………………… 3
　二、追问本原与寻求自身 ……………………………………………… 5
　三、返乡之旅与未来之旅 ……………………………………………… 8
　四、呼唤虔诚与成就虔诚的科学 ……………………………………… 10

第一章　思想的区分：从概念思想到本原思想 …………………………… 14
　一、何为概念？又如何给出概念？ …………………………………… 15
　二、分别识："逻辑-分析"与"构造-综合"的共同基础 …………… 17
　三、同一性：一切概念思维的基础 …………………………………… 19
　四、让-存在：退守自由的本原思想（维） …………………………… 21

第二章　世界的界限：数理科学的限度与人文-信仰的空间 …………… 23
　一、人文-信仰和人的绝对性 ………………………………………… 23
　二、数理科学的界限 …………………………………………………… 28
　三、人文-信仰和数理科学的关系 …………………………………… 31

第三章　存在方式的区分：是与是什么 …………………………………… 36
　一、作为系词的"是"的判断功能何以可能 ………………………… 37
　二、作为合一的同一问题 ……………………………………………… 40
　三、思想"是"的"同一"基础 ……………………………………… 43

第四章　作为存在论问题的真理与自由 …………………………………… 50
　一、传统真理观的核心：真理的本质就是符合 ……………………… 51

二、自由与真理 …………………………………………………… 54
　　三、本质的真理 …………………………………………………… 59

第五章　作为存在论问题的爱：爱即让-自由 ……………………………… 64
　　一、爱是一种解放：从尘世解放而回到自身 …………………… 65
　　二、爱即是守于自身而让-自由自在 …………………………… 68
　　三、爱和亲情的区别与关联 …………………………………… 71
　　四、爱与人类的解放事业 ……………………………………… 75

第六章　自由与差异 …………………………………………………………… 78
　　一、现成物与非现成物，直接性与非直接性，
　　　　当前性与非当前性的区别 ………………………………… 79
　　二、超越性存在：自由存在 …………………………………… 81
　　三、自由：差异性的前提 ……………………………………… 82

下篇　历史现场

第七章　命名与属名的区分：亚里士多德的本体学说及其真理观 ………… 89
　　一、本体的区分 ………………………………………………… 90
　　二、第一本体如何进入关联性存在 …………………………… 93
　　三、作为"存在论"的本体学说及其问题 ……………………… 97
　　四、自身同一物和第一陈述 …………………………………… 104
　　五、德性伦理和自由的缺失 …………………………………… 108

第八章　《存在者与本质》里的第一哲学概念及其关系 ………………… 113
　　一、本质与存在者、存在 ……………………………………… 114
　　二、本质与复合本体 …………………………………………… 121
　　三、本质与单一本体 …………………………………………… 132
　　四、上帝的本质与存在 ………………………………………… 136
　　五、本质与属性 ………………………………………………… 143

第九章　斯宾诺莎：实体说即主体，人即目的 …………………………… 146
　　一、作为实体的神与作为神的实体 …………………………… 147
　　二、一与多，或人与神的关系 ………………………………… 153
　　三、人的目的性存在与善恶问题 ……………………………… 159

第十章　笛卡儿的"普遍怀疑"与存在论的重新奠基 …………………… 166
　　一、从"怀疑"到"我思" ……………………………………… 167

二、"我思"的存在论结构及问题 ………………………………… 171
　　　三、我思与在场形而上学 ………………………………………… 175

第十一章　"纯粹理性批判"与存在论问题 ……………………………… 177
　　　一、作为"基础形而上学"的"纯粹理性批判" ………………… 179
　　　二、先验综合知识如何可能 ……………………………………… 183
　　　三、作为存在论问题的先验综合判断 …………………………… 185

第十二章　时间问题（上）：奥古斯丁对时间观的变革 ………………… 189
　　　一、物理时间及其给基督教世界带来的冲击 …………………… 189
　　　二、时间的内在化 ………………………………………………… 192
　　　三、时间与运动关系的颠倒 ……………………………………… 197

第十三章　时间问题（下）：康德对感性论的变革 ……………………… 200
　　　一、感性的超验化 ………………………………………………… 201
　　　二、时间的观念化 ………………………………………………… 206
　　　三、康德对感性论变革的意义 …………………………………… 211

第十四章　康德论证自由的"知识论进路" …………………………… 215
　　　一、知识普遍必然性的根据问题 ………………………………… 216
　　　二、理解范畴起源的关键：纯粹综合与先验杂多 ……………… 217
　　　三、理解"先验杂多"的两种进路 ……………………………… 220
　　　四、知识的界限与人的自由存在 ………………………………… 222

第十五章　不是额外问题的问题：如何理解上帝？ …………………… 225
　　　一、从理解到"证明"：托马斯的逻辑之路 …………………… 226
　　　二、康德对"证明"的批判 ……………………………………… 228
　　　三、相遇：上帝存在的"心学"道路 …………………………… 233

第十六章　绝对的开显：华夏文化的本原性与未来思想 ……………… 237
　　　一、华夏文化的定位问题 ………………………………………… 238
　　　二、人性的额外力量与存在的跳跃 ……………………………… 240
　　　三、绝对者在宗教意识里的出现 ………………………………… 245
　　　四、绝对者在"人文思想"里的自觉 …………………………… 249
　　　五、独立之学的确立与普遍性原则的发现 ……………………… 251
　　　六、未来的思想事业 ……………………………………………… 255

参考文献 ……………………………………………………………………… 259

后记 …………………………………………………………………………… 261

上篇

思想现场

导论　哲学是什么？

对哲学本身的追问就构成了一个哲学问题，而且就是第一哲学里的问题。对哲学本身的追问通常被表达为两个问题：什么是哲学？哲学是什么？但是，这里我们首先要问：这两个问法一样吗？如果我们想对哲学的本质有所把握，我们应对哲学采取哪一种问法？笼统地说，这两种问法好像是一样的。在日常语境里，人们也通常把这两个问法当作是同一个问法。而在西语句式中，中文的这两种问法通常直接就被抹平（"统一"）为一种问法。但是，如果深究起来，这两个问法实际上并不一样。所以我们首先要对这两种问法进行区分。

一、"什么是哲学"和"哲学是什么"的区分

在前一个问法中，真正问的是，哪些东西可以归到哲学之下？但归属于哲学的东西并不就等同于哲学本身。反过来说也一样，哲学并不等同于归属于它的东西。知识论是哲学，存在论是哲学，伦理学是哲学，美学是哲学，但是，哲学并不就是知识论或其他，甚至也不等同于所有这些分支的组合；同时，一种没有知识论或美学的思想系统却也可以被称为哲学。这意味着，在

"什么是哲学"这种问法中,并不真正涉及哲学的本质。

在"哲学是什么?"这种追问中,真正探问的才是哲学的同一性问题,即与哲学本身同一的东西。"哲学是什么?"这个问题要寻求的是哲学的同一性规定。同一性规定才是对事物的本质的规定,而不是关于事物的关系属性。同一性规定是使一物区别于他物的自身性关系的规定。在这个意义上,追问哲学是什么,首先也才是追问哲学的本质的规定。

同一性规定或本质的规定,实际上就是最初的规定:既是逻辑上最初的规定,也是时间-历史上最初的规定。就像对树的本质的规定就是对最初被称为树的那个东西的规定,或者说,就是对最初作为树本身被给予的那个东西的规定。尽管树在后来获得了越来越多的规定或属性,但是,它的所有这些规定与属性都以它的本质及其规定为基础。

由于同一性规定是最初的规定,因而是离我们日常生活最遥远、也最容易被遗忘的规定,以致人们常常迷执于事物的关系属性,倒忽略了事物的本质规定;也由于同一性规定是最初的规定,所以它是最直接却也是最模糊的规定,以致人们在展开对事物的认识过程中往往只抓住同一性中的某一方面或某些方面的规定,而遮蔽了其他方面的规定。所以,追寻同一性规定不仅要突破事物的关系属性方面的规定,而且要"综合"本质性的规定。

这里要指出的是,同一性规定,也就是本质的规定,不同于"本质本身"。本质本身,也就是事物本身,是在直观中被给予的,或者说是在直接意识中被给予的,而同一性规定也即关于本质的规定,则是在反思活动中完成的。因为只是在一本质物被给予我们之后,我们才反过来追问,这一本质物是什么,以求对这个本质物做出某种规定,以便可以对它进行演算与推理。

实际上,一切定义式的发问都隐含着对同一性规定的反思性追问。在"哲学是什么?"这种追问中,就是对哲学之同一性规定的反思性追问,或者说,是要在反思中把握哲学的同一性规定。

要在反思中把握哲学的同一性规定,也即其本质性的规定,首先要对哲学在其活动中所追问的问题进行反思。因为哲学正是在追问自己的问题的活动中作为哲学本身给予我们。所以,只有通过对哲学问题本身的思考与反思,才能对哲学的本质进行反思,从而达到对哲学本质的把握。如果我们对哲学问题进行足够的反思,那么,我们至少可以从这两个方面的问题来理解与把握哲学。

一个是本原问题;一个是有-无问题。

二、追问本原与寻求自身

哲学最初是作为追问本原—始基问题的一种努力出现的。本原问题并非简单只是一个世界的本质问题。本原问题的提出意味着人类的起源意识的觉醒：人们觉察到，我们生活的世界是有来源的，而我们自己是有来历的。这种起源意识使我们不停滞在眼下（也即现在）的事物，不满足于眼下事物；动物只能滞留于眼下的功能事物，也满足于眼下的功能事物。而人因起源意识对一切眼下事物与自己的身份持有怀疑与不信任，所以，人们不安于眼下事物而要越过眼下的事物，去追寻构成眼下事物存在之理由与根据的存在，这也就是在前或在先的存在。起源意识让我们获得一种超越性的眼光，让我们能够超越眼下事物，透过眼下事物，而瞥见源头事物。也可以说，因起源意识，我们能够开眼看"过去"，能够张开一只看"过去"的眼睛。动物是张不开这样的眼睛的，即使它有千里眼，它看到的永远也只是当下的东西。动物只有眼力，而没有眼光。眼力只能看到眼睛能看到的东西，而眼光则能看到眼睛看不到的地方。

对于起源意识来说，不仅眼前的一切事物都是不可靠的，而且连我们自身的身份都是可疑的：我们并不仅仅是当下的关系存在者，不仅仅是眼下的关系角色。

所以，起源意识也是一种怀疑意识，但又不仅仅是一种怀疑意识，因为它只是怀疑眼前的事物与当下的角色，却并不否定眼前的一切，相反，它因怀疑而要进一步去追问当下事物与当下角色的非当下性的根据，也即在先的根据。只有找到在先的、非当下的根据物，直至追寻到不出场的源头存在者，起源意识才不会因为当下事物的变动不居而惶惶不可终日，并且也才会发现并确认自己的本相身份而安于自己的真身与天位。简单说，追问本原问题，在根本上也是追问人自身的天位与真实身份的问题；而抵达本原，则意味着人回到了自己的天位而回到了自身。

在这个意义上，哲学追问本原的努力，既是追寻世界源头的努力，也是寻找与发现人自身的努力，也就是使自己成为自己的努力，使自己"成人"的努力。这实际上是同一个事情。因为返回世界源头的过程，一方面是突破一切派生的关联物而回到与本原共在的过程，同时也是我们不断摆脱经验自我、摆脱关系身份而返回自身的过程。世界的源头处，既是万物归一的场所，也是我们真正回到自身所在的位置。真正的自己，真正的"人"，并不是天下无敌、封闭独尊的原子独夫，也不是被网结在某种关系网络中的关系角色（比如父-子、君-臣、阶级分子等等），而是一个有天有地而顶天立地的中间者，一个超越了一切关系角色而与绝对源头共在的自在者，同时也是一个突破了一切因果性关系却可以开辟整个因果关系系列的自由者。

实际上，只有作为自由—自在的存在者，人才能真正洞见到本原，觉悟到绝对的源头。

这里，就人的自在与自由而言，自在与自由实是同一个意思。它们标明的都是人的一种超越性存在，也就是超越于一切关系物与一切派生物的存在。人这种存在者的存在总是要比一切关系物与派生物"多"出一些，他既能开展出各种关系而置身于这些关系之中，也能突破这一切关系而超出这一切关系。就他能够置身于一切派生性关系之外而守于自身来说，他是一个自在者；而就他能够从自身开展出一切关系又能够突破这一切关系而返回自身来说，他是一个自由者。前者标明的是人的超越性存在的消极维度，也就是不可被穿透、不可被穷尽的维度，后者标明的则是这种超越性存在的积极维度：既能肯定出一个关系世界，也能从这个关系世界退身出来。退往何处呢？退回到关系之外却能开辟一切关系的自身。没有这个超越而开放的自身，我们不可能开辟出一个人的关系世界，也不可能从这个关系世界突破出来而对这个关系世界进行反思与改善。在这个意义上，超越性存在的消极维度更具有根本性意义。这意味着，真正的自由存在必定是包含着自在于自身的自由，或者说，人的真正自由必定是自在的，而人的自在也必定是自由的。

那么，为什么说，只有作为自由自在的存在者，人才能洞见到本原而返回本原呢？

我们知道，人向来就存在于关系世界之中而作为关系角色存在，比如一出生就作为母-子、父-子、兄-弟等关系中的一个角色出现，同时还与周围事物处于各种功能性关系之中。但是，如果我们仅仅停留在这个关系世界里，仅仅在这个关系世界里理解我们的存在与生活，那么，永远找不到这个世界的源头，永远远离这个绝对的本原。因为在这个关系世界里，我们能遇到的都是相对事物：一切功能性事物都会失去功能，正如父母都是会死的一样。难道这个关系世界的本原不在这个关系世界中？它既在这个关系世界中，又不仅仅在这个世界中。说它在这个关系世界中，是因为它从来就不曾离开过这个世界，它不在远处，既不在时间上的远处，也不在空间上的远处，因为我们循着这个世界的任何一个有限存在者，都能够遇见这个世界的源头；说它不仅仅在这个世界里，是因为它越出了这个世界，超出了这个世界，否则，它无法成为这个世界的本原。因此，如果我们只是作为关系角色而只看到关系事物，那么，我们永远也不能遇见它。

但是，实际上，我们这种特殊存在者从来就不只是作为关系角色存在，我们向来也作为自在-自由的个体存在，甚至首先是作为这种自在的个体而存在，因而这种自在自由的个体存在甚至是我们展开、确立一切关系角色与关系事物的基础和前提，也是我们突破、改变与完善一切关系世界的基础。

一方面，只是基于我们每个人都是自由的个体存在，我们才能展开与确立起人与人之间的关系，而不是器具与器具的关系，不是单纯的强者与弱者的关系。虽然我们的确一出生就进入了关系之中，但是，因为我们是作为一种特殊的关系项进入关系的，所以我们进入的关系不是一般的关系，而是自由体之间的关系（尽管人们通常并不觉悟到这一点）。正因为人们实际上都是作为自由者来确立和展开与他人的关系，才会确立起一系列仁爱的、充满道义的人与人之间的关系。只是由于每个人都能够有自由的理性而是自由的存在，每个人才能够设身处地地把他人当作如自己一样的存在者来理解、对待，从而才能不仅仅把他人当工具，而是也把他人当作目的本身来对待，因而也才能把"己所不欲，勿施于人"确立为人与人之间的基本法则，或者说，也才能把"你要别人怎样待你，你也要怎样待人"确立为人间法则。凡是违背这一法则的人间关系之所以需要加以改变和修正，就在于这一法则既是基于个体的自由存在，又是维护个体自由的底线。因此，凡是违背这一法则的人间关系都必定是对关系项的自由的损害。从另一个角度说，那些建立在这一法则之上的伦理规范之所以正当而需要加以维护，不是因为别的原因，而只是因为它们间接地基于所要规范的对象的自由存在，同时也是对这种自由存在的维护。比如，在一些后儒思想中被看作是基于血缘亲情的"孝"，实际上与血缘毫无关系，否则，孝道无法外推。换言之，孝道之所以正当而值得加以维护，并不是因为它是出于血缘关系，而是因为它出于"己所不欲，勿施于人"这一法则，而在根本上则是出于关系项的自由存在。不管是孝道中的"养"还是"敬"，都是基于孔子与耶稣所觉悟到的法则才成为正当的。否则，养的要求与敬的要求都不具有正当性。以为孝悌这些伦理要求与实践是基于血缘亲情的想法，实际上是对血缘关系的一种古老迷信，它与图腾崇拜以及其他偶像崇拜一样，是人类精神尚未达到绝对意识而停留于有限性事物的一种体现。①孔子的伟大就在于他以仁学的绝对精神突破了血缘关系，确立起了超越一切（被夏商周奉行了几千年的）宗法制度的普遍仁爱原则。在孔子这里，孝之所以成为行仁之"本"，不是因为孝是基于血缘关系而产生的伦理规范及其实践，而仅仅因为母-子与父-子关系是每个人（不管是以亲子身份还是以养子身份出现）遇到的第一个关系场所，因而成了每个人实践、确立、贯彻仁爱原则于人生的出发点。也就是说，在母子或父子关系中行孝之所以重要，是因为它是我们行仁的起点。这里，普遍仁爱原则是孝道的标准与尺度。换言之，仁爱原则是父-子关系的尺度，也是一切亲情的法则。

---

① 实际上，从血缘关系无论如何都推不出"父当慈，子应孝"这个伦理要求（规范命令），把"父慈子孝"看作是出自血缘关系的一种"自然要求"，这是腐儒陷入的一个千年迷误。

简单说，一切正当的人间关系都是基于孔子与耶稣所觉悟到的基本法则，而根本上则是基于人间关系项的自由存在。因为只有从这种自由存在出发，才能理解、确立、开展出一切正当的人间关系。但是，人们不仅生活在正当的关系中，往往也生活在不正当、不健康的关系中，而人们之所以会展开出各种不合理的关系，同样也是基于人们的自由存在。正因为人是自由的，人们才会越性而为，背叛自己的自由本性而背离出于这种本性的法则；倘若人的存在不是自由的，而完全是必然的，那么，人们在生活中展开的各种关系也就无所谓正当不正当、合理不合理。在这个意义上，不管是正当还是不正当、合理还是不合理，一切关系都是基于关系项的自由存在才展开出来。

另一方面，也只是因为关系项的这种自由存在，我们才能够从各种关系中突破出来，以便修正一切不合理的关系，改善一切有待于改善的关系；同时，也只是因为人是自由的，我们才能从各种关系中解放出来，放下一切关系身份，既不再把自己与他人当作关系中的角色，也不再把相遇中的任何他物看作关系中的功能物，而这在根本上意味着退回自身而把他人当作自由者来对待，也就是当作他人自身来对待，同时也意味着把相遇的他物当作非功能性的自在物来看待。人成了自由人，物成了自在物，这意味着什么呢？意味着不管是自己，还是他人他物，都是未完成而是敞开的、活生生的，都置身于一个整体的可能性之中，或者说都被抛入一个永远不可被我们完全捕捉与把握的可能性整体之中。这个整体可能性或可能性整体，不是别的，正是一切事物的源头。一个置身于可能性整体之中的事物，也就是处身于它的源头之中。在这里，源头或本原以不出场的方式被置身其中的事物指示着。在场物总是指引地显示着一个不在场物。而放下了一切功能性关系角色的自由-自在的在场者，则既显示自身，又指引着不在场的源头。源头或本原不在远处，就在在场者之旁，不过，不是在角色在场者之旁，而是在自在或自由的在场者之旁。因此，只有真正能突破关系角色而回到自身的自由者才能洞见本原。

三、返乡之旅与未来之旅

这意味着，要寻回本原，必须首先回到自身。在这个意义上，作为追寻世界本原的一种努力，哲学就是我们返回自身的返乡之旅。本原意识或起源意识，实乃一种乡愁，一种忧烦（sorgen），是对与源头共在的那个天位之所的怀念与向往。哲学就是一种带着乡愁的返乡之旅，它通过让我们脱离-摆脱当下-现在纷繁多彩的现象世界而把我们带回"过去"，在在场的当下世界的背后打开了一个以不在场方式在场的"过去世界"。

作为一种返乡之旅，我们也可以说，哲学在打开一个"过去"的世界的同时，也就让我们能够以过去的眼光看当下，能够以过去的立场看现在，把"过去"当作理解我们当前的生活与世界的维度，使当下世界不只是具有实用的意义，还呈现出"历史的意义"。儒家强调述古追远，并不是为了真相与故事，而是为了获得一种超越当下、超越"眼前"的立场，一种拥有本原力量的超越性立场。

但是，作为追寻世界本原的努力，哲学不只是一种返乡之旅，同时也是一种"未来之旅"。因为只有从当下的关系世界摆脱出来，才能真正返回本原。彻底的返回，就是彻底的解放。而彻底的解放，彻底的摆脱，就是自由。所以，彻底的返回本原有两个方面的意义：一方面意味着回到与绝对的源头共在，与一个永远以不出场的方式出场的绝对他者共在，或者说，与一个永远以无的方式有着、以不在的方式在着的他者共在；另一方面意味着我们回到自身而回到自由。所以，对我们来说，回到源头，就是回到与绝对他者共在的自由存在中。相对于各种关系性存在总是封闭于关系之中而言，超越性的自由存在在根本上则是一种开放性的存在：它不仅让自己退回到可能性当中，而且让一切存在者都置身于可能性之中，甚至当下的现实世界，也不过只是一种可能性的展开。简单地说，自由就是守于可能性而打开可能性的存在。而这也就是未来的存在。未来是什么？未来就是希望，而希望就是被打开的可能性，就是靠眼光才看到-看出来的事物。在"希望的田野上"，就是在打开了可能性的地平线里。

所以，在源头处，在自由中，我不仅能够以"过去"的眼光看世界，而且同时也能以未来的立场看生活。哲学既是一种返乡之旅，也是未来之旅、自我解放之旅、自我成就之旅。哲学让我们能够站在未来的立场上理解与思考，而不是迷执于当前。哲学让我们能退出当前而返回自身，也让我抬眼望向未来，打开未来。哲学不仅让我们张开回望过去的眼睛，也让我们张开了遥望未来的眼睛。哲学让我们拥有三只眼睛。

就本原意识带领着我们返回过去，又打开未来而言，本原意识或起源意识实际上也就是一种时间意识，至少它包含着时间意识，或者要以时间意识为前提。这意味着，哲学作为追寻本原的努力，它实际上一直运行在时间意识中，甚至我们可以说，只是因为我们有时间意识，我们才会有哲学。虽然哲学曾经是以追求永恒的、非时间性的事物的方式运行在时间意识当中。在这个意义上，时间意识将随着哲学的成熟与反思的深入而成为哲学最核心的问题。这也是为什么胡塞尔特别是海德格尔要专门讨论时间问题的原因。

但是，时间意识，实际上，也就是从有到无与从无到有的意识。没有对"无"的意识，没有对终结的觉悟，也就不会有真正的"开始"与"过去"，而只有从"有"到

"有"的循环。而循环实质上是一种位移式的空间运动,而不是时间的绵延与扩展。但是,我们之所以有"开始"的意识,之所以会去寻找与发现"开始",首先就因为我们有"无"的意识。有对"无"的意识,我们才会意识到有一个从无到有的事件,从而才有真正的开始。哲学通过概念的自由演绎从现实世界,也即从作为"有"的当下世界摆脱-解放出来,所能达到的真正本原实际上就是一个"无",一个永远不出场的绝对他者就是一个无,就是一个整体的可能性存在。哲学退回到无而打开的可能性,也即打开的希望与未来,是一种有待于实现的"尚未"。未来是创造的,就在于它是从无中开显与实现出来的。

因此,真正的哲学并不只是与"有"相关,更与"无"相关。哲学在有无之间。作为一门科学,哲学是一门关于"有"的学问,但是,哲学不同于其他一切科学就在于,它不仅仅是科学,因为它不只是关于"有"的学问,它同时是一门与"无"相关的学问;或者更确切说,它不仅涉及有,而且涉及无,而其他一切科学只涉及有。不过,哲学与无相关并不是也不可能提供关于无的知识,而只是提供向无敞开的桥梁。有无之间永远存在着断裂,哲学就在有无之间进行摆渡。

如果说从当下世界摆脱出来而返回到源头处是一个从有到无的解放过程,那么,从源头处打开可能性而打开未来,则是从无到有的创造事件。但是,不管是从有到无的解放,还是从无到有的创造,都是一种自由的存在。在这个意义上,如果说哲学就在有无之间进行摆渡,那么,也可以说,哲学既是以自由为前提,又是对自由的实践与维护。就哲学从追寻本原开始而言,哲学一开始就基于自由;而就哲学以追问世界本原为使命而言,哲学就是以守护自由与维护自由为使命。

如果说作为一门科学的哲学是一个概念体系,那么,它一定是一个自由体系,即向无敞开的体系,向绝对他者敞开的体系,因而一定是一个永远有可能性尚待展开的开放性体系。

四、呼唤虔诚与成就虔诚的科学

就哲学实际上是运行于时间意识之中而言,哲学首先是一门通学。它不仅能够回望过去,而且能够打开未来,而这也就意味着既能够以过去的立场,也能够以未来的立场去面对和理解当下的现实。对于哲学来说,只有在过去与未来的视野下才能真正面对现实。换言之,哲学首先要能进入过去与未来,才能进入当下的现实,并进而理解现实和开辟现实。

同时,就哲学是追寻本原的一种努力而言,哲学更是一门经天纬地、安身立命的"大学",它的使命首先不在于探究一国一族之兴衰(如果说有一种哲学只为一国一族服务,甚至只为某一集团某一党派服务,那么,这样的哲学一定不会是真正的哲学,而只是利益与权力的仆从),真正的哲学的使命在于立定世界之根本而昭明天下普遍之理于普天之下。在这个意义上,哲学是一门以普遍主义情怀与普遍主义视野去追寻天下普遍之理的"世界之学"。因此,哲学不仅要穷通古今,贯通未来,而且要会通世界普遍之学,达乎天下普遍之理,以安天下人人之心。唯有安心,才能安身。

作为安身立命之学,哲学同时也是一门亲证的科学,一门为己而成己的科学。哲学所追问的本原、有-无问题既是这个"世界"的问题,同时也是每个人自己的问题。因为正如前面所说,唯在本原处,唯在作为整体可能性存在的"无"处,我们每个人才真正回到自由身而成为自身。因此,追寻本原的努力同时也就是返回自身的历程,而在有无之间的摆渡,同时也是每个人的自我解放与自我开显。这意味着,经历追寻本原,就是亲历自我返回,自我成就。实际上,任何哲学体系,首先都必须是对哲学家自己心灵生命中升起的问题的回答,否则它就无法安己之心而安天下人之心。唯有能安己之心,才可能安人人之心。这意味着,哲学学者必须首先以自己的生命、以自己的心灵担当起问题,换言之,必须首先在自己的生命中唤起那些大根大本的问题,使自己不解决、不面对这些问题就惶惶不可终日,只有通过亲自尝试解决这些问题来求得安宁。因此,真正从事哲学研究的人面对哲学史,其兴趣首先不在于哲学家说了些什么,而是理解他的问题,并努力与他一起面对问题,也就是说,首先是努力使哲学家的问题成为自己心中的问题,以便验证哲学家的解答的有效性——是否足以安心。

因此,哲学既是一门天下之学,也是一门为己之学。这里的"己"不是君臣父子关系里的自己,因为在这种关系里没有真正的自己,只有可被替代的各种角色;也不是什么利益主体或欲望主体,因为一切这样的主体都是临时的、不统一的,将随着利益相关项或欲求相关项的不同而发生变化。因此,这样的主体无法真正成为一个具有自身同一性的统一体。不管是关系角色还是利益主体,都只不过是每个人的一种临时身份,而不是他的真正自己。倒是只有退出这一切临时身份,摆脱各种功能性的关系世界,每个人才真正回到了他自身。这样的自身实际上就是自由身。哲学作为为己之学与成己之学,其所"为"的乃是这样一种自由之己,所"成"的乃是这样一种自由之身。

所以,当我们说,哲学是一门为己之学时,我们实际上也就是说,哲学是一门成就自由与维护自由的学问。哲学通常是以保持独立思想的方式承担起成就自由这一使命。从事哲学研究的人,既要能承担起哲学的这一使命,又要能受这一使命的塑造。成就自由与维护自由的普世情怀,以及穷通古今未来之变的超越精神,被哲学带进了从事哲学的人身上,又被哲学家发扬为一种传统,延续为一部历史。虽然我们今天就哲学学科的分类来说,有中国哲学和西方哲学等不同学科之间的划分,但是,不管是从事哪个学科分支的研究,只要是真正在做哲学研究,那么,穷通古今未来之变,追寻天下普遍之理,永远都应是从事哲学研究的学者们的一个基本追求。

就哲学的使命与精神来说,在今天,从事中国哲学研究,不仅需要坚守传统经学那种明明德于天下的普遍主义精神,而且更要以一个本源文化民族的开放胸襟去面对西学的深度与广度,使今天的中国哲学研究不是简单地重温国故,而是力图以现代性视野构建今日之"大学"。而从事西方哲学研究,虽以西方哲学为具体研究对象,却同样是以探求普世之理为要务。对于真正的哲学来说,"学不分东西,唯理是学"。因此,如果是在哲学层面研究西方哲学,那么,这种研究既不会认同欧洲文化中心论,也会警惕中国文化民族主义,而唯以探求天下真理为目标,唯以会通中西普世之学为归宿。

作为一门自由的科学,哲学同时也是一门纯粹科学,即不以任何派生性事物与经验性关系为考量的学问。因为只有排除一切派生性事物与经验因素,哲学才能找到构成一切派生事物与经验性关系的基础,也才能发现贯穿古今未来之变的最高原则。换言之,哲学是一门寻求从派生性事物与经验性关系中摆脱出来的学问。这意味着哲学要从各种日常世界与功用关系中解放出来。在这个意义上,哲学是一种解放事业。

作为这种纯粹的科学,哲学同时也是一门奉献虔诚、呼唤虔诚的学问。哲学不仅要求一切科学所要求的严谨与严肃,而且更要求思想的虔诚。唯有虔诚,能为真理与正义而抗拒诱惑,唯有虔诚能因真理与责任而抗拒浮躁,也唯有虔诚能为真理与信仰而忍耐苦难和不幸。简单说,唯有思想的虔诚,才能突破对功名利禄与派生事物的迷执而进入本原,回到自由。

《大学》说,欲修其身,先正其心,欲正其心,先诚其意。如何才能诚其意?《大学》说格物致知。问题是,如何才能格物?首先是要问:要格何物?显然,要格的不是派生物,不是日常功能物,也就是说,不是要格角色物,而是要格纯粹物,也就是自身物。与角色物打交道,是日常生活与具体科学和技术学的工作。一切角色物都是关系物,也就是可被概念所规定与把握,并被带进各种关系中的事物。在不同的概念与关系中,事物将显现为不同角色。在化学概念系统里,水显现为 H_2O,而在物理概念系统里,它则是一种无色无味的液体,而在日常话语系统里,水则是解渴的饮料。事物要摆脱角色物的地位,就必须摆脱概念,从概念中突破出来。哲学的使命就是通过概念的演绎摆脱概念,走向非概念的事物,也就是在纯粹意识中又不仅仅在纯粹意识中的自在物。自在物,就是在自己位置上的事物。这样的自在物,实际上就是整体物,是不可被概念-名相所划分的整体存在。

显然,致知格物,要格的就是这种作为整体的自在物。而要格这样的物,也就是要与自在物打交道,就必须从概念-名相中解放出来。唯有这种解放,才能真正面对自在物,与自在物打交道。而从概念-名相中解放出来意味什么呢?意味着空出我们的心灵,意味着把一切概念物,从而把一切经验物从我们的心灵中、从我们的思想中、从我们意识中排除出去,剩下什么呢?剩下纯粹的意识本身,剩下一个自主的自由域。纯粹意识本身就是一个自由的存在,因为一切关系,包括因果关系都是以这个纯粹意识为基础。自由的存在,就是自己的存在,就是作为自身的存在。作为自己存在,才是真正的"诚"。

因此,大学之格物,分开来说,一方面是我们从概念世界即角色事物中返回自身,返回自由,另一方面,是让事物在自己位置上存在,也就是让事物以自在物来与我们相遇。格物而知者,乃自己之自由与物之自在。知自己之自由,则明自己之为真实自己而能诚,知物之自在,则明他者之尊大而存敬畏之心。

所以,哲学呼唤虔诚,也成就虔诚。通过唤呼虔诚而唤回人的自身,成就人的自身。就哲学是一门维护自由而明明德于天下的"大学"而言,哲学不是一门日用之学,而是一门根本之学。它担当的是全人类的普遍正义与最高原则;唯当哲学真正承担起全人类的使命,它才能真正服务于一国一族之需要。哲学开辟的历史不是民族史,而是具有普遍意义的世界史。

中国曾经以自己的哲学开辟了具有世界意义的东亚史,而今天,中国将再次面临着这样的使命,那就是:以会通了中西普世之理的哲学参与开辟新的世界史。这也是我们作为中国人在今天的哲学研究中能够打开和应当打开的一个希望。

第一章　思想的区分：从概念思想到本原思想

　　正如导论里讨论指出的那样，哲学首先是一门科学。所以，一提到"哲学"，人们首先想到它是一门科学。的确，从其产生起，哲学就是一门科学，甚至是一切科学的科学，这在近代德国哲学那里体现得最为明确。也正因为哲学是一门科学，所以它才是可教可学的，因而哲学也才能成为大学里的一个系、一个教学单位。既然是一门科学，哲学首先也就是一个概念体系，至少是像其他科学一样离不开概念。因此，如果说哲学是一种思想，那么，这种思想必定就是一种概念中的思想：以概念传达与展开的思想。思想的作业进程似乎就是概念的逻辑演绎过程。

　　然而，也正如导论里明确了的那样，哲学是科学但又不仅仅是科学，因而不仅仅是一个概念体系，所以，哲学作为一种思想（das Denken/思维）也并不只是概念活动，而是要远比概念运动复杂得多。因为所有概念都只不过是思想的创造物，而思想并不从概念创造概念。这意味着思想有非概念的一面。

　　那么，有非概念的思想吗？自从中西文化相遇开始，这个问题就似隐似显地徘徊在中国思想界。整个 20 世纪关于西方重科学中国重道德、中国主天人合一西方持主客分离，以及中国守整体西方擅分析等一系列对置性的判定，都隐含着对非概念性思想的肯定,尽管这些对置性判定有大而化之、甚至失于谬误之嫌。前些年关于对象性思想(维)与非对象性思想的讨论,则逼近了对非概念性思想的直接肯定。而近年来王树人教授等学者一再论述与倡导的"象思维",则不仅肯定了非概念性思想,而且尝试着对这种非概念性思想本身做出某种说明与论证。

一、何为概念?又如何给出概念?

如果说存在着非概念性思想(维),那么它首先应当是一种本原性思想,也就是在先性的思想。在什么之先呢,在概念思想(维)之先,因而是先于概念的思想。如何理解这种非概念的思维-思想呢?这是一个问题:一个哲学危机迫使哲学要面临的问题,一个西方哲学要真诚与谦逊地面对像中国古典文化这种异域思想时就必须面临的问题。

这里首先要澄清的是,何为概念思想(维)?一般地说,概念思想就是给出概念并借助概念演绎去理解、把握和确认事物的思想活动。这样的概念思维,通常也被称为认识活动。因此,定义、规定与证明是这种概念思维的基本核心。但问题是,概念又是从哪里来的呢?概念当然只能是从概念思维来的。于是,我们发现,这样理解概念思维似乎会让我们陷入一个进行循环规定的陷阱:概念思维借助于概念的使用来规定,而概念的来源又借助于概念思维来说明。不过,这种循环并不是一种错误而需要纠正,倒是为了使这种循环真正能够通畅起来,我们要进一步追问更根本、更尖锐的两个问题,那就是:什么是概念?或者问,概念意味着什么?这是其一。其二,概念是如何给出来的?

首先讨论前一个问题。

在现代汉语的基本用法中,"概念"被看作是对事物的一般性本质特征的把握,它是从感性事物的共同特点中抽象、概括出来的。[①] 比如从红纸、红布、红苹果等事物中抽出它们的共同特征就形成"红"的概念。而在德语的一般用法中,"概念"有两个基本意思:首先指一个思想单位(统一体)里包含的本质特征的总体;其次指关于某物的一个表象、看法或意见。[②]

显然,不管是在汉语还是在德语里,概念首先是一种思想性的东西,或者更确切说,是思想中获得性的东西;其次它是对事物的本质的总体把握。简单说,概念

[①] 参见中国社会科学院语言研究所:《现代汉语词典》,北京:商务印书馆,2005年。
[②] Cf. *Duden Deutsches Universalwörterbuch*, fünfte Auflage, Mannheim: Duden, 2003.

就是在思想中对事物的本质的总体把握；或者说,概念是事物在思想中的本质存在。

现在的问题是,概念是如何给出来的？这也就是问,思想是如何把握事物之本质的？

把握事物之本质的事件,也就是给出概念的事件。一种最切合日常见识的经验主义解释坚定认为,本质是从感性杂多事物(如各种红)中抽取出来的共同性(如红性),因此,概念也就是抽象所得。问题是,如若还没有概念,思想如何进行抽象？以什么进行抽象？在我们把共同性从诸(杂)多的具体事物中抽象、分离出来之前,必须首先已对这共性有所把握。

实际上,我们并不是在比较了诸多具体事物之后才抽取出什么共性或共相。也就是说,我们对事物之共性的认识,并不是建立在对具体事物的特殊性的认识之上或之后,好像我们是在认识了诸多具体事物(如诸多马匹)的特殊性之后,再进行比较,逐渐删除掉特殊性,最后找到共性的东西。如果说我们是在认识了诸(杂)多具体事物的特殊性之后才能认识这类事物的共性,那么,这根本上意味着我不可能真正给出事物的共性。因为我们无法穷尽具体事物。如果说为了给出马的共性必以认识诸多具体马的特殊性为基础,那么我们压根就不可能给出马的共性,理由就是：我们无法穷尽对所有具体的马的认识。如果把共性看作是从诸多特殊性中概括、抽象出来的,那么,从有限的个体马的特殊性中,比如从十匹马的特殊性中,通过比较而抽象出来的共性,只是这被比较的十匹马的共性,而不可能是所有马的共性。

面对具体的、活生生的马匹,我们会获得-给出关于马的各种表象,比如关于马的颜色、皮肤、棕毛、肢腿以及其他具体官能的表象,同时也会给出包含着这些单一性表象的综合性表象,诸如形状、姿态、动作等复合性表象。我们并不一定是先给出单一性表象,然后再给出复合性表象,倒是常常是先直接给出复合性表象,再分析出单一性表象。我们的直观-观察活动本身就是一种直接的综合活动：当我们"看"到具体的、活生生的马,我们直接给出的就是关于马的形状、姿态、动作、习性等表象,甚至更进一步,直接就给出综合着这些复合表象的一个整体表象——在这个整体表象里,包含有关于马的形状、姿态、动作、习性乃至关于马的用途等这些基本表象。这个整体表象使得我们能把眼前这只或这些动物与牛、羊、猪、狗等其他动物区别开来。这样一个整体表象就是一个关于马的共性(相)。当我们把这样一个整体性表象当作一个宾(谓)词使用时,也即用它来规定一个对象时,它就成了一个概念。

显然,这样一个整体表象并不是在有了关于 a、b、c、d、e 等等许多只个体之马的表象,并对这些表象进行了比较之后,才给出来的。相反,我们要能把关于眼前 a、b、c、d、e 这些个体动物的表象都归为同一类表象,从而进行比较,必须首先已给出了关于这一类动物的一个标准性的整体表象,否则,我们就无法把关于 a 这只动物的表象与关于 b(以及 c、d、e 等)这只动物的表象都归在关于"马"这一表象下。在这个意义上,关于马或者关于任何一个种类事物的标准性整体表象,其实与能被归在这一种类物下的具体-个体事物的数量无关;换言之,只要有一个具体-个体物,就能给出一个标准性的整体表象,从而给出一个可以把这一具体-个体物归在其下的种类物的表象。这种标准性的整体表象是从任何一个具体-个体物中直接综合-构造出来的,而不是像通常所认为的那样,是从众多具体-个体物中事后概括、抽象出来的。

二、分别识:"逻辑-分析"与"构造-综合"的共同基础

实际上,遇到一个个体物,我们通常首先不是"逻辑-分析地""看",而是"构造-综合地""看"。"逻辑-分析地看",给出的是一个个单一表象,以及它们之间的同一与差别的关系。比如,在"逻辑-分析的看"中,给出的是关于马皮的表象、马腿的表象、马眼的表象、马颜色的表象等等单个的"原子表象"。如果把一匹马比作一个完整的"拼图",那么,在"逻辑-分析的看"中,看到的就是一个个拼件。这种"看"着眼的是原子表象,也就是通常不再被划分的表象。对同一种颜色,这种"看"给出的就是"一个"颜色表象,而不管这一种颜色是否是在同一个事物身上。比如,对于这种"看"来说,变色龙与它所藏身的树叶就颜色而言,是"一个东西",而不因空间界限或质地不同而被区分开来。

实际上,作为一种认识活动而言,逻辑-分析的看虽然并不以构造-综合的看为前提,却常是以构造-综合的看为先导。因为我们通常是以构造-综合的看去"关注-注意"(Aufmerken auf)事物而给出一个个体的整体表象之后,才会去进行逻辑-分析的关注。我们的"看"首先就是一种断取式的综合性活动,它以质、量、关系以及时空等多方面的维度去断取事物显现出来的部分现象,并加以综合与构造:把不同质或不同时空的现象加以断开,同时对同质、同时空的现象进行综合。事物也总是以质、量、关系、时空等这些维度被"看",被"关注"。"构造-综合的看"就是从这些维度对呈现出来的杂多现象进行截取与综合,而构造为一个标准性的整体表象。正是这种构造-综合的看,不会把褐色的马腿与马蹄下褐色的泥土都综合进马的表象里,而是将它们断开,只把马腿以及与它同质的或在同一个连续时空中的其他表象(如马皮、马眼、马身等)综合进一个整体表象中,使关于马的诸多表象(现象)从

其周围的杂多现象中"独立"出来而凸显为"一个"整体物,而不是粘附-混同于周遭杂多现象,以致无法成其为一个整体的个体之"马"。

不管是逻辑-分析的看,还是构造-综合的看,都是一种分别的意识活动,或者说,都是以分别意识为基础。那么,何谓"分别意识"? 在这里,分别意识有两层基本意思:首先这种意识有了"我"与"非我"的分别。在对马的构造-综合的看中,"我"知道是"我"在看,并且看的是一个异于"我"的东西。其次,这种意识作为"我的意识",在意识到"我"与"非我"的分别的同时,也分别了被给予物,也即说,在被给予物里,区分了我与非我:我看到了一个"我"在看着马。因此,在被给予物里,也即在意识事实里,不仅有马,而且有"我"。这里,我们把这种"分别意识"简称为"分别识"。分析的看与综合的看,显然都已是分别识的活动。

从前面的讨论中,实际上可以看到,就事物在"分别识"里被给予的顺序而言,倒是标准的整体表象先于个体表象:关于事物的标准性整体表象使关于个体物的完整表象成为可能。不给出一个标准性的整体表象,我们甚至无法把个体物所包含的诸多表象从周遭杂多表象中分离-独立出来,使它们成为该个体物的表象(属性)。因此,如果说这个标准性整体表象是一共相,那么,作为"分别识"里的被给予(被构造)物而言,共相倒是先于个体物,而不是相反。任何个体物都是共相中的个体物而离不开共相,否则,它就无法给予我们。换言之,我们"看"到的具体-个体事物,实际上都是在共相中给予我们。具体物之所以能作为具体物给予我们,因为它在共相中。所以,黑格尔一直有"具体的共相"之说。① 每个具体物都是在使之成为此一类具体物而不是彼一类具体物的共相中,才作为此一具体物给予我们。虽然此一具体物的种种差异-特性会在我们的关注中遮蔽了它所在的共相。但是,我们之所以会关注一具体物与其他具体物的差异,则是因为我们首先已把此一具体物与其他具体物归在同一共相中或不同共相中,也即归在同类或不同类当中。否则,差异将不被关注。

给出共相,或者说给出标准性的整体表象,并不意味着就给出概念。唯当人们把共相当宾词去对事物做出最初的规定,也即对事物做最初的分类,共相才成为一最初的"概念"。不管是逻辑-分析的看,还是构造-综合的看,都可以给出共相。如果说后者给出的是具体-个体物在其中的共相(如关于一匹个体马在其中的"马"的共相),那么,前者给出的则是关于具体-个体物的某一方面或某一部分的共相(如关于一匹马的颜色或马腿的共相)。在这个意义上,我们既可以从分析的看,也可

---

① 以前有关黑格尔的"具体共相说"的理解都过于简单,甚至失去了本意。叶秀山先生在多篇论文的相关论述中对此做了重新阐述,甚为切中,并富有启发。

以从综合的看那里，获得最初的可能宾词。而就它们都是运行在"分别识"里而言，我们可以说，一切可能宾词或可能概念，都是以分别识为基础。这一点是至关重要的。

三、同一性：一切概念思维的基础

实际上，正是那些共相，也即那些可能的概念或宾词，使我们能够将一个动态的现象世界"定"下来。呈现于我们意识中的现象事物本是纷繁变动的，既显而又隐，因而不是现成-既定的，而是开放-待定的。我们使用概念，就是要从中抓住某种东西，定住某种东西。概念的东西，就是现象世界中被抓住-定住的东西；概念就是从现象世界抓住某种意识事实的形式。但是，所有概念之所以能够在现象世界抓住-定住某种东西，要有一个基本前提，那就是，必须首先把现象世界里的某一东西（现象）规定为这一东西，也即必须首先把 A 规定为 A。否则，概念无法抓住-定住任何东西。如果我们不能首先把某物规定为该物，那么，我们就无法确定概念抓住的东西是否就是所要抓住的东西，这是其一。其二，我们用概念抓住某物，是为了把事物带进与其他被抓住的事物的关系世界里，以便确定它在这种关系中所具有的属性或功能；但是，如果没有以把该物规定为该物的同一性规定为前提，那么，我们甚至无法把它带入关系世界，即便带进了关系世界也毫无意义，因为我们无法确定它与其他事物的关系是否的确就是这一事物与其他事物的关系。

这意味着，一切概念及其使用都以同一性规定为基础或前提。没有同一性规定，任何概念都抓不住任何意识现实，定不住任何现实事物。实际上，同一性规定中给出的概念是第一概念或原级概念，它表达的只是一物等同于它自身的关系，除此之外不表达其他更多关系；一切其他关系都是在这个基础上建立起来的，并因而才有其他概念。比如，有了"这马是这马"（或者："这是这（只马）"）这一同一性规定中的"马"这一概念，才进一步会有诸如"战马""马群"等其他概念。当我们把"综合的看"从眼前事物中"看"（构造）出来的标准性整体表象也即共相当作一宾词，并以之规定眼前这一事物时，我们实际上就是在给眼前物一个同一性规定，从而给出眼前物一个最初概念。在"这马是这马"或"这是这"这种同一性规定中，宾位上的"马"或"这"，与主位上"马"或"这"本是不一样的。主位上的"马"本是一命名语词，而非规定语词。作为命名语词，只表示对相遇者的一种回应。这种回应是很不相同的：汉语世界回应以"马"，德语世界则回应以"das Pferd"，而英语世界则回应以"horse"，它们之间严格说来是不可翻译的，因为它们表达的不只是显现-在场者，同时也指示着不显现-不在场者，因为相遇者并不只是它显现的那样子。只有当这种主词被用来表达构造出来的共相而成了规定一事物的宾词之后,它们之间才是可通约、可翻译的。也就是说,宾位上的"马"表达的是从任何一匹马那里"看"出来的马的共相,它表达的只是一种显现的、在场性的存在,更确切说,甚至只是表达了被凸显出来的在场性存在。同样,在"这是这"里,主位上的"这"只是一个命名性的指示词,而在宾位上的"这"实则是一个共相代词。但是,在这种同一性命题里,主位上的"这"或"马"所表达与指示的那个在场又不在场、显现又不显现的事物被直接等同于共相中的事物,等同于纯显现的而被凸显的在场物。在这个意义上,同一性规定既是借助于共相给出概念物的活动,也是对事物进行删减、简化而使之完全在场化的活动。

上面的讨论表明,同一性规定是以由分别识的"看"给出来的共相为基础的。没有共相,就无法进行同一性规定。

因此,如果说概念思想(维)就是一种通过概念运动把握事物的理性活动的话,那么,概念思维是一种建立在同一性基础上的思维,因而也可以说,是建立在分别识给出的共相基础之上的思维。就概念都是概念思维给出来的而言,我们可以说,概念思维首先给出来的就是同一性概念,即同一性原理中的概念。换言之,它首先构造出来的就是同一性中的事物,也就是最初的概念物。

不过,就概念思维的基础而言,显然它并非开始于同一性的规定活动,也就是说,它不是开始于给出初始概念的活动。它至少在分别识的共相构造活动中有其根源。因此,对于概念思维(想),我们可以更为精确地加以规定:第一,它以分别识为基础;第二,它以分别识构造出来的共相为基础;第三,它以借助于共相进行同一性的规定为基础。建立在分别识基础上的思维是否就一定是概念思维,这是一个有待讨论的艰难问题。这里要首先指出的是,从概念思维的后两个基础来看,概念思维无疑是一种立义或赋义活动。因为给出共相,也就是令-使事物如此这般存在,也即令-使事物以如此这般的共相样式存在;而同一性规定则是使-令事物把如此这般当作自己,确立为自己,或者说,是使-令如此这般等同于一事物,"盖住"这个事物,使这个事物就显明为如此这般,显明为盖住它的覆盖物。因此,不管给出共相的构造活动,还是进行同一性规定的活动,都是一种赋义或立义活动:使一物作为某一物(即作为此物之意义)出现。尽管这种立义同时也可能是一种掩盖。

这里同时要指出的是,平常被人们视为"形象思维""形式思维""试错思维"等类型的思维,实际上,都不过是概念思维,或者是以概念思维为基础,而并非非概念思维。因为它们都要以共相构造与同一性规定为基础。在"S 是 P"这种纯形式的思维活动中,一样首要以同一性规定为基础,否则,"S 是 P"就是没有意义的。如果我们不能给出"S 是 S"与"P 是 P",那么,"S 是 P"等于什么也没说,或者说等于说"A 或 B、C、D……是 S",也可以说等于说"S 是 E 或 F、G、H……",因为 S 或 P 本身是不确定的。至于形象思维,它同样是一种概念思维的变种而已,在这里,共相通常被具象化为图像或形态,并被用以刻画、揭示、象征事物。正因为形象思维是凭借具象化的共相去刻画、揭示事物,它才能有助于理解、把握乃至认识事物。

因此,将形象思维、形式思维、试错思维与概念思维进行对置,而将它们排除出概念思维之外,不仅无益于澄清概念思维,倒很可能会误导对概念思维的深入思考。①

四、让-存在:退守自由的本原思想(维)

从上面对概念思维的讨论,我们可以进一步说,如果本原思维(或者"象思维")不是一种概念思维,那么,这首先也就意味着,这种本原性思维是一种无同一性原理的思维-思想,是不以同一性原理、同一性概念、同一性事物为基础的思维-思想。从概念及其确立的关系世界的角度反过来看,这种本原性思维就是一种摆脱同一性规定,从而摆脱概念、摆脱关系世界的思维。因此,它与之打交道的就不是被概念规定或抓住-定住的事物,而是未被规定、未被定住的事物,也就是事物本身。

于是,对于本原性思想(维),我们可以首先给出一个根本性说明,这就是:本原性思想不是与概念物打交道,因而不是与关系物打交道,而是与物自身打交道。如果说概念思维所打交道的事物是概念事物,因而一定是显现于意识中的事物,且也只能是意识中显现的事物,因而是在场性的、无遮蔽的事物,那么,本原性思想与之打交道的物自身或自身物则既在意识中又不仅仅在意识中,因而既是显现的,又是隐蔽的,既是在场的,又是不在场的,总是处在显-隐之间,处在出场与退场之间。

因其显而有物,却因其隐而不可视其全,所以,它实为不可视;因其显而或有声,但因其隐而其声非其声,所以,它实乃不可闻;因其显而或可触,然因其隐而其显非其全,所以,它实乃不可搏。而就其无任何规定而言,它不是任何事物,是对一切物的否定,因而它为无物。所以,用《老子》十四章的一段话来形容本原思想与之打交道的这种本原物是很贴切的:

视之不见,名曰夷;听之不闻,名曰希;搏之不得名曰微。此三者,不可致诘,故混而为一。其上不皦,其下不昧,绳绳不可名,复归于无物,是谓无状之

---

① 因此,在《概念化思维与象思维》(《杭州师范大学学报》2008 年第 5 期,第 3-8 页)一文里,我非常尊敬的张祥龙教授将形式思维、形象思维等归为非概念思维,并否定概念思维具有赋义功能等观点,是值得商榷的。

状,无象之象,是谓惚恍,迎之不见其首,随之不见其后。

不过,我们需要进一步追问的是:本原思想如何与这种本原物或自在物打交道?如果说概念的规定是一种抓住-定住,是一种抢夺,一种强暴,那么,非概念性的本原思想则是一种退让,即从概念的积极把握活动中退身出来,而让事物回到自身中,回到它本来在的位置上,这就是明-暗、隐-显之间。因此,我们可以说,本原思想是以一种让-存在的方式与本原物打交道。它以让-存在的方式而敞开一个"地带",一个"自由空间",以使他者在其自己位置上来相遇、共在。

问题是,我们如何能够让-存在呢?从"消极"的角度说,这种让-存在就是一种退让、一种退身。古人谓"功成身退",今人言"退一步海阔天空",此退即是一种退让。从什么地方退出来?从成了的"功业"中退出来。这个功业并不只是你的功名利禄,而是被你规定出来、建构出来的大千世界,也就是那些花花绿绿的"具体共相"。从五颜六色的具体共相中退身出来,从根本上说,最终也就是从"山是山"("这是这")、"水是水"("那是那")这种同一性世界摆脱出来。因为共相成了色相,至少色相界是开始于共相被用以同一性规定。一切既定物或现成物都是在同一性构造基础上给出来的。因此,从"功业世界"退身出来,既意味着从现成事物中摆脱出来,也意味着对同一性世界的解构与否定。从现成物中摆脱出来,意味着进入可能性世界,而对同一性的解构与否定,则意味着对必然性关系的突破。这两方面都意味着回到自由。唯自由能够突破必然性而摆脱非如此不可的存在处境,并因此才能打开可能性世界而维护着一切可能性。如果说,只有能够被带进可能性世界,事物才能作为其自身存在,而不是作为必然性(如果因果性链条)里的环节存在,那么这也就意味着,当且仅当作为自由的存在,我们才能让事物作为其自身存在。

因此,就本原思想(维)是以让-存在的方式与事物打交道而言,本原思想乃是一种基于自由的思想,一种基于自由而能解构-解放的思想。如果说解构是对同一性的突破,那么,解放就是了悟:对一切有之源于无的了悟,同时也是对无之为绝对性源头的觉悟。对源头的这种觉悟总带着感恩与追念,因此,基于自由的本原思想总保持着感恩与追思的品格。

不过,本原思想(维)与共相、本原思想与分别识、无分别识的关系,在这里仍是未加澄清的,而这对真正把握本原思维却又是不可省略的。

第二章　世界的界限：数理科学的限度与人文-信仰的空间

世界是否有界限？在什么意义上有，什么意义上没有？就我们无法在思想之外思考世界而言，思想的界限就是世界的界限。那么，如何理解思想的界限？上一章有关概念思想（维）与本原思想的区分，为我们讨论界限问题（特别是关于科学及其世界的界限问题）提供了基础。

一、人文-信仰和人的绝对性

近代以来，给人类生活世界带来最大变化的莫过于启蒙运动从理论到实践的深入和科学技术的发展。前者是人类走向成熟的根本标志，它作为不可阻挡的历史潮流在世界各地扩展的步伐却显得参差不齐、极不一致，以至于人们未能从总体上意识到启蒙运动对人类生活世界带来的根本性变化。

相反，科学的发展却及时而整齐划一地影响到世界范围内的人类生活。今天，从被启蒙了的民主化国家，到仍处在最愚昧无知的独裁者统治下的人们，其生活都离不开近现代物理学革命带来的技术成果。毫无疑问，人类生活其至将越来越依赖于科学的技术成果与技术产品。这种依赖性体现在两方面：科学与技术不仅不断改变着人类的生活内容和生活方式，而且由于科学的量化本性和可演算特征，使得人类的整个生活世界建立在各种精确的关系上：照明必定要与发电站、线路网联系；离开电话，今天的人难得与亲朋好友保持经常性联系；而如果没有生物技术以及化肥、杀虫剂，今天甚至生产不出足够的粮食来维持人类的生存。这种精确的关系世界使生活变得方便快捷、称心如意。于是，由科学技术确立或开展出来的生活世界在不知不觉中被当作最真实最可靠的世界。因此，科学也就成了人类理解生活、把握世界的唯一的可靠方式。人类由此从对科学的依赖转变为对科学的信仰：人类的整个生活都被托付给了科学，科学成了给出生存意义的唯一源泉。

然而，如果科学要保持为科学本身，它恰恰不能成为信仰的对象，更不能成为盲目崇拜的对象。因为构成科学的一个最内在的本性就是怀疑精神；没有怀疑精神，因而没有问题意识，任何真正的科学活动都是不可思议的。这种怀疑精神使科学在任何时候都承认自己给出的任何意义或原理都是相对的。否则，科学的任何进步都将是不可能的。

实际上，如果把科学看作是人类理性的一种活动，那么，它只不过是人类的生存方式之一，或说是人类把握、理解生活-世界的维度之一。在这个意义上，科学是有限度的，或者说是有界限的。这绝对不等于说科学的进步是有界限的，更不等于说科学研究有禁区。对科学进步或研究领域的任何限定都是一种主观的独断设定。我们是也只是在这个意义上说科学是有界限的：我们的生活世界有科学这种把握方式所把握不了的维度或方面。从另一个角度也就是说，科学所揭示出来的只是我们生活于其中的世界的一个维度，而不是这个世界的全部。我们的生活-世界要比科学所开显出来的关系维度丰富和深奥，有科学永远把握不了的其他维度。对于生活-世界里的事物，我们不仅可以用概念（科学）方式去把握它，也可以用直观方式去理解它。事物在概念中的显现（意义）不能代替它在直观中的显现（意义）。因此，就科学只是人类把握事物的维度之一而不是把握整体事物的唯一维度来说，科学的限度或界限是客观的，是它作为人类理性的一种活动方式所固有的。

这里，需要首先澄清，我们这里所说的科学是什么？澄清了这一问题，才能进一步从科学作为理性的一种活动方式这一角度去揭示科学的客观界限。人们经常把科学与宗教对应起来，而在中国，近年来人们也经常把科学与人文对应（不是对立）起来。在这种对应中，隐含着把科学与信仰、科学与人文科学区分开来的理解。从外延上说，与人文科学相对应的科学除了数学和自然科学外，还有诸如逻辑学、经济学、社会学等社会科学，我们不妨把这类科学称为数理科学。那么，数理科学与人文科学的根本性区别在什么地方呢？它们又在什么意义上都可称为"科学"，从而共同与宗教信仰有所区别？虽然科学与人文精神的关系问题曾引起广泛的讨论，但是上面这类问题却从未得到深入思考。然而，正是这类问题决定着有关讨论能否产生积极的效应。

我们之所以把与人文科学相对应的科学称为数理科学，其全部根据在于，后者都要借助于数学的演算方法，并且都致力于确立精确的演算关系。不管是以自然界为其研究对象，还是以社会现象为其对象，数理科学的最终目的就是给出概念或符号，并确立概念间或符号间的演算关系。数理科学相信事物完全可以通过概念及其关系来把握和理解，因此，它不追求概念（符号）之外的意义。因此，数理科学给出的任何结论不仅要求得到逻辑（理论）上的证明，而且要求得到可通过概念被完全描述的经验，因而也即是可重复的经验的证实。否则数理科学的任何结论或意义都不能被视为是真的。但是，任何概念都是一种限定或界定，这意味着通过概念给出的任何意义都是有限的。就数理科学不追求概念之外的意义而言，它给出的任何意义都处在概念的相应关系中，因而都是有限的和相对的。只是在化学的话语（概念）系统中，水才呈现为 H_2O 这种氢氧化合物，而在这种概念系统之外，比如对于古人或没有化学知识的人来说，水就不呈现为这样的意义物。也就是说，水在化学里作为 H_2O 存在并不能穷尽水的意义，而只是水的可能意义之一。但是，化学正如一切数理科学一样，它并不把揭示事物在自己的概念系统之外的意义当作自己的任务，而是永远满足于揭示事物在自己的概念系统里的意义。一个理智健全的化学家不会试图通过实验去揭示水在诗人眼里会有什么样的意义。如果说数理科学是人类理解生活-世界的一种方式，因而也就是人类揭示生活-世界之意义的一种方式，那么，数理科学给出的意义世界永远是一个处在概念关系中的有限的、相对的世界。

但是，人文科学，比如哲学、历史学、艺术等，虽然必须借助于概念体系或符号系统，但是，它们并不停留或满足于概念体系给出的意义，相反，它们真正要追求的恰恰是概念体系或符号系统之外的意义。简单说，它们要达到的是"言外之意"。对于人文科学来说，概念体系或符号系统（比如音符）只是它们借以达到绝对意义的一座可靠的"断桥"。它们之所以需要这个"断桥"，仅仅因为严密的概念体系能够保证把人们带到离它们追求的意义尽可能近的地方，以便在最大程度上保证人们能够越过相对与绝对、有限与永恒之间的断裂，从而理解绝对而永恒的意义。人们一般以为，"登楼撤梯，过河拆桥"是一切人文科学的最隐秘手法。但是，更确切说，人文科学只是借梯跃高，假桥飞岸，因为人文科学并没有直通其追求的绝对意义的桥梁。人文科学需要概念体系的帮助，但它并不相信通过概念的演算关系就能完全把握自在的事物或人本身。因此，它作为科学不仅追求有关人或物的知识，而且追求如何与自在的他者（自在的人或自在的物）共在，也即与概念体系所无法完全限定的绝对的他者共在。正是在与自在的他者的共在中，人才真正作为他自身存在，而不是作为概念关系体系中的舞台角色而存在，因而他的存在才获得了不可替代（概念关系中的角色性存在是可替代的）的绝对性。人的这种自身存在的绝对性是他的绝对权利、绝对尊严的唯一源泉。在这个意义上，人文科学的使命终归与维护和揭示人的绝对尊严与绝对权利相关。

因此，人文科学并不只是一种概念体系，它同时是人类维护与追求自身存在的绝对性——绝对权利、绝对尊严、绝对意义——的存在方式。如果它仅仅是一种概念体系，因而仅仅是一种知识，那么，它就不是人文科学，就如如果诗仅仅是一些有严格意义的语词的组合，那么，压根儿就不会有诗这种艺术存在。人文科学面对的是物自身（或人自身），即自在物。自在物作为他者出现，并不仅仅是它在概念表象（意识）中显现给我们的那个样子，它永远有我们的概念无法显现、无法把握的方面，这些可能性方面构成了它存在于其中的整体。任何自在存在者都不是孤零零的存在者，而总是存在于整体中的存在者，这就是 Seiende im Ganze。只有当这个自在存在者仅仅被当作概念表象中显现的那个样子，即仅仅被当作与概念中表象物完全同一的东西，自在物才成为脱离了整体的自身同一物。自身同一物虽然获得了在思维中存在的规则性和精确性，但是，却失去了在自己位置上，即在整体中存在的神圣性和隐秘性。因为只有保持在自己的位置上而不可归化为逻辑演算物的东西，才能保持自己存在的神圣性和隐秘性。自在存在者的神圣性和隐秘性虽然是不可认识、不可把握的，但却是可理解的。人文科学的根本目的就在于理解自在存在者的神圣性存在，从而给出生活-世界的绝对意义。在人文科学的这种理解活动中，概念体系或符号系统只具有诱导性或启示功能，而不具有规定性功能。文学、绘画、音乐如此，哲学、历史学也是如此。一个哲学体系就是一个严密的概念体系，但是，如果这个体系是一个真正的哲学体系，那么这个体系本身就不可能封闭于其中的概念，而恰恰必须向概念所无法规定的绝对的意义领域开放，而且也只有向绝对的意义领域开放，这个概念体系才是有意义的。

在这里，哲学或人文科学的概念体系首先不是向人提供知识，更不可能是提供绝对的意义，而是使人尽可能地摆脱日常经验或日常定识而向绝对的意义领域敞开自己。简单说，概念体系并不是人文科学的目的本身，人文科学需要概念体系，仅仅因为它有助于人获得某种程度的"解放"，从而使人能够理解绝对的意义。

就人文科学需要概念体系或符号系统而言，它与数理科学一样都是"科学"。人文科学甚至要求比数理科学更纯粹、更严格的概念体系。这里所谓更纯粹更严格，也就是更少日常意义，更少经验内容。表面上看，人们通常以为数理科学更远离日常生活，因而更客观中立、更精确。但是，数理科学之所以更精确、更客观恰恰是因为它更接近功能性的日常生活和经验活动，因而它能用自己的概念准确而充分地规定和表达事物在这种功能性的经验活动中和日常生活中的意义。数理科学的严密的概念演算必须以概念有准确而固定的意义为前提。正因为这样，数理科学对任何功能性的经验世界都是有效的，因而显得"客观""中立"。如果说数理科学不追求概念之外的意义，而是也只是以概念能加以规定和把握的功能性世界为对象，因而它的概念体系是一个精确、严密的数理逻辑体系，那么，人文科学恰恰要摆脱功能性世界而向非功能性事物努力，因而它的概念体系是一个严格而纯粹的自由体系，也即一个开放体系。数理科学通过概念体系把握和操控自己的对象，而人文科学则通过概念体系向自己的"对象"开放，更确切地说是向绝对的意义，向自在存在者开放。

这也就是说，数理科学和人文科学之所以都被当作科学，是因为它们都是通过概念体系或符号系统与自己的"对象"发生关系。也正是这一点，使科学，特别是人文科学与宗教信仰区分开来。就人文科学追求与绝对的自在存在者共在，以便获得生存之绝对意义而言，人文科学与信仰有一致性。因为从根本上说，信仰也就是向自在而神圣的他者开放自己，寻求与自在的他者共在，从而取得生活世界的绝对意义。但是，信仰本身并不需要借助于概念体系或符号系统的自由演绎，而是直接通过对律法或戒律的践行修持来通达与绝对的他者共在。如果说人文科学是通过概念的自由演绎来摆脱功能性事物，把人从日常定识与功能经验中解放出来，使之向自在存在者敞开自己，那么，信仰则是通过律法或戒律直接把那些最容易使人沉沦受缚的功能性事物排除在生活之外，使生活直接就向绝对意义开放。在这个意义上，建立在人文科学基础上的生活一定是自觉的，而建立在信仰基础上的生活则可能是自觉的（比如宗教创始人），也可能是不自觉的（比如一般信徒）。

不过，不管是人文科学，还是宗教信仰，就它们都追求概念之外的绝对意义而言，它们不同于数理科学。就其社会功能而言，人文科学其至不是更接近数理科学，而是更接近信仰。在一些国家或民族里，人文科学甚至成为宗教信仰的替代物发挥着作用，就是这一点的很好的证明。所以，我们在这里把人文与信仰相提并论，用"人文-信仰"这一短语来与数理科学相对应。因此，在本章的题目"数理科学的限度与人文-信仰的空间"里，"科学"仅仅指上面所说的数理科学。

二、数理科学的界限

当我们说数理科学不追求概念所能把握的意义之外的意义时,也就意味着数理科学是以功能性的事物为自己的对象。而所谓功能性的事物也就是对我们来说能够是什么的东西。"对我们来说是某种什么"的东西不仅能够向我们显现它的存在,而且它的这种显现就被当作它存在的全部,因而它直接就是在我们的直观表象中的那个样子,也就是说,把它在直观表象中的显现当作它自身,它好像就在显现中、在直观表象中达到与自身的同一。

因此,功能性事物必定首先是自身同一物,即它在直观中的显现就是它自己。我们也可以说,第一功能物就是自身同一物。一切能够是什么的东西必须首先在直观表象中是它自己,即必须首先成为"A 是 A"的东西。也就是说,A 这一事物是它自己,即 A 是 A,就是 A 这一物对我们来说能够是的第一个"什么"。在这个意义上,自身同一物本身就是第一功能物,因而是功能性的意义世界的基础。

在这里,显而易见的是,只有功能性事物(现象)才能在我们的表象思维中作为它自己,作为它存在的全部给予我们,也即作为自身同一物出现,因此,我们才能够在表象思维中对功能性事物进行逻辑演算,让它在概念的各种逻辑演算关系中展现出各种功能性意义或功能性角色。因此,如果说数理科学不追求概念所能把握的东西之外的意义,那么,数理科学就只能是以功能性事物为对象。在这个意义上,数理科学必须以自身同一物,也即第一功能物或第一定义物(A 是 A)为基础,否则,数理科学的任何精确的概念演算都是不可能的。

但是,向我们显现的事物首先并不是自身同一物,不是"A 是 A"里的 A,也即说,不是第一定义物或第一功能,而首先是自在物本身。有事物向我们显现出来,表明有他者在,这个他者的存在并不仅仅是它显现出来的那个样子,因此,它不能被直接等同于它在直观中的显现,不能被构造为直观表象中的同一物,它在直观中没有同一物。这个他者仅仅在直观中显明它存在着,但并不显现它的全部。因此,它不在表象思维中,而是保持在自己的位置上。这个"自己的位置"就是他者存在于其中的那个永远不可直观(显现)的整体。我们把这个在自己位置上的他者称为自在存在者或自在存在物。这个自在存在者通过在直观中的显现表明它存在着(existiert),同时,它的这种显现表明它的存在(Sein)并不同一于它的显现,它的存在多于它的显现,因此,我们不能根据它在直观里的显现来对它进行逻辑演算。只有当我们对自在存在者在直观中的显现进行"反思",把它在直观中的显现强行规定、把握为就是它自己,同一于它自己时,自在存在物才成为在表象思维中的自身同一物,直观也才成为表象。由此我们才能在表象思维中对它进行演算。对于不能在直观中显现从而不能被规定为在表象思维中的东西,我们不能对它进行逻辑演算。但是,凡是能在表象思维中得到演算的东西,都必定是能够完全存在于表象中的东西,因此,它也必定已是不在自己位置上的东西,即已不是自在物。这意味着,当我们把自在物在直观中的显现强行规定为它自己的时候,实际上是把自在物从它自己的位置上抽离出来,让它完全作为表象物存在于思维中。因此,对自在物的任何规定,包括对它的自身同一性的规定,实际上恰恰都不涉及自在物,而是对自在物的掩盖和抢夺——对自在物的任何"规定",实际上只是从自在物那里抢夺、抽离出来的某种"片断",而不是自在物整体。

这里,我们可以说,只有"片断"才能是自身同一物,而自身同一物也一定是从自在物中抽取、抢夺出来的"片断"。但是,根据上面的分析,自身同一物必定是能够完全存在于思维中的存在物,而不是在自己位置的存在者。它不仅不是自在存在者的规定,而且是对自在存在者的掩盖与脱离。这意味着,以自身同一物为基础的数理科学不可能涉及自在物,自在物是数理科学所无法把握的,因而是数理科学的界限。

就事物必须在纯粹直观中显现其存在才能进一步被强行规定为某物自身而言,自身同一物恰恰是以自在物在直观中的显现为前提。在纯粹直观中,事物显现给我们,但又保持在自己的位置上,也就是说,它不仅仅是它显现的那个样子。从另一个角度说,在纯粹直观中,我遇到了他者,与他者相会,但同时我发现,他者并不仅仅是他向我显现的那个样子,我不能把他者归结为他的显现,因此,我不能把这种显现当作他者在我的意识中的表象而等同于他者自身,从而不能对他者进行逻辑演算。我在纯粹直观中只能与他者共在,在直观中,我不是认识者,不是表象思维者,而是作为一个自在存在者与另一个自在存在者的相遇共在。就是说,纯粹直观首先不是一种认识,而是自在存在者的"交会点"。我们在这种交会、相遇中呼出来相遇者的名称,这就是命名活动。但这种命名绝不是给他者定义。在纯粹直观中,在共在中,只能进行命名,而不能进行定义。只有当我们在意识中把他者的显现就当作他者自身——这本身就是一种定义活动——命名才成为定义活动,更确切说,命名之名才成为可用来定义的概念。定义才由此成为可能。"把他者的显现当作他者自身"这本身就是第一定义活动,即给出自身同一物的定义活动。这里,自在物作为自身同一物的基础体现为命名是定义的前提。就数理科学以第一定义为基础来说,它只能涉及显现的东西,对于通过显现表明其存在,但其存在不等同于其显现的自在存在者或命名物来说,数理科学永远无法触及。

实际上,如果不承认数理科学的客观界限,也就等于不承认有不能归结为其显现的自在存在者的存在。因此，世界并不存在秘密，而只有难题。许多难题当前虽然无法解答，但总会被解答的。因此，不承认（数理）科学之界限的唯科学主义主张必将导致一种极端结论：科学终将给出一个为我们所全知的世界，因而也就是一个可一览无余的、完全透明的、不再让我们惊奇和困惑的世界。但问题是，科学由此也将结束自己的使命而没有进一步发展的余地。在这个意义上，否定（数理）科学的界限，恰恰预设了科学发展的界限。但是，科学永远不可能使我们的生活-世界成为一个为我们所全知全能的世界。真实的生活世界既有我们所能知的功能性方面，也有永远保其秘密而令我们敬畏、惊奇的非功能性方面。科学不可能使我们成为生活-世界的全知全能的人，我们至多只能通过信仰或人文科学而使生活世界显现出神圣性，从而与神或神圣性共在于我们的生活世界。

事实上，科学对未知者的认识积累得再多，也并没有减少我们的生活世界里的未知者。换句话说，科学对"必然性"的认识再深入，也没有减少自然界里未被认识的"必然性"。科学知识的积累只是不断扩大我们的认识视野，从而让更多以前未曾认识的功能性事物进入我们的生活世界，但是，这些在认识视野里显现出来的新的功能性事物只不过是从隐秘的自在存在者那里抽取、抢夺（强行规定）出来的片断。我们可以在我们的意识中把这些片断设定为某物本身，但我们只能通过这种设定为进一步认识这些片断物提供基础，却不能通过这种设定去理解保持在自己位置上而不仅仅在直观中的自在存在者。因此，科学的发展只是使我们的生活世界展现出越来越丰富多彩、越来越令人称心如意的功能性事物，却并没有消除生活世界的隐秘性。不管（数理）科学怎样发展，我们的生活世界永远会让我们困惑。不管天文学对星球的运行轨道给出多么精确的规定，也不管科学对人本身有多深入的了解，天上那无目的的合目的性存在的星空，以及人们心中那庄严绝对的道德律令，却永远令人肃然起敬，永远令人油然而生敬畏与惊赞之情。因为正如星空的无目的的合目的性存在提示着星空的自在存在一样，人们心中的道德律令也提示着人的自由-自在的存在，提示着人的深度存在或极致的存在。这种自在和自由的存在在永远不能被纳入表象中进行演算。一个人，不管你对他多了解，对他拥有多深入细致的知识，他也不仅仅是你所认识、了解的那个样子，他甚至也绝不仅仅是他自己所了解、认识的自己那个样子。所以，科学永远不可能提供出为我们所全知全能的透明的世界。在这个意义上，恰恰是揭示和承认科学的客观界限，才不至于为科学发展设置界限。

当然，不为科学的发展设置界限，也并不意味着肯定科学发展的无限性。科学的发展作为人类活动的事件系列，设想它的无限性与设定它的界限一样，都是抽象的主观预设。我们只是在这个意义上说不能为科学的发展设置界限，即不管在人类历史的哪个阶段上,都不会因为科学的最后发展而把人类带到这样一个"末世论处境":人彻底摆脱了一直受隐秘的他者支配、困扰的命运,从而结束旧的生活世界而开始了自己可以全知全能的新的生活世界。简单说,不可能借助于科学的最后发展使人成为自己的生活-世界的神。

三、人文-信仰和数理科学的关系

上面我们讨论了数理科学与人文-信仰之间的明确界限,但是,这并不是说,它们之间没有关系,互不相关。它们之间的明确界限只表明它们之间不能相互替代。作为人类理性的活动(存在)方式,它们之间互相需要、互相影响,有着密切的关系。

在上面的讨论中首先提示了这样一个结论:人文科学是数理科学的基础,而不是相反——人们受实证主义的影响,通常就持这种相反的观点。在实证主义视野里,任何科学如果要成为成熟的科学,它就必须借助于数学的演算方法来描述对象的经验。但是,问题在于,我们在经验对象之前,必须首先有他者来相遇,即必须有他者在我们的纯粹直观中显现出来。事物必须首先在纯粹直观中作为自在的他者来相遇,才能进一步被作为经验的对象或演算的对象被经验和被演算。所以,数学的方法和对象本身并不是没有前提的。这个前提就是事物作为自在的他者在纯粹直观中的显现。在这个意义上,追求在直观意义中与自在的他者共在的人文科学恰恰构成了数理科学的基础。

从另一个角度说,如何达到与纯粹直观中的自在的他者共在,实际上也就是如何达到纯粹的直观本身,而这也正是哲学的最内在最根本的问题。用现象学的语言来说,这一问题也就是如何达到纯粹的超验意识的问题。作为一门科学,哲学当然是一个概念体系,但是,这个概念体系本身恰恰要超出概念的演绎而达到纯粹超验意识,达到纯粹直观。纯粹直观总是超验意识的直观,而超验意识也总是直观着、显现着的意识。从这个角度我们也可以说,纯粹的超验意识是一切科学的基础,因此,也可以说,哲学是一切科学的基础。如果没有人文科学,特别是哲学对纯粹直观中的绝对意义的追求,那么,数理科学要么陷入空泛的概念演算,要么陷入各种片面的经验观察和相对关联中。人文科学的衰落或者被政治化,从根本上将瓦解整个科学大厦本身。我们无法想象,在没有人文精神的地方,在哲学和整个人文科学被当作权力话语和利益言说的地方,数理科学竟能得到长足的发展。

如果说人文科学为数理科学提供了基础,那么,基于理性的信仰则为一切科学提供了永恒的动力。对绝对意义的坚定信仰要求人们必须遵循和践行各种戒律或律法。这意味着人们在生活中必须尽可能从各种私人欲望、私人利益和私人情感中摆脱出来,而对超越私人利益的真理和目标满怀热情。简单说,也就是信仰使人富有超越精神。只有这种超越精神,才能为科学注入永恒的动力。因为科学的真理只能由对超越于私人利益的目标和事业怀有热忱和信念的人去揭示。我们不能指望在一个没有信仰的蝇营狗苟的市侩社会里,会有重大的科学发现,会有真正的科学家——至多只会有技工或工程师,而且是一些"差不多先生"式的工程师。

这里特别想指出的是,绝对的一神教信仰在培养和提升人的超越性精神方面所具有的特殊意义。在一神教信仰中,人不是作为社会团体的代表,也不是在日常生活中充当某种角色去与绝对的他者相遇,而是作为他自己独自面对绝对的他者。在绝对的一神教信仰中,每个人与绝对的他者的关系是任何其他人都无法替代的。每个人都必须独自面对绝对的他者,在这种独自面对中理解和承担起自己的生存及天责。因此,每个人是带着自己的天责和使命生活于社会里,生活于自然中,而不是由自己在社会团体或自然界里所充当的功能性角色赋予他责任与使命。人的存在因负有天责和使命才组成相应的社会,才展开出生活世界,从而充当起相应的功能性角色,而不是相反。任何社会的契约组成是以人的天责和使命为前提的。也就是说,人的天责和使命先于和高于他所充当的功能性角色的生活。因此,一神教赋予人的天责与使命超越了他作为日常生活中的功能性角色的利害关系,要求人们从这种超越功能角色的利害关系的角度去理解自己的生活。从根本上说,一神教信仰倡导的是一种个人天责重于私人利益的生活。就科学真理的探索需要有超越于私人利益的抱负与热忱而言,一神教信仰无疑是科学繁荣发展的沃土。这绝非说,一神教信仰就一定能带来科学的繁荣;宗教与科学之间并没有直接的因果关系。

宗教对科学的影响最直接地体现在它的宇宙论图景对科学研究者的影响。任何一种宗教信仰,包括神话,都包含着构成其世界观之组成部分的宇宙论图景。这种宇宙论构成了人们研究、看待世界事物的先验范式,人们接受一种宗教信仰,也就意味着他自觉不自觉地从某种先验范式去理解和研究事物。这方面的影响有的是积极的,有的则是消极的,已有许多科学史或思想史的学者对这方面进行过令人信服的经验研究。

当然,科学对宗教信仰也有反作用,它们之间的影响并非单向的,而是相互的。就具体实例来说,整个基督教哲学的历史就是科学(首先是哲学)对基督教影响的历史,甚至基督教哲学本身就是这种影响的直接产物。就一般而言,科学的进步意味着不断打开我们与他者的关系视野,在这种新的、更广阔的视野里,我们或者在自在层面上,或者在功能层面上修正或重新确立与他者的关系。由于这种关系有强有力的逻辑证明和经验证实,甚至还有超验意识在直观中获得新的启示为根据,因此，凡是与此相抵触的宗教信条将不得不进行修正。这个过程也是信仰逐渐自觉地理性化的过程，同时也是理解与绝对他者的关系逐渐深化的过程。在这个意义上，科学的进步将有助于宗教信仰排除不健康的、盲目信从的内容。

从历史的角度看，科学与信仰的关系并不都是积极的，在相当长的时期内，宗教甚至扮演了科学之敌对者的角色，以至于今天还有不少人，特别是那些缺乏思想能力的人，仍停留在有关宗教与科学水火不容的历史梦魇中。

不过，宗教与科学的这种冲突并不是出自它们的本性，恰恰是出自越过了各自的本性。换句话说，就是各自越出了各自的界限导致的。在历史上，首先是宗教信仰经常越出了自己的界限，干预和侵占了本是科学领域里的问题。一切"是什么"的问题，也就是事物在我们的超验演绎中和经验关联中是什么的问题，或者说就是能展现出什么样的功能性意义的问题。因此，一切"是什么"的问题，只能是由科学来回答的问题。但是，在宗教与科学的客观界限尚未得到明确意识的情况下，如果科学本身对自己领域内那些令人困惑的问题尚不能做出解答的话，宗教神学家们就会接过这些问题，并完全从自己的信条出发去回答这些问题。结果是，对这些科学问题的回答本身也变成了信仰的一部分。于是，当科学进步到能对这些问题做出自己的回答时，宗教与科学的冲突也就出现了。因为科学给出的答案往往与宗教神学家的附会相抵触，在信仰与世俗权力结合在一起而成为一种权力意识形态的情况下，这种冲突还将使科学处于极不利的境地，甚至将给科学家带来灾难性的后果。

不过，随着人类理性走向成熟，科学的进步是无法阻挡的。而随着科学的昌明，宗教信仰逐渐退出了它侵占的科学领域。实际上，在历史上出现过的宗教与科学的冲突，与其说是信仰与科学之间在本性上有不可调和的矛盾导致的，不如更确切说是神学家因违反信仰的本性而犯错导致的。信仰的唯一领域就是自在者的绝对意义，它的问题就是如何与绝对的自在者共在的问题，换成生活-世界里的问题就是：应当怎样行动、怎样生活的问题。神学家一旦越份进入自身同一物领域而去过问"是什么"这种功能性问题，他也就违背了信仰的使命而走出了信仰。这个时候，他实际上不再是一个信仰的践行者，而是一个科学家，只不过是一个"伪科学家"。在这个意义上，我们也可以说，历史上出现的宗教与科学的冲突，表面上看是信仰与科学之间的对立，而实质上则是伪科学与科学之间的冲突。

如果说在人类理性走向成熟之前，也即在启蒙运动之前，经常是宗教因神学家的越份而侵占了科学领域，那么，在这之后则出现了相反的情形：由于近代以来科学在广度和深度上的进步，使得一些科学家和一些唯科学主义信徒试图通过科学去解答诸如应当怎样生活、行动这类专属信仰领域里的问题，最终以科学取代宗教。因此,这些唯科学主义者把一切都寄托在科学技术的进步、昌明上,以为科技的昌明就能解决人类生存中的一切问题:科技的进步不仅将带来丰厚富足的物质享受,也将洗净人类的罪恶,解决人类社会的道德问题。这是一切浅薄的唯科学主义者的共同理想。

以科学取代或否定宗教信仰,在根本上也蕴涵着以数理科学取代人文科学。不管这是作为一种信念,还是作为一种实践,它给人类带来的消极后果并不亚于宗教侵害科学所带来的后果。因为以科学取代人文-信仰,把道德-信仰问题交付给科学解决,不仅将瓦解、否定道德本身,而且将把人类的生活禁锢在功能性世界而封闭了向绝对的自在者领域开放的可能性,由此将不可避免地使人类的存在片面化、虚无化。

一切基本道德法则都必须以人的自由存在为前提,并且承认自在的他者存在的绝对意义。所谓人的自由存在,从根本上说也就是这样一种存在:他能够无视一切因果关系,超越一切自身利害关系而行动。如果没有这种自由,那么,我们也就没有任何理由、根据或尺度来评判、谴责一个人的行为。因为一个人的一切行为都可以找到"不得不如此"的理由来为自己辩护。一个不守信义的人,他可以辩称由于他的情况发生了变化,一个惯偷也可以为自己的行为找到"合理的理由":我不偷就难受。但是,我们依然要惩罚小偷,谴责不守信义的人。为什么?因为他是自由的。他的自由使他能与他人缔约,并要求他不能背约,他的自由意志本应能使他克服、超越自己的恶习。自由不仅使人能够超越自己的一切利害关系而行动,而且要求人的任何行动具有普遍性而不自相矛盾,因为一个人的行为一旦普遍化之后自相矛盾,那么,他的这一行动就不可能是自由的。因此,人的自由要求他"己所不欲,勿施于人"。也即说,自由要求人承担起自己一切行动的责任,自由使人有责任。正因为如此,我们才能对人的一切行动做出道德上的评判。因此,要维护人类的道德,就必须首先维护自由。

人的这种自由存在就是他的自在存在。他作为自由的存在者,也就是一个自在的存在者、在自己位置上存在着的存在者。因此,对于人的自由存在,只有在信仰的践行中才能领会它,通过人文科学的纯粹直观才能理解它、思想它,从而维护它、守卫它。唯科学主义者要求以科学解决道德问题,也就意味着要求以数理科学去探究人的自由。但是,自由作为一种自在存在,是不可被概念演绎所完全把握、规定的。任何以数理科学去规定自由的企图和实践都不可避免地或者陷于自相矛盾,或者从根本上取消了真正的自由而代之以自由的赝品(比如自由就是对必然的认识)。这意味着唯科学主义的一个不可避免的结果就是道德根基的瓦解。

因此,当康德说:"所以,我必须终止(aufheben)知识(wissen),以便为信仰留下位置"①时,他真正说出的意思是:(数理)科学的知识是有客观限度的,我们必须让科学守护和停止在自己的限度内,以免让科学越界妄为,侵占了人文-信仰的领域,从而为人的自由存在留下余地,也即为人的开放性、为人的深度存在留下空间。因此,康德终止知识而留出的位置不仅是信仰的空间,而且是人的全面的、自由的发展的空间。

当人们在讨论人文与(数理)科学的关系时,似乎总以为,是科技的发展导致了人文精神的衰落。但是,实际上,人文精神的衰落与其说是科技的发展导致的,不如说是我们对科技本身的理解导致的。当人们把科技当作我们理解世界的唯一方式,或者至少是最重要、最可靠的方式时,人们也就没有理由不把人文-信仰的领域排除出生活,或者放在可有可无的位置上。因此,如果人类需要培养人文精神,需要加强道德信仰,那么问题不在于限制或减弱科技的发展,而在于纠正对科技的看法:科技并不是我们理解世界的唯一方式,甚至也不是最重要的方式,而只是诸重要方式中的一种方式。从另一个角度说,问题在于必须让我们的生活,让我们的思想意识向绝对的意义敞开,让人文-信仰成为我们理解生活世界的一种基本方式。而这在根本上意味着必须让人文科学回到自己的位置上,即作为追求和理解绝对意义为己任的科学存在。因此,呼唤人文精神的当务之急是让人文科学从各种权力话语和利益言说中摆脱出来,还原为独立、自由、开放的科学。

---

① 康德:《纯粹理性批判》第二版序言 XXX。Kant, Immanuel., *Kritik der reinen Vernunft*. Hrsg. von Raymund Schmidt, Hamburg: Felix Meiner, 1956, S. 28.

第三章　存在方式的区分：是与是什么

　　前面两章里有关两种思想的区分，以及有关界限问题的讨论，实际上都可以归结到"是与是什么"的区分，或者说，可以从"是与是什么"的区分来进一步加以讨论。因为这种区分实质上是关于事物的存在方式的区分。

　　"是与是什么"这样的标题似乎标明了讨论的语言学视角，但实际上我将始终在哲学层面上讨论问题，尽管在这一讨论过程中将采用一些语言学例证。在涉及一种语言的一些基本原初词时，语言学本身将很难独自担当起对它们的深层诠释。因为这些原初词在深层次上所传达的正是哲学（思想）所要达到的同一性。

　　在汉语中，如果说"有"自古以来就是一个哲学（思想）概念，那么"是"（和"在"）成为哲学概念则是近代以来与西方文化接触之后的事情，它是被用来翻译欧洲哲学中的 einai（Sein，Being）这一概念而进入哲学的，而 einai 一直是欧洲第一哲学中最基本的概念。所以，这里，我们首先要从"是"是否足以翻译 einai（Sein）这个问题开始讨论。不过，这个问题可以更确切地表达为："是"能否担当起欧洲文化世界赋予 einai 这个概念的使命与底蕴呢？就概念的内涵而言，完全的翻译是不可能的，但它所承担的使命和思想分量却是可以对应的。

这里的关键并不是一个语言上的翻译问题,而是我们是如何思想"是"的问题:在我们的文化-思想语言里,"是"担当起了什么使命,承担着什么样的思想分量?

毫无疑问,正如我们今天不得不面对西方文化以及它所提出的问题一样,"是"(与"在")已成了我们今天进行哲学思考必不可少的基本概念。这是我们民族的(哲学)思想命运。这种命运既源于与西方文化的遭遇,同时也是思想的一种自觉、一种展开。但是,如不对"是"作一番深入思考,我们也就难以把思想的这种自觉和展开真正发扬下去。换句话说,"是"虽然成了我们今天哲学的基本概念,但是,如果不澄清它所承担的思想使命和历史底蕴,我们就不可能强有力地利用它进行真正独立的哲学探索,而只能一步一瘸地紧随欧洲哲学的后尘。

因此,我们今天讨论"是""在"的问题,已不只是学科里的问题,实际上首先是一个民族的思想走向新生的问题,因而也是让我们民族的思想参与承担世界历史的问题——因为任何民族的当今思想只有能担当起世界的历史,而不仅仅担当民族的历史,才能走向新生。

一、作为系词的"是"的判断功能何以可能

翻译 Sein 是"是"成为我们今天哲学的一个基本概念的直接原因,而这种翻译的直接理由则是它与 Sein 一样,都是系动词。的确,在现代汉语中,"是"最重要的语言学功能就是作系动词。

王力先生认为:"就汉语来说,真正的系词只有一个'是'字。"[①]这是一个基本的语言学事实。我们现在就从这一事实出发来探究"是"的问题:"是"究竟承担了些什么?

针对上面的事实,我们可以问:"是"为什么能够(kann)作为系动词?按王力先生的解释,所谓"系词是在判断句中把名词谓语联系于主语的词"[②]。也就是说,系词的语言学功能就是"联系"(Beziehen)。那么,这种联系是如何可能的?"是"有什么权力把名词(Was)谓语与主语联系起来?这仅仅是使用上的习惯吗?抑或只是一种约定?

据王力先生精细考证,汉语到西汉末东汉初,也即公元 1 世纪前后,才真正产

---

① 王力:《汉语史稿》,北京:中华书局,1980 年,第 347 页。
② 王力:《汉语史稿》,北京:中华书局,1980 年,第 347 页。

生系词,才自觉地把"是"当作系词使用。① 人们也许会据此认定,把"是"当作系词只是一种习惯用法的结果,并没有什么深层次上的学理根据。因为如果有什么学理上的根据的话,为什么在一世纪之前,"是"并不起系词作用? 难道这不正意味着所谓"学理上的根据"是没有根据的吗?

但是,按王力先生的看法,"是"作为系词是由代词演化而来的,因此,我们不禁要问:为什么恰恰是"是"这个代词而不是其他代词演化为系词? 我们能否想象用别的代词来作系词? 在人们尚未自觉地使用"是"作为系词的东汉之前,并不用其他代词来作系词,这表明,在这期间,并没有一个选择、摇摆、最后约定的过程。因此,看来并不能用习惯用法和约定来简单地打发上面的问题。"是"有权力联系主语与名词谓语,但人们在语言实践中是否发挥"是"的这种权力则是另一个问题。也即说,"是"本身提供了联系主语与名词谓语的可能性,至于人们是否展开这种可能性,则是另一回事。在古汉语中,即使东汉之后,"是"作为系词也并没有得到普遍使用,而仍常用"……者,……也"这种句式来模糊地完成"是"的系词(判断)功能。这种情况一点都不否认,"是"作为系词有我们将看到的深层学理根据,而只是表明,我们民族的思想(文化)仍滞留于"是"本身当中,滞留于自在同一性(区别于自身同一性)当中。

"是"作为系词的联系功能也就是判断功能。凡以"是"为系词进行联系的句子都是判断句,而任何判断句也必定进行某种联系。于是,前面提出的问题"'是'为什么能够作为系词进行某种联系?",也就可以首先通过追问"作为系词,'是'进行的联系是如何可能的?"这一问题来展开讨论。而后面这一问题实际上就是问:判断是如何可能的?

依照康德的看法,判断之所以是可能的,是因为我们有先验感性形式和先验范畴,如因果性等关系范畴。判断意味着对某种关系(联系)的确认,而要对关系做出确认,就必须具有先验的关系形式。因此,在康德那里,是先天关系形式使"是"担当的那种联系成为可能的。

应当说,康德从纯粹意识中寻找判断的可能性根据,是一条正确的哲学道路。但在康德这里,由于先验范畴被看作是纯粹的形式因而不包含任何来自事物方面的内容。显而易见,事物之间的关系(联系)并非完全是由先验形式规定的,我们的先验范畴只能保证我们能够确立起事物之间的联系,却并不能决定确立起什么样的具体联系。这种具体联系要受到来自事物方面的规定。这一点康德也是不反对的。

---

① 王力:《汉语史稿》,北京:中华书局,1980年,第353页。

这也就是说,一方面是先验形式使"是"作为系词把事物联系起来成为可能,同时又必须有来自事物方面的内容才能使"是"把这种联系具体化,确立起具体的联系,所以,按照康德的划分法,"是"要发挥作系词的作用,它就必须具有来自两方面的根据,这就是纯思和事物自身。实际上这意味着,一个判断是否正确,必须从两个方面得到验证:一方面是思维形式的,一方面是质料的。而我们只能就形式方面做出验证,质料方面则无法验证。这样,一个判断是否为真,就只有必要的标准而没有充分的标准。这完全是由康德把纯思当作纯形式导致的结果。在康德那里,纯思与物自身永远不具有同一性。

但是,纯思之所以为先验的纯思,并不在于它是纯粹的形式,恰恰在于它总是有所思。虽然纯思并不思什么,却总有一定的意向性内容。纯思总有所思,这可以看作是现代现象学对哲学做出的最大贡献所在。它从根本上确立了人类思想的神圣性和命定性。纯思总有所思,且不得不有所思。这是纯思无可推卸的使命,因而也是它的无法避免的命运。纯思只是作为有所思之思,它才作为自身出现,并因而才能作为一切思维活动的基础;而世间万物则只有作为纯思之所思,才能真正作为自身(Selbst)出现,也即才能立(Stehen)于自身,持守于自身。因为凡物自身首先是显现之物,且是无关联(bezuglos)之物;凡在关联中出现的东西,都不再是物自身,而是相对的某种什么。而物只有在思中才能显现,而且只有在纯思中——作为纯思之所思,物才作为无关联的自身出现。因为这种纯思本身并非一种固定的关联形式,相反,它只是一种智慧之光,一种无关联的持守于自身的可能性存在。借用王阳明的话说就是一种"灵明",所以,它能够让物在不改变自身的条件下出现。

康德已经确认,凡出现之物都是在"纯思"的观照下才是可能的。但由于他把纯思理解为一种现成的框架形式,使他不得不考虑到纯思在显现物时可能对物的改变,从而不得不设定一个纯思之外的物自身。而我们一旦消解康德纯思中的这种既定形式,让纯思成为真正意义上的纯思,那么物自身也将随之呈现出来。消去康德纯思中的一切设定,纯思就只是一种可能存在,只是亮着的灵明,它并不给予其他什么。

这种纯思就是我们自己向来所是的、被称为人的这种动物的一种最初觉悟。唯有人才有这种觉悟,这种灵明。而人也只有当他持守于这种觉悟,持守于这种可能性,他才作为人自身存在,而不是作为某种日常角色出现。这并非说,他一旦充任某种日常角色就不再是人,而只是说,他的这种角色掩盖了他作为自身存在,虽然任何日常角色都必须以他作为自身存在为前提。

二、作为合一的同一问题

唯有人才有纯思，而人只要作为人，他就有且不得不有这种纯思。人的存在向来就是由不得人自己的存在，换一种说法就是，人的存在向来就是一种被抛的存在。这一点可以分两层意思来说明。人始生就始死，人的存在是且不得不是向死亡的存在。死亡作为一种可能性向来就据有人的存在。也即说，人向来是且不得不是持守着死亡这种可能性——或者以先觉的方式，或者以逃避的方式。纯思或觉悟就是以先觉的方式持守着死亡这种可能性。这是其一。其二，人是上天降生的。用科学的话语说，人是自然的产物，用宗教的语言说，人是上帝创造的。人来到世上，人的出现（世），是由不得人自己的事。然而，上天让人出世，却又让人去世。上天让这种会死之人出世表明上天需要这种人，表明上天（自然或上帝）有这种需要。为什么上天恰恰需要这种会死之人呢？为什么上天既然降生了人，又偏偏让他终有一死呢？

对人来说，死亡意味着否定，意味着无化一切"有"，也即无化日常生活中的一切什么。死亡一旦出现，日常生活中一切观念、希望、功名、利益都将消散隐去，世间万物也不再作为可用、可爱、可欲的某种东西，而是作为无，作为什么也不是的自身出现。

但是，对人而言，死亡及其出现并不是一种在他自身之外而在某时某地等着他来相撞的事件，人一出世就注定要死，就已置身于死亡之中，也即死亡就已出现。人在其存在中有无限可能性，而死亡则是其最内在、最亲近的可能性。人是通过先觉来呈现死亡这种可能性的，或者说，死亡是以先觉这种方式被展开为一种可能性。所谓先觉，指的就是预先觉悟、预先承担起来的意思。就死亡以先觉呈现为一种可能性而言，只有人才有死亡，动物则只有丧生（Ableben）。动物不能把死亡当作可能性来生存，唯有人能通过先觉-先知来展开、持守这种可能性，把死亡当作一种可能性预先打开并承担起来。人能预先打开与承担死亡，而动物则不能。这是人之别于动物所在。

相对于"有"的世界，即日常生活世界而言，持守或承担死亡也就意味着退守空无。然而，正因为人能承担起死亡而退守空无，他才具有超越性——从一切与他者的关联中退身出来，从而作为纯粹的自身存在，并因而不再受制于关联，不再从关联中去看待事物，也即不再是让事物作为关联中的某种什么，而是作为不是任何东西的自身呈现出来。在这里，超越就意味着摆脱和否定：摆脱一切关联，从而否定（无化）一切什么。这种超越就是自由：不受关联（经验）世界的限制。我们可以说,人之所以具有超越性和自由,就因为人终有一死,更确切说,是因为人能觉悟死亡而承担起死亡,从而退守空-无。因此,我们又可以说,人的自由向来就是一种命定的自由。人是自由的,然而,这一点恰恰是由不得人的。

只有人能预先承担起死亡而退守自身(空无),因而只有人能让物自身显现出来,这是上天(自然、上帝)为什么需要会死之人,为什么让人出世又偏偏让他去世的原因。上天需要作为自身显现出来,而不仅仅作为食物出现——那只需动物。

上天需要显现自身,因而它需要会死之人;而人,只要他作为人,他就是且不得不是承担着、持守着死亡,这种"承担"或"持守"就是纯思,或说,纯思就是承担、持守着死亡这种可能性。因此,我们可以说,上天只有在纯思中才能作为自身出现,而纯思,只要它是真正的纯思,它就是且不得不让上天自身出世(现)。这是真正意义上的天人合一:天与人、自然与灵明、物自身与纯思的合一。纯思使天人合一。

这种合一意义上的同一并非指两种东西变成一种东西,而是两者共属于一体:纯思让天(物)作为自身出现而与之共属于一体;或者说,上天让人出世来显明自身而与之共属于一体。思与物、人与天相互听从而归于一。在这个"一"或"一体"中,物与思,天与人,自然与灵明相互听从,相互归属,相互让渡:思应物(天)而生,物则凭思而明。不是思征服了物,也不是物吞没了思,而是纯思离不开物,物离不开思。只有当物(上天)需要作为自身出现,纯思(人)才出世,而且也只有当物能真正作为自身出现,思才是纯思;同时,只有在纯思中,物才能作为自身显现。我们说在"纯思"中,并非指在某种思维形式中,而是指事物本身接受思的回应,凭纯思的光明而显现。正如上帝那样,他创造了人,同时接受人的祈祷和歌颂。上帝就在这种祷告与歌颂中显示出了他的仁慈与至高无上。

在这种同一中,物(天)不仅并不因它凭思才出现而成为思,而且恰恰因此才成为物自身。因为只有纯思是自明的,物(天)不能自明,只有作为物自身才能明(显现),而只有在纯思中物才能作为物自身显现出来。同样,纯思虽是应天而出,却并不因此而混同于物,恰恰因它能应天而出,它才不是物。所谓应天而出,就是听从上天显现自身之需要而显现之;而只有自身是自明的,它才能让物自身显现出来。而自身是自明的首先指的就是它向来就是作为自身显现着,是亮着、明着的自身。

因此,在合一的同一中,思与物、人与天共属于一体而不可分离,但又都作为自身出现,只要物作为自身出现,它就在纯思中,就离不开思,而纯思也总有所思,只要纯思出现,它就离不开物自身——它能够且不得不让物自身显现出来。在这里,同一不是指别的,就指达到自身,显现自身或自身显现,纯思的显现和物自身的呈现。当我们说纯思显现,同时也就意味着物作为自身出现,同样,当我们说物作为自身出现，同时也就意味着纯思的显现。因此，我们也可以说，同一既是纯思又是物自身。

正如人的存在是被抛的存在一样，同一是由不得人的事。对人来说，这种同一既是一种恩赐，又是一种命运：人能够作为自明的纯思出世，且不得不作为纯思出世，换句话说，人能够让物作为自身出现，且不得不让物自身出现。人能够且向来就不得不持身于同一中。

天与人、思与物的这种同一（合一）既是物（上天、自然）自身的显现，又是人最初的觉悟，也即灵明的最初敞亮。在中国古代，这种合一被称为混沌初开。这种合一，这种混沌初开是一件事（Ereignis），是第一件事。许慎说："事，职也。"[①]事总是人做的事。但人并不随便做事；人做事乃是出于天职。人（纯思）让物（上天、自然）作为自身出现，乃是出于对上天、自然之呼唤的回应，而不是一件随随便便做出的、可有可无的事情。也就是说，如果把作为合一的同一看作人做的事，那么人做这件事乃是出于天职：对上天（自然）呼唤（ansprechen）的回应（entsprechen）。简单地说，同一这件事是上天交由人做的一件事。人做了这件大事，他才有了历史。同一是历史的前提和基础。有了同一，才有历史，历史才开始。这有两层意思。

历史是由人做的一系列事情组成的。但人做的一切事情都必须以他能做同一这一件事为前提。因为只有当人能让物作为其自身出现，他才能进一步去确认这物那物能是什么，并且才能根据这种作为某种什么出现的事物去理解、确定和设计自己做什么和不做什么，即确定自己做什么事。人每时每刻都在做同一性这第一件事，或者应当说，人在不断做着第一件事，才有每时每刻。人，只要他还存在着，他就不断地让物作为自身出现，因而他才能进一步做其他各种事情。人做各种各样的事情，不同的人做不同的事，不同时代的人做不同时代的事，但不管他们做什么样的事，都以做第一件事为前提。换句话说，人做任何事情都包含着做第一件事，以包含着做第一件事为前提，尽管这第一件事往往被完全掩盖在日常琐事之中或某种轰轰烈烈的伟业背后。由于历史必须以同一性为基础，所以，历史是在人的自由选择中开辟出来的，却又是由不得人的。说人是历史的创造者，并不意味着人是历史的主宰。在这个层面上理解的历史，它的意思相当于德文中的 Geschichte，即历史是发生的事件。

但在通常情况下，历史还被理解为"故事"（Historie），即历史学记述的历史。在这里，历史就是对事件的记录，在这种"历史"中，包含记录者和所记录的事件。在中国古代，"史"首先就被理解为记事者。许慎训："史，记事者也。从又持中，中

---

① 许慎：《说文解字》。

正也。"①史,就是史官或记事官。不过,这个记事官并不是可以随便记录的,随便记录的东西不能称为事,而这样进行随便记录的人也不能被称为真正的史(官)。只有他"持中""中正",他才能为史,才是真正的记事者。中国传统史学要求史官秉笔直书,其意义就是要"持中""中正"。

但是,如何才能做到"持中、中正"呢?或者说,"持中、中正"如何才是可能的呢?也即"史"是如何可能的?所谓持中或中正就是不偏,以正面而言,就是立于中,止于正。如果不排除一己之私,不克除个人的好恶、经验习惯和在这种习惯中产生出来的观念,就不能不偏。也即说,要立于中,止于正,就必须克己,不仅要克除一切经验习惯和个人好恶,且要克除一切观念设定。换言之,只有退守纯粹的自身——纯思,才能持中、中正。而纯思总是同一中的纯思,纯思向来是且不得不是让……作为自身出现的纯思。因此,史官之所以能成为史官就在于能做同一这件开天辟地的大事。能做同一这件事,史官才能持中,他记录的事才是真事。这样的史官记录的真事也才是正史。

所以,在历史学意义上理解的历史也同样必须以同一为基础。司马迁的"究天人之际,通古今之变"既是他给自己提出的目标,也可以看作是他对史学的要求,它在一定程度上透露了史学的同一基础:要真正通古今之变,必须探究天人之初。

三、思想"是"的"同一"基础

以上的讨论试图表明,作为合一的同一性既是纯思,又是物(天)自身,是纯思与物自身的共属。当我们说物(上天、自然)自身,绝不是指康德意义上的、在纯思之外的东西,而是与纯思共属于一体,因而可说是在纯思中来相遇照面的物自身;而纯思也并不是某种空洞的冥思,而向来是且不得不是让物自身显现的思。就此而言,同一只有一个意思:自身显现或显现自身。这样的同一实际上是一个"三位一体":纯思、物自身不可分离地共属于第三项——同一或合一。在这里,既是纯思有所思地思着却又并非"思什么",也是物自身是着却又尚不"是什么"。纯粹的思想,也即纯粹的意识之为纯粹的,就在于它只是令……是,让……是,也就是在回应召唤中让事物自身出场,而尚未把事物作为"什么"(某物)来对待。

这种同一不仅是万物作为自身显现的时机,也是历史的基础与源头。历史从同一这件事开始。因此,同一以及同一中的思与天(物、自然)是每个民族的哲学所

---

① 许慎在《说文解字》中关于史"从又持中,中正也"的解释,有些古文字学家(如吴永丞、于省吾等)根据考古材料提出了质疑。不过,在中国传统史学中,追求"持中""中正"的精神,当是没有错的。

思考的根本问题。每个民族的哲学原初词都必定极为深切地关注同一问题,或者同一中的某一项。

在中国早期哲学中,虽然并没有一个明确的概念来表述同一,但就早期儒家对明德、至善、上天的强调和关切而言,儒家对同一已有较全面的领会。《大学》里一个很自觉的思想就是:必须先明德而格物致天理(自身),才能进一步做其他事(修身、齐家、平天下)。明德是上天赋予每个人的,只有这种纯粹的明德才能让物自身出现、到来(格物)。明德与物自身的这种同一历来被儒家视为一切行动的基础。至于早期道家,就老子对"道"的理解表明,他关切的则是同(合)一中的物自身这一维度。① 尽管在老子思想里,我们看不到纯思这个维度,但他所理解的"道"却是同一中的道。正因为"道"是同一中的自身,"道"才什么也不是,它只是自身,只是可能性,所以,这个"道"才"恍兮惚兮",摇摇晃晃,不可确定,但它却又"可以为天下母":它不是什么,却又是一切什么的前提。在老子有关道的说明中,像"恍兮惚兮""寂兮寥兮"这样的描述,都是要极力表明道的不可确定性、不可定义性。也即说,我们不能用"Was ist das?"这种方式来思考和追问"道"。因为这个"道"什么也不是(Das ist Nichts),它不是以"是什么"方式存在,而只是"是着(存在着)"。

虽说在中国早期哲学中没有表达这种同一的明确概念,却并不等于说在中国的原初语言中没有传达同一的词,这个词也许就是"是"字。是最初写成是,由日和正组成。日意味着光明、敞开,而正,由一和止组成,意味着止于一,立于一,宋朝的徐错解释说,正,"守一以止也",那么,守一或止于一又是什么意思呢?许慎对"一"作这样解释:"惟初太始道立于一,造分天地,化成万物。"② 而这个"一",或者说这个立于一的"太始道"(原道)要能够化生天地万物,也即我们可以向之追问"这是什么?"的一切东西,它就必定首先只是什么也不是的纯粹自身,只是一个"恍兮惚兮"的无限可能性。否则,这个一,就不是一,而是多,就只是万物中的某一物,而不是能为天地万物之母的原道。因此,止于一(正)也就意味着止于自身,持守原道自身。

于是,"是"传达的是这样一件事:光照亮着持守着自身的原道,或者说,在光中原道显现出场,这等于说,传达着"光"与"原道"的一种共属、合一。这里的光不是别的,就是智慧,用我们上面的概念说,就是纯思、灵明。因而,我们可以进一步说,"是"传达着纯思与原道自身的同一。"是"就指合一或同一。如果我们只是把

---

① 叶秀山教授曾敏锐地指出老子的"道"缺乏思这个维度。参见《思·史·诗》,北京:人民出版社,1988年。

② 见《说文解字》有关"正"的解释。

"是"当作一个符号,那么,"是"就指示着(bedeutet)一种自在同一性;如果我们把"是"当作一种行动,那么它就是(ist)同一,就是发生着的同一行为。作为一种行动,"是"就是让……作为自身出现的行动,借用费希特的话说,是就是一种本原行动。这种本原行动就是显现自身,就是同一或合一。必须强调的是,哲学讨论的"是"并不只是一个符号,而首先是作为同一或合一的本原行动。换句话说,哲学讨论的"是",是一种承担着同一性这种使命的行动。

就与纯思(人)同一而言,前面所说的"物、天或自然"与这里的"道"都是一个意思,它们只是同一个自身的不同名称。它们绝不是名不相同的某种现成的东西,而单单就指抛出人又在与人的合一(同一)中显现出来的自身。"物"(道或自然)化生万物,但它本身并不是某一物;它之所以能化生万物,只是因为它能够作为什么也不是的自身出现。在思-物同一中,也即在"是"中,我们平常所说的万物并不是作为万物出现,而是作为什么也不是的自身出现,这种什么也不是的自身只是我们称为"道"或"天""自然""上帝"这个自身的不同形态的呈现,或者更确切说,是这个最高自身在不同时间(机)里的呈现。正如马丁·布伯所说的那样,从每一个具体的"你"身上,我们都可以遇到永恒之你,每个具体的你都是永恒之你的化身和呈现。从每个具体的自身那里,我们都能够领会到作为绝对自身的道(上天、自然或上帝),而且也应当领会到这个绝对之道。具体的自身不期而至,向纯思呈现出来,这使纯思总是带着被召唤的神性标志。在同一(是)中出现的日月山川、草木虫鱼,并没有什么区别:它们并不是我们日常所说的日月山川,甚至我们根本就不用命名语词来言说它,而只是用"此""喏"(Da)这种沉默的惊讶来回应它的出场和到来。同一(是)中,永远只有单数,只有"一"。思与日同一,则山川月亮隐去;与月亮同一,则其他隐去。在同一中,不会同时出现不同的东西,不会同时有日月山川。日月山川只能展示为自身(道)在不同时间(机)中的呈现或涌现。所以说,它们没有区别,如果说有什么不同的话,就在于出场的时间不同,也即说,就日月山川不管何者有幸进入同一中也都只是自身的呈现而言,它们没有什么区别;但就它们只能在不同时间(机)里与纯思同一来说,它们又是有别的、不同的。

而后面这一点等于说,日月山川乃至万物之不同,首先是由时间来展现的,是纯思借其显现的时机来使显现日月山川以至万物之不同成为可能的。在纯思显现的不同时机(间)里,万物各自显现为"绝对自身"(道)的不同形态。作为这种自身的不同形态是万物作为各不相同的某种什么的前提。这意味着,万物要作为各不相同的诸物出现,必须以同一性,以"是"为前提。任何一物必须首先是自身,它才能是某种东西,而只在"是"中,在与纯思的同一中,物才能作为自身显现出来;而任何一物之所以能与其他物区别开来,其最终根据也在于它能呈现为自身的一种特殊形态,作为这种自身的一种特殊形态是任何一物区别于其他物的根本所在。但是,同样,也只有在纯思显现的不同时机里,在同一发生的不同时间里,物才呈现为自身的一种特殊形态。

因此,万物能够作为有别于其他一切东西出现的某种什么,是以它能与纯思同一而作为自身出现为前提,即以同一或"是"为前提。某物必须首先是,它才能进一步是某种东西。这是一棵树,必须首先"这是",以"这是"为前提。先有"这是",才会有"这是一棵树",或"这是……"。"这是……"等待着一切东西。"这是"的这个"这"(Das),什么也不是,它尚不是什么,尚不是任何东西,它只是在某一时间出现的某一自身,对此,我们只能勉强说:这是。某一自身物出现了,到场了,有某自身物来相遇,但又没有什么,我们就说:这是,或它在。换言之,当我们说,这是,那么也就是表明,某自身物出现了,却又没有任何"什么"出现。这个"这"最具体,最真实,最活生生,可又最不确定,最不可把握。然而,恰恰由于"这"最不确定,它才能成就一切确定的东西,它不是什么,才能成就一切什么。必得有物自身"这是",才能进一步有"这是一棵树"及其他。

作为同一性,"是"就是自身显现和显现自身,是纯思与物自身、明德与天理、灵明与道的合一。这样的"是"是万物成为各种不同的什么东西的前提,它使一切事物成为某种相互有别的什么成为可能。任何作为某种确定的什么东西出现的事物都必须以"是"为前提。只要有物作为某一什么东西出现,它就必定首先"是"。月亮是一颗闪光的卫星,以"月亮是"为前提条件。不管月亮是不是一颗闪光的卫星,还是一个"白玉盘""瑶台镜"①,月亮必须首先作为自身出现。在这个意义上说,月亮是,等于说这是,或自身是。在"月亮是"这种说法中的"月亮"绝不是"这是月亮"中的"月亮"。前者实际上直接同于什么也不是的自身,而后者则是以"是什么"的方式存在的"某一什么"。

月亮是,意味着月亮达到自身,与自身同一,也即与纯思合一,然而,恰是在这种同一(是),在这种与纯思的合一中,月亮不是"月亮",甚至不是任何什么东西;它是(在着),仅此而已。这里的同一首先不是可以被表述为"A 是 A"的同一:如果把后者称为"自身同一",那么前者则是一种"自在同一"。在"A 是 A"这种同一中,宾位上的 A 本不等同于单纯主位上的 A,而是对主位上的 A 的删减,它必须以"A 是"为前提。换句话说,A 不是任何东西,"A 是 A"才是可能的,而在"A 不是任

---

① 李白有诗曰:"小时不识月,呼作白玉盘。又疑瑶台镜,飞在青云端……"月亮是挂在云端的瑶台镜,还是天上的星体,是由一系列经验知识来规定的。但是,不管月亮是什么,它都必须首先作为什么也不是的自身出现。

何什么"这种情况下,"A 是 A"直接就是"A 是"或"这是"。从语法上说,"这是"是一个不完整的句子,它没有意义。但从哲学角度说,"这是"恰恰是一切完整句子的前提。严格说来,自身是不能也不会作为宾词出现的,否则它就不是自身,而是某种什么东西。所以,当摩西问上帝的名称时,上帝说:Ego sum, qui est (Ich bin, wer ist),而不说:Ich bin ich。① 我是我所是,我永远不是某种什么,我只是作为什么也不是的自身出现。而我是我,则我就完全可能是某种非我,或者是由主位的那个我设定出来的我,也即是有规定、有限制的我。所以,永远只作为自身的上帝不说"我是我"。

当月亮自身与纯思同(合)一,也即"月亮是"时,月亮却"不是月亮"。这在逻辑上是荒谬的,至少是难以理解的。为此,我愿意通过讨论禅宗大师慧能的一首诗来把这一问题继续讨论下去。

慧能的这首诗是针对神秀的另一首诗而作的。神秀说:

身是菩提树,心是明镜台;
时时勤拂拭,莫叫染尘埃。

慧能则说:

菩提本非树,明镜亦非台;
本来无一物,何处染尘埃?

应当承认,慧能与神秀有一个共同的思想前提,这就是:吾心即佛,佛即吾心。心佛是同一或合一的。不同的是,对这种心佛同一有不同的理解。对神秀来说,心佛同一意味着心明净如台,而身则如草木。虽然如此,这世间仍有草木、镜台和尘埃,总之,仍有某种什么,某种东西。然而,在慧能看来,心佛合一,则万物归"空",原来的万事万物不再作为日常熟悉的某种什么东西出现,而是作为什么也不是的自身出现,原来叫菩提树的那个东西,现在只是自身,而不是树,原来叫(是)明镜台的那个东西,现在没有任何用处,也没有任何害处,它只是"是"而已,而不再是什么台。总之,世间已无一物,已无任何什么。尘埃在日常中被视为污垢,但在心佛同一中,尘埃不是什么好东西,却也不是污垢,它只是它自身,所以,何言污染呢?这里,解除了一切关联、一切规定,使(令)事物退出一切规定与关联。

---

① 参见《圣经·出埃及记》第 3 章。

这给我们提供了理解"月亮是,但月亮却不是月亮"问题的一个方向。当说"月亮是"时,这里的"月亮"已不是我们日常生活中所说的月亮,而只是借用了这个词来表达一个来相遇的自身。在这种情况下,"月亮是"可以由"这是"来更确切地表达。对于同一或"是","这是"也许就是一种最确切的表达。如果非考虑到语法,那么对于同一,我们也许的确只能沉默。

但是,"是"总在"是",同一总在发生。并因此才有时间,才有每时每刻,才有不断涌现的自身,因而才可能有丰富多彩、千姿百态的万物出现。"是"(同一)不仅使一切事物成为自身,使一切事物作为自身出现,并且因此使万物作为有别于他物的某种什么成为可能的。至此,我们也就回答了前面提出的问题:"是"为什么能作为系词,是为什么有权力把主语与名词谓语联系起来?"是"使物作为自身出现,这就是"这是";而这个自身作为自身的一种独特形态则使该物区别于他物成为可能的,从而才有"这是月亮,而不是树"。"是",但不是什么。然而,"是"又等待着一切什么,使一切什么出现成为可能的。

这同时等于说,判断是以"是"(同一)为基础的,是"是"——纯思与物自身的合一使判断成为可能的。因此,判断的最终标准必定在同一中,这就是在纯思中出现的物自身。"是"是判断的标准,是真理的标准。[①] 这就避免了康德在真理标准问题上的困境。

以上的讨论表明,"是"首先表达的不是"是什么",而是"是本身",也即一种本原行动,合一或同一的本原行动。这种本原行动既是纯思的本原存在方式,也是物自身的本原存在方式。唯有在这个基础上,事物才能够进一步"是什么"。

从另一个角度说,"是"所承担的语言学功能是以它作为同一行为,也即本原行动为前提的。同一这种履行第一天职的本原行动乃是人的使命。这种受之于天的使命同时也就成了人的一种命运。因此,我们可以说,"是"作为一种本原行动,它首先承担的乃是人的命运,是思想的使命——让且不得不让万物作为自身出场。判断这种活动以"是"这种本原行动为基础;"是"承担的语言学功能以它承担思想的使命为前提。

因此,当我们今天思想"是"的时候,我们并不能仅仅把它当作一个系词,当作对 einai 的翻译,当作 einai 在汉语中的一个对应概念,而必须首先领会它所承担的特殊的思想使命;不能仅仅把它当作一个词,而必须由这个词领会到人履行第一

---

① 在汉语中,"是"直接就有真理和真理标准的含义。《玉篇·是部》"是,是非也",《淮南子·修务》"立是废非,明示后人",又李塨《上毛河右先生书》"求先生明辨之,以定一是"等所谓"是"就都是这个意思。"是"的这种意义只有以我们对"是"的理解出发,才能得到满意的解释。

天职的本原行动。只有在此基础上,我们才能去把握它在什么程度上与 einai 或 Sein 对应,而西方人对 Sein 的思考又在什么方面对我们有裨益。唯其如此,我们今天思想"是",用"是"这个词,才不只是一种被迫和模仿,而是我们民族的思想对自身使命的一种自觉,是我们民族的思想在自觉履行自己的世界性使命。

　　澄清了"是"所承担的思想分量,也就为我们思想"是"的问题提供了基础,而且也为我们揭示出了理解"(存)在"和"有"的方向。

第四章　作为存在论问题的真理与自由

如果说追问"是"本身的问题是一个存在论问题,那么追问"是什么"的问题则是认识问题,一个科学问题。但是,由于缺乏区分意识,哲学常常把"是(存在)"的问题误当作"是什么"的问题,以致像自由与真理这样的存在论问题一直被当作认识论里的问题,于是,真理便是与对象的符合,而自由则是对必然的认识。

关于真理与自由的关系,还存在另一种观念:真理属于认识论领域的问题,而自由则属于实践哲学里的问题,因此,它们是分属不同区域而互不相关的两个问题。

在流行的哲学(特别是近代哲学)观念里,真理首先就是一个认识论的问题。真理就是正确的认识,而正确就是符合。但是,是什么与什么的符合?这种符合是如何可能的?这些问题却从未在认识论中得到充分的解决。

哲学还一再劝导人们把真理与自由当作人类的庄严目标来维护与追求。但是,真理是什么,自由又是什么?真理与自由有关系还是毫无关系?如果有关系,它们是一种什么关系?如果没有关系,它们又如何能共同成为人类所追求与维护的目标?这类问题更未在认识论中得到必要的追问与思考。

这种状况至少表明,把真理问题定位在认识论领域,很可能阻碍了哲学更根本地追问真理问题。这种定位一方面使真理本身的法则性地位长期得不到巩固与维护,另一方面使真理成了科学家(特别是自然科学家)与技术专家的特权,而普通人似乎与真理无缘,至少离真理要远一些。如果真理是人类尊严的源泉,那么传统真理观的一个意外结论将是:人的尊严是不同的。但是,如果从自由出发,那么结论却是:人的尊严是绝对的且是普遍的。这迫使我们不得不重提真理与自由的问题。这里,我们将从分析海德格尔的真理观来开始我们的讨论。

一、传统真理观的核心:真理的本质就是符合

重提真理问题究竟有多大程度的迫切性,首先需要通过清理传统真理观来说明。在《存在与时间》里,海德格尔用三个命题刻画了传统真理观:"1.真理的'处所'(der Ort)是判断(陈述)。2.真理的本质就在于判断与其对象的'符合'(Übereinstimmung)。3.是亚里士多德这位逻辑学之父不仅把判断当作真理的本原处所,而且首先把真理定义为'符合'。"①

在这三个命题中,第三个命题属历史问题。第二个命题包含着第一命题,因为把真理的本质理解为判断与对象的符合,也就意味着把判断当作真理的本质处所。因此,第二个命题是核心。而从这个命题可以分析出下面两点:A.对象是判断(陈述)是否与其符合的标准;B.符合是真理的前提,或者说,符合被预设为真理的前提。

那么,符合是什么意思?就一般而言,符合就是两个东西相一致、相协调,一个东西恰如另一个东西那样。比如,这个五分硬币与另一个五分硬币相符合。这就是说:这个五分硬币如(so)那个五分硬币那样(wie)有共同的形状、共同的大小,还由共同的材料铸成。在这里,符合在形式上至少有"如……那样"(so-wie)的关联结构。

当我们说,判断与其对象相符合时,也就等于说,判断如其对象那样。面对一个五分硬币,我们说,"这个硬币是圆的"。这个陈述(判断)符合五分硬币这个物。这里,不是物与物的关系,而是陈述与物的关系。

显而易见,这两个关系者是根本不同的:硬币是金属材料制造的,而陈述从来就不是什么物质材料;硬币可以用于购买食品,而关于硬币的陈述从来就不能成为支付手段。虽然两个关系者有种种不同,但这一陈述作为真的陈述,我们还是

---

① Heidegger, Martin., *Sein und Zeit*. siebente unveränderte Auflage, Tübingen: Max Niemeyer, 1979, S. 214.

说,它与其对象相符合。那么,它们究竟在什么方面符合呢? 或者说,这个真的陈述在什么方面如硬币那样呢? 这是问题Ⅰ。

不管陈述在什么方面符合对象,这种符合都是一种关联(Bezug)。因此,在讨论"什么方面相符合?"这一问题之前,我们首先要讨论的是:陈述如何关联到它的对象? 这是问题Ⅱ。只有澄清了问题Ⅱ,才有可能回答问题Ⅰ。而问题Ⅱ显然与"陈述(判断)是如何进行的?"这一问题相联系。

在认识论里,陈述通常被当作认识活动的结果,它就像一个被制作完毕的杯子那样,是一个现成的东西。因此,有人甚至把它当作一个"第三世界"。但在海德格尔看来,陈述首先是一种存在活动,这种存在活动是由表象(Vorstellen)来进行的。任何陈述(Aussagen)都是一种表象活动,而表象活动也总有所陈述。于是,问题Ⅱ的关键就在:何为表象活动?

"在这里,表象就指:在排除了一切'心理学的'和'意识论'的前见之后,让物作为对象来对立。这个对立者作为这样的被置放者(Gestellte)必须一直保持为一种被敞开的对立,与此同时,仍作为物持立在自己位置上,显示为一个持立者。"① 表象没有心理学意义的体验结构,也没有传统认识论的意识结构,它只是时间性的一种到时方式,或者说,只是纯粹意识的一种展现方式。因此,它在让物作为对象出现时,并不是把物分析为碎片,或者构造为影像(Schein)储存在意识中,然后对它进行逻辑推演;而是让物仍保持在物自己的位置上。也就是说,表象在让物作为对象显现出来时,并不改变物,而是让物如其自己那样显现为对象。对象不是构造出来的,而是物如其自己那样在表象活动的陈述中呈现出来。只要物是在表象活动的真的陈述中呈现,它就显现为如其自己那样的一个对象,一个有"人"跟它对立的对立者。

陈述就是在表象活动如此这般地让物作为对象(对立者)显现出来时,关联(Bezieht)到对象。我们可以把这种关联活动看作一种"存在对接"(richtigen)。表象的陈述活动让物作为对象来对立,一方面是陈述者(Dasein)向物的存在,同时又是物在陈述中向陈述者的显现,或说物在陈述中作为对象这种形态存在。这是同一件事情。所谓向物存在,绝非将自己"物化",而是指此在在表象的陈述活动中敞开自己,让物如其自己那样作为对象(某种存在者)而存在,并据此领会自己的可能性存在。比如,当表象(陈述)让树这一物作为一棵大树呈现出来,人据此也就进一步领会到:他可逍遥侧卧其下,或者伐之以为栋梁,等等。

---

① Heidegger, Martin., *Vom Wesen der Wahrheit*. vierte Auflage, Frankfurt am Main: Vittorio Klostermann,1961, S. 11.

因此，陈述向物的存在，有双层意义：让物作为对象来相遇，并据此对象领会陈述者的可能性存在。这双层性是同时发生的。在这个意义上说，陈述是一种共属性存在：与对象这种存在共在的存在。陈述总是有所陈述或有所揭示（Entbergen）的陈述。也就是说，陈述总是让物呈现为某种对象的存在活动。所以，陈述这种存在总是与对象（物的一种存在形态或存在方式）这种存在不可分离地共属（zusammengehört）于一体。只要此在以陈述这种方式存在，它就不可避免地与对象共在。

在这个意义上说，陈述并非像传统认识论所理解的那样，是一种现成的东西；它与其对象的符合，也不是两个现成东西（如两个五分硬币）之间的符合。陈述首先是此在的一种存在（生存）活动或存在方式。一个陈述是否为真，既不是在"形式"上，也不是在"内容"上是否与其对象相符合，而是陈述这种存在是否"对接"上对象这种存在（物的一种存在形态），是否与对象这一存在同一（Identität）。"对接"就是同一，就是相互协调地共在于一体。而只有当此在在陈述中如物自己那样让物作为对象出现，并据此对象去领会自己的可能性存在，此在的存在（陈述活动）才"对接"上对象，才与对象相符合：相互协调地共在于一体。一个真的陈述，意味着这个陈述者在陈述中如物自己那样向这个物存在：让物如其自己那样作为对象来相遇，并据此相遇的对象来领会自己的能在。

于是，陈述与对象的符合，是也只能是"存在"方面的符合。在这里，符合就是"对接"，就是同一，即相互协调地共在。因此，符合是一种生存性的符合，而不是现成东西之间的符合。当陈述"对接"上了对象而与之同一，我们就说，这个陈述是正确的（richtig），是真的（wahr）。这意味着，陈述的真理首先是存在意义的真理。一个陈述是真的，首先表明的是陈述者存在于真理中，而不是他反映了一个真的东西或创造了一个真的东西。所以，真理首先是一个存在问题。

上面的讨论已经暗示，陈述是否符合其对象的标准并不是对象，而是陈述关联到的物。因为对象只是在陈述中才作为这个对象而不是作为那个对象出现的。也就是说，只是此在通过表象的陈述活动向物存在，物才作为对象出现，因而才有对象。实际上，一个错误的陈述也可以与其对象相符合。例如，面对一个五色板，色盲人会说：这是一单（无）色板。在色盲者的表象陈述中，五色板的确就是作为单色板呈现出来，因此，他的陈述与其对象是相互符合的。但我们并不认为他的这一陈述是正确的。原因就在于，他在其陈述活动中未能如五色板本身那样把它作为一个多色板（对象）来呈现，而是遮蔽和歪曲了这个色板。也就是说，表象活动在让物作为对象来对立时，有可能歪曲或掩盖了物自身，而未能使对象如物自身那样呈现出来。

因此，陈述只能从它所关联到的物那里获取正确尺度（Richtmass）。那么，物又如何能够成为正确尺度呢？物只有作为自身出现，它才能成为正确性尺度。于是，更进一步的问题是：物如何能作为自身出现呢？物必须首先作为自身出现，才能作为对象出现。不过，人们会说，在康德那里物并不作为自身出现，却不是也有对象吗？

的确，在康德哲学中，物自身是无法显现的，它所能提供的只是感性材料，而主体总是通过其先验形式去接受和改造这些感性材料。因此，主体不可避免地改变和掩盖了物自身，也就不可能如物自身那样让物显现出来。所以，在康德的现象学里，没有物自身，只有对象。对象既是在认识活动中构造出来的，又是认识的真理性标准。但是，实际上，我们只能就形式方面去判断一个认识是否与其对象相符合，而内容方面是无法知道的。因为对象的内容虽然来自物自身提供的感性材料，但当这些感性材料被做成对象时已掩盖和歪曲了物自身。这意味着，认识在内容方面失去了真理性标准。换一个角度说，认识是否与其对象符合，只有必要的（形式方面的）标准，而没有充分的标准。这实际上等于否定了充分符合的可能性。

这是康德现象学留下的一个重大问题。它表明，只有物自身的显现，才使充分的符合成为可能。当传统哲学把符合当作真理的本质时，它显然只是把符合预设为真理的前提，而并未进一步追问这种符合本身的前提。在海德格尔看来，那种使物自身得以显现，从而使充分符合成为可能的东西，才更有本源的理由成为真理的本质。① 对于这个"更本源"的本质，我们显然只有通过追问"物自身如何显现？"这一问题来理解。

二、自由与真理

物作为自身显现出来，意味着它作为自身被敞（打）开，被公开（Öffnen）出来。任何存在着的东西，都首先是作为自身被敞开而存在着，否则，我们就既不能谈论它存在，也不能谈论它不存在。物必须首先作为自身被敞开，它才能成为表象陈述中的对象。表象能让物作为对象来对立，表明在作为对象之前，物已被敞开或公开出来。所以，海德格尔才说，物显现为对象是在被敞开者中实现的。②

这表明，物首先是在一个敞开活动中显现出来的。在这种敞开活动中，物之所以能作为自身存在，必须有一个条件：敞开活动并不改变或歪曲物，而是让物如其

---

① Heidegger, Martin., *Vom Wesen der Wahrheit*. vierte Auflage, Frankfurt am Main: Vittorio Klostermann, 1961, S. 12.

② See. Heidegger, Martin., *Vom Wesen der Wahrheit*. vierte Auflage, Frankfurt am Main: Vittorio Klostermann, 1961, S. 11.

自身显现自身。这意味着,这种敞开活动是一种无先决条件的敞开活动,它没有诸如先验形式或先验范畴这类框架。它只是自我敞开、自我(自身)显现而已。而这种无条件的自我(自身)敞开就是此在的自由存在(Freisein):自身(Selbst)从自身显现出来,开放(freien)出来。它不为什么开放(显现),只为自身而开放自身。

不过,自由的这种敞开活动又总是有所敞开,总是向……开放。自由如果无所敞开无所开放,也就不成其为敞开活动,也就无所谓自由或不自由。自由从自身开放出来之际向……开放。就是说,自由在展现自己之际有所显现,或自由在有所显现之际展现自己。在这个意义上说,自由不在(显现在)主体身上,更不在对象(客体)里,而在主体之外的第三项——Dasein(此在)那里。作为动物的一种类存在者和主体,人没有自由,自由在人之外。只是作为此在,他才能承担起自由。也就是说,作为自由的人,他的存在总是关联到"此(da)"。这个"此"不是(经验中的)什么东西(Seiende),却又总是某物。因此,自由这种敞开活动作为自身存在又总关联到某物。但是,它并不因这种关联而改变或歪曲物,相反,由于自由是一种无条件的自我开放,因而物自身恰恰是在这种开放中被敞开而呈现出来。

于是,对于自由我们获得了这样的理解:一方面,自由是自身性存在,是自身从自身显现出来,开放出来。因此,另一方面,自由又总是有所显现,它能够且不得不让他物作为自身呈现出来。自由在或者自由作为自身显现,同时也让物作为自身显现出来。自由与物自身在(显现)是同一件事(Ereignis),是同一性存在:只要自由在,就必有物自身呈现,而物自身也一定是在自由处才呈现。二者作为自身而又相互归属。自由在,同时也总让物自身在,也就是让存在者作为自身在。所以,海德格尔说,自由的本质(Wesen)就是让-存在(Sein-lassen),即让存在者作为这一存在者自身存在。① 需要指出的是,这里的"本质"并不是指构成某物核心的不变体或恒定属性。海德格尔强调要在动词意义上来理解 Wesen 一词。而作为动词,本质的原初意义就是出场(anwesen),就是存在或持续(weilen)。② "自由的本质是让-存在",亦即自由出场就是让存在者自身出场。因此,我们可以用"让-存在"来说明自由存在。

"让-存在(是)"就是"听之任之":听其自便,任其自然,是什么样就是什么样。但这并不意味着,让-存在是一种消极意义上的放弃和冷漠。与传统哲学中的主体相比较,让-存在并不构造任何对象,不干涉任何对象;它只是守于自身的自我开

---

① Heidegger, Martin., *Vom Wesen der Wahrheit*. vierte Auflage, Frankfurt am Main: Vittorio Klostermann, 1961, S. 14.

② See. Heidegger, Martin., *Ein führung in die Metaphysik*. zweite Auflage, Tübingen: Max Niemeyer, 1958, S. 55.

放,在这个意义上说,自由就是一种退让——从对象世界退回自身。作为自由的人,意味着他放弃(否定)了对象世界而守于自身。然而,放弃对象世界并非放弃一切。相反,自由正是放弃了对象世界,才得以"肯定"物自身(让物自身是)。自由无视(掩盖)对象世界,却显现了物自身。自由不让什么,却让是(存在)。让-是,就是让自身是,让……是自身。物就是在自由的这种退让中,才作为其自身存在,而不是作为对象或单纯的某物出现。换一个角度说,只是在自由的参与(einlassen)或协助下,物才作为自身存在。因此,让-存在不仅不是一种消极的放弃,恰恰是一种最高意义的参与或协助。自由既是一切否定的源泉,也是一切肯定的基础。

讨论到这里,一个结论已明确起来,这就是:自由更有理由成为真理的本质。因为正是自由使物自身的呈现成为可能的,从而使充分的符合成为可能。因此,如果我们谈论的是陈述的真理,那么真理的本质就是自由。这里同样需要说明的是,在对"真理的本质"的传统追问中,"真理"是一种现成的东西,即作为结果出现的认识,而"本质"也是某种现成的东西,只不过这种现成东西是另一个现成东西的核心,这个核心使"真理"能够与非真理或其他东西区别开来。当传统哲学把符合理解为真理的本质,也就等于说,它把符合理解为一种现成的状态,正是这种状态使真理作为真理出现,从而把真理标识出来。然而,传统哲学却从未进一步追问充分的符合是如何可能的。这种追问使我们发现,与其说符合是真理的本质,不如说符合是真理的一个基本特征。而使真理能够具有充分符合这种基本特征的,却是一种非现成的敞开活动,亦即自由。

因此,从本源上而言,真理与自由是统一的、相通的,而绝不是两个分立的问题,更不是两个互不相关的概念。离开自由问题,我们无法理解充分的真理。换句话说,没有自由,也就不可能有充分的、完整的真理。当哲学劝导人们以真理为重,在根本上也意味着它鼓励人们追求与维护人的自由。否则,这种哲学所理解的真理就不是真正的真理。在我看来,这是海德格尔真理观最值得人们重视的一个重要方面。真理与自由的冲突、沟通由来已久。而在哲学上自觉去理解和思考这两个问题及其之间的关系,却是从康德才开始。不幸的是,这种开创性的思考在后来的哲学中又陷入了歧途:自由与真理的关系被理解为自由与对必然的认识的关系。认识了必然才有自由,没有认识就没有自由;认识得越充分,才越有自由。历史因而才有"进步"。对自由与真理的这种理解最后引发出了一种灾难性历史观:新的历史时代有理由嘲笑和否定以往的一切历史。历史在表面上以真理为前提,但由于这种真理本身丧失了神性的尺度,实际上历史恰恰是行进在没有真理保障的道路上。

不过,当海德格尔把自由理解为真理的本质时,人们马上也会问:这不也意味着真理是任由人来处理的东西吗？因为自由不正是人的属性吗？

的确，人们通常总说，人有自由。但是，我们却从来没有领会这里说的"有"与"我有一本书"意义上的"有"有根本的不同。人有自由，说的是，人向来就置身于无关联的可能性当中，因此人能无条件地做出自己的决断。对于这种无关联的可能性，人是没有选择余地的，他向来就置身其中，且不得不一直置身其中。也就是说，人不得不自由，自由是由不得人自己的事情。就此而言，恰恰不是人拥有自由，相反，倒是自由拥有人。在这个意义上说，自由是命定的自由。

这种自由的人，也就是会死的人。海德格尔称之为 Dasein（此在）。因此，他说："仅当此在在(ist)，真理才在。"①因为正是这种自由的人才会退让，才会听之任之，因而才会有物自身的显现与充分的符合。

自由的这种命定性，从一个方面表明，自由本身是有来源（Entstammen）的。如果说自由是无条件的敞开活动，那么，它的这种来源恰恰是不可能敞开的：在敞（公）开活动中，来源隐去而被遮蔽（Verbergen），显示为一个不可公开的秘密（Geheimnis）。这个秘密并不是具体的、个别的秘密，而是唯一者。个别的或具体的秘密总是可以解开的，在这个意义上说，个别的秘密并不是真正的秘密，只是有待破解的一道"谜语"或问题。而作为唯一者的秘密则永远不可能破解（敞开）。它在(ist)，但不出场，而是在出场者（Anwesende）的出场（west）中显示它的非出场性存在（Unwesen）。因此，这个唯一者的秘密有些类似老子的"道"：道是万物之母（源），但它却是隐蔽着的，它只是在万物的生长、展现中显示它的存在。

这个作为唯一者的秘密，不仅是此在即自由之人的来源，实际上也是其他存在者的来源。从这个角度说，这个来源就是存在者在其中的整体（Im Ganzen）。此在（通过自由的敞开活动）在让存在者存在时，显明了存在者是在整体中的存在者（das Seiende im Ganzen）。此在让存在者存在，就是让存在者从处于遮蔽状态的整体中涌现出来，呈现出来。有来源、有历史的存在者，才能够作为自身存在的存在者；没有来源的东西，也就是没有历史的东西，我们无法知道它是其自身抑或不是其自身。此在（自由）让存在者作为自身呈现出来时，显明了存在者是从一个隐蔽着的整体中闪亮出来的，也就是说，这个显现出来的存在者有一个隐蔽着的、不显现出来的来源。

一个存在者作为自身存在，这说的是，它从黑暗（遮蔽状态）中被照亮出来，但它并没有离开"黑暗"，它仍在(ist)黑暗中——它的周围仍是一片黑暗。自由（让存

---

① Heidegger, Martin., *Sein und Zeit*. siebente unveränderte Auflage, Tübingen: Max Niemeyer, 1979, S. 230.

在)犹如从黑暗中照射出来的一束"光"(Licht),它所照亮的就是一片"林中空地"(Lichtung)。存在者就在这个"空地"中作为自身显现出来,而它周围仍是"遮天蔽日的黑森林"。如若没有周遭的森林,也就没有林中空地,也就没有东西从森林中凸(显)现出来;如若没有黑暗,没有隐蔽,世界是纯光的世界,也就不会有任何东西被看见。从这个角度说,恰恰是暗的、处于遮(隐)蔽中的整体使自由本身成为可能的,从而使每个存在者显现为这一存在者(自身)成为可能的。在这个意义上说,这个隐蔽着的整体,也即上面所说的秘密,是真理的更本源的本质。因此,海德格尔说:"自由(此在的闭固着的开现必得从它获得把握)之所以是(表象之正确性意义上的)真理的本质,就因为自由本身是来源于真理的本源本质;来源于迷误中的秘密的支配。"①

这岂不是说,自由是有条件的吗?这里的关键在于如何理解这个"整体"。它曾被理解为已知存在者的总和,或者被理解为可以在历史过程中得到把握的"大全"。如果自由来自这样理解的"整体",那么自由就是有条件的,就不是真正的自由。但这样理解的整体实际上只是一种概念推演的结果,因而是一种抽象的整体。它是可把握、可公开的,即使当下把握不了,也可以在历史中加以把握。事实上,这种整体是一种由部分相加的结果,它不是存在者的来源,相反,它倒是以存在者为前提。

作为自由的来源,整体始终都是不可把握的秘密。它存在(ist),但它不出场(unwesen)。它不在意识的"光区"(Lichtung)之内,而只在且总在光区之旁;或者说,它在且总在出场者之旁。作为来源的整体,它总是 Im Ganzen(存在者在其中)的整体。对于 Im Ganzen 这个词,我们必须根据海德格尔的语言习惯来理解。海德格尔曾一再强调要在动词(如居住、逗留、照料等)意义上去理解 in 这个介词。② Im Ganzen 表明的就是,有人(有物)"照料"着整体,逗留在整体;从另一个角度看,这等于说,整体总是有人照料着的整体,总是存在者逗留其中的整体,用我们上面的话来说,就是存在者自身从中呈现出来的整体。只是在此在(自由)存在之际,或者说,存在者作为自身显现之际,整体才被显明为一个不可显明的秘密、不可追溯的源头,也即才作为整体存在。没有此在的自由之光,或者离开了存在者自身的呈现,整体无法显现为不可显明的秘密,无法显明为万物从中涌现的不测深渊。就此而言,作为来源与秘密的整体反而离不开自由,离不开存在者自身的显现。

---

① Heidegger, Martin. *Vom Wesen der Wahrheit*. vierte Auflage, Frankfurt am Main: Vittorio Klostermann,1961, S. 23.

② Heidegger, Martin. *Sein und Zeit*. siebente unveränderte Auflage, Tübingen: Max Niemeyer, 1979, S. 54.

这一方面表明,整体并非抽象之物,它恰恰非常"具体":它就在每一个作为自身显现出来的存在者之旁。在任何一个作为自身显现出来的存在者那里,我们都能遇到这个唯一的秘密。作为自由之人,永远都不能摆脱这个秘密。但另一方面,这个无处不在的整体却又是非出场性的存在,它不是什么具体的东西,它什么也不是。在这个意义上说,它就是无(Nichts)。自由来源于整体,受这个秘密的支配,并不意味着自由是有条件的,而是意味着,自由是从无中生有,自由是对无(秘密)的一种努力。作为自由的存在,此在总是面临着秘密,领会着秘密,受秘密的呼唤。此在的使命就是领受作为来源、作为惟一者的秘密。因而它总努力去理解这个秘密,为此,它不得不从秘密中"抢夺"出可抢夺的东西。这就是对存在者的去蔽(Entbergen)。不过,这种抢夺并不是一种强力的破坏行为,相反,它倒是一种保护性的协助活动。自由把存在者从整体中"抢出来",但并不使它离开整体,恰恰是让它保持在整体中。这样,自由的这种"抢夺"才既有助于领会秘密,又让存在者作为其自身出现。

所以,我们把自由当作真理的本质,并不是把真理交由人来任意处理,而恰恰是为真理找到了神圣性的尺度和非人类学的基础。这一点我们在下面还将进一步讨论。

三、本质的真理

上面对真理的本质问题的讨论把我们引向了自由与秘密(遮蔽中的整体),也就是引向了去蔽与隐蔽的问题。根据上面的分析,自由的退让并不是消极意义上的放弃,而是最积极的"参与或协助"。让-存在就是协助存在者从遮蔽状态(Verborgenheit)的整体中呈现出来,就是对存在者的去蔽:让它从隐蔽着的整体中进入"光区"(Lichtung),把它照亮出来、凸现出来。这种被从整体中照亮出来的存在者自身,或者说,作为自身被敞开出来的东西(das Offene)就是无蔽者(Unverborgene)或无遮蔽状态(Unverborgenheit)。海德格尔认为,古希腊人的"真理"一词的本义就是指这种无蔽状态。[①] 也就是说,真理最初就是存在者的自身存在或自身显现。

但是,存在者作为自身存在或自身显现,意味着这个存在者不是任何东西(Es ist nicht Seiende),它存在着(Es ist),在场着(west),仅此而已。当我们说,存在者

---

① Heidegger, Martin., *Vom Wesen der Wahrheit*. vierte Auflage, Frankfurt am Main: Vittorio Klostermann, 1961, S. 15.

作为自身存在（Das Seiende ist als solches），就等于说，此存在者存在着（Das Seiende ist, west）。因此，作为无蔽状态，真理首先是存在的真理，是出场（wesen）意义的真理。也就是说，真理首先是本质（Wesen）的真理——作为自身出场（west），就是使某个东西是这个东西而不是其他东西的本质性存在（显现）。在这里，"本质"一词同样是在动词意义上来使用的：某物从不出场的秘密中显现出来，作为该物自身持续着、在场着。在这个意义上理解的本质就是存在（Seyn）。本质的真理就是存在的真理，因为本质的真理就是自身的显现与持续。同样可以说，存在的真理就是本质的真理，因为存在不是什么东西，存在只是自身的存在、自身的显现。

在这里，本质、存在、自身可在同一意义上来理解。当我们说：树存在（ist），那么这首先表明的是，有物来相遇。但这个物不是柏树、杉树，不是大树、小树，也不是在与其他植物的比较中显出的一种特殊植物。作为某种科目的树，或者作为一种特殊的植物类，都是在比较中或在关联中展现出来的。对于这种在关联中出现的树，我们可以用陈述句式"这是某种东西"来说明（解释）它，也可以用"这是什么？"这种方式来追问它。我们面临的这个物是一种什么树，是属于哪一种植物，只有进入与他物的关联中才能得到确定，甚至只有进入关联中才有这类问题。因此，作为某一科目或某一类植物出现的树显然不是我们遇到的那个树自身。因为物只是在无关联中呈现出来才作为物自身存在，否则它就只是关联中的某种东西。这个物自身可以理解为中国古人的"自然"：自然而然，自身是什么样就是什么样。一进入关联（关系）中，自然就不自然，就非自身。对于这种物自身（这里就是树自身），我们无法用"这是某种东西"这种陈述来言说它，而只能说：这在或树在。也可以反过来说，当我们说：这在或树在，那么我们表明的就是：树向我们呈现其自身。正是这个树自身使一切科目的树都可以称为树。也就是说，树作为自身出场、持续（存在）就是一切树的本质。

面对物自身，更确切地说，当物向我们呈现其自身，我们不会也不可能问："这是什么？"因这物自身不是什么，它只是作为它自身那样存在着，自然而然地守位于自身，这就是它的真身状态，亦即真理状态。当我们把相遇到的某一真理状态（物自身）作为树时，我们并不是对这一真理状态进行定义，而是给真理状态命名，是对真理状态的一种回应。真理或物自身是不可定义的，只可命名。定义的句式是"X是Y"，而命名的句式是："X在"。在"树在"这一命名中的"树"，与定义"这是树"中的"树"是不同的。简单地说，树在，但树不是树。这是令人费解的，但事实的确如此。在我们能够定义（解释）"这是树"之前，我们显然已经有一个使我们能够把这个东西或那个东西确定（bestimmt）为树的"标准或尺度"。这个标准或尺度就是"树在"中的树自身，亦即树的真身或树的真理状态。但在"这是树"这一定义中，树却是关联中的树而不是树自身。"这是树",也就意味着这不是花草鸟兽。这表明,要完成"这是树"这一定义活动,不仅首先要有树的尺度(树自身),而且必须把这个东西与其他东西进行比较,让这个东西进入与其他东西的关联中,从而显示出这个东西是树,而不是其他东西。定义活动本身就是一种关联活动(Beziehen)。因此,我们可以说,定义以命名为前提,关联物以物自身为基础,亦即以真理为基础。

如果自身显现或自身存在就是本源的真理,亦即无蔽状态意义的真理,那么自由本身就是这种真理。因为自由就是此在这一存在者的自身存在。此在让物作为其自身存在,同时就是此在作为自身存在:从自身展开自身。因此,说此在是自由的存在,等于说,此在存在于本源的真理当中。

在此前的分析中,我们知道,是自由使物自身的显现从而使充分符合成为可能的。现在可以进一步说,是此在存在于本源的真理中,才使一切真理成为可能的。这种本源真理作为自身的无蔽状态就是本质的显现,或者说,这种本源真理就是本质的真理。

这样,对"真理的本质"的追问便把我们引到了"本质的真理"这个答案上来。所以,海德格尔称:"真理的本质问题在下面的语句中找到了自己的答案:真理的本质就是本质的真理。"① 在"真理的本质"问题中,真理是正确性或符合意义上的真理,本质则是指使这种正确性真理能够是这种真理的东西。而在"本质的真理"这一术语中,本质就是纯粹的存在,亦即自身;本质的真理就是存在的无蔽状态,或者说,就是自身的显现,自身的出场。正是这种本质的真理使符合意义的真理成为可能的,使符合的真理能够作为这种真理出现。因此说真理的本质就是本质的真理。

这意味着,陈述并不是真理的本源处所,更不是真理的惟一处所。换一个角度说,以陈述为处所的真理(即符合意义的真理)并不是本源的真理。真理问题首先是存在问题,我们必得从存在问题着手,才能在根本上理解和把握真理问题。

显而易见的是,作为存在的去蔽状态或无蔽状态,真理并不是人的行为结果,相反,我们甚至可以说,人的行为倒以真理为前提。存在者自身是在自由的让-存在中被去蔽的,而自由的这种去蔽活动则不是人所能左右的。自由是命定的自由。就人人命定赋有自由而言,人天生就存在于真理中。从另一个角度说,人的存在或行动必须以真理为前提。没有自由存在,因而没有物自身的显现,人的任何行动都是不可能的,尽管人们在自己的行动中往往可能忘记和掩盖了这一点。因此,我们不能只从人的角度去理解真理。或者说,不能只从人类学出发,仅仅把真理理解为

---

① Heidegger, Martin., *Vom Wesen der Wahrheit*. vierte Auflage, Frankfurt am Main: Vittorio Klostermann,1961, S. 26.

人的一种活动结果,就如人们通常把知识理解为人的认识活动的结果一样。

同样,真理的反面——非真理(Unwahrheit)也并非人们通常以为的那样,是由人的疏忽和无能导致的,非真理同样有非人类学的根源。人类不可能像避免一场不幸事件那样避免非真理。这里需要追问的是:如何理解非真理?非真理是如何发生的?

当真理首先被理解为存在(自身的本质)的无遮蔽状态(Unverborgenheit),也就意味着非真理就是一种遮蔽状态(Verborgenheit)。如果说无蔽状态是让-存在去蔽(揭示)出来的去蔽状态(Entborgenheit),那么遮蔽状态就是"拒绝去蔽,不允许被夺取"①。因此,这种遮蔽状态也可以被理解为一种自我隐蔽(Verbergung):自己把自己隐藏起来。赫拉克利特说:"自然(physis)喜欢躲藏起来。"躲避谁呢?躲避去蔽。有人要窥视"自然","自然"才躲藏起来,才有躲藏问题。因此,赫氏这句话等于说:有去蔽者要窥视"自然",而"自然"不喜欢接受去蔽,它躲开了去蔽。

那么,在海德格尔这里,又是谁在躲避呢?存在者在其中的整体(Im Ganzen)在躲避。我们前面讨论过,存在者总是有来历的存在者,因而总是整体中的存在者。自由让存在者作为其自身存在,就是把存在者从整体中"抢夺"出来,亦即去蔽出来。但是,整体本身却拒绝这种去蔽,它以拒绝去蔽的方式隐蔽自己。也就是说,整体本身是相对于去蔽活动,才显明它"喜欢躲藏起来",显明它是不出场的存在(Unwesen)。没有去蔽活动,从而无物出场,也就无所谓隐蔽和不出场,甚至根本就没有整体("自然")的存在问题。正如没有泉水涌出,也就无以显明深山石壁里的源头一样,如果没有存在者在让-存在这种去蔽活动中显现出来,也就不可能显明有一个存在者从中涌现出来的源头隐蔽着不显现。

因此,从整体的角度说,它的不出场是一种拒绝去蔽的自我隐蔽;但从让-存在的角度看,只是在让-存在的去蔽活动中,整体才隐入遮蔽状态,才显明为不出场,因而整体的这种不出场也可以被视作是让-存在对整体的遮蔽。

我们可以从另一个角度来讨论让-存在的这种遮蔽活动。人们通常以为,要在与其他事物(Seiende)的比较中,才能真正显明(认识)某物是什么。在日常经验中,这是正确的。比如,"这是一棵树"是在此树与花草鸟兽的比较中显明的。这里显明的是关联中的存在者。在"这是一棵树"这种说法中,我们知道的是,面前这个东西不是花草鸟兽,但它又在(ist)花草鸟兽这些存在者当中:它是在与其他存在者的比较关联中才显示为这一存在者。也就是说,这个东西不是其他"什么",却又

---

① Heidegger, Martin., *Vom Wesen der Wahrheit*. vierte Auflage, Frankfurt am Main: Vittorio Klostermann,1961, S. 19.

是众多什么中的一个什么(was)。至于(树)这个东西自身,我们却一无所知,甚至我们压根儿就没有领会到还有一个自身在。而实际上,存在者只有首先作为自身在,它才能与其他存在者有关联而显明为关联中的某种什么。人们的通常做法,即通过与其他事物进行比较来确定某物是什么这种关联活动,已预设了一个未曾明言的前提,这就是自身存在。

所谓自身存在,就是自己作为自己显现出来,因而是无关联的存在。这意味着,让-存在必须能够把存在者从经验关联中取回来,存在者才能退回自身而显现为自身。而只有掩盖或遮蔽其他存在者,才能解除一切关联,从而把存在者从中取回来。所以,在海德格尔这里,让-存在所让的存在者一直是单数形式。让-存在显现或去蔽的只是某一存在者自身,并不同时显现其他存在者。或者说,让-存在在让某一存在者存在时,遮蔽了其他存在者,把它们掩盖在不出场的整体中。所以,海德格尔说:"恰恰是各个行为中的让-存在在让它对其有所作为的存在者存在,从而揭示(去蔽)了这一存在者时,它遮蔽了存在者在其中的整体。让-存在本身同时就是一种遮蔽活动(Verbergen)。在此-在的生存自由中,发生了存在者在其中的整体的隐蔽(Verbergung),这就是遮蔽状态。"① 在这里,遮蔽与隐蔽只不过是从不同角度来说明的同一件事。从让-存在言,是遮蔽;从整体言,是自我隐蔽。但不管是作遮蔽言,还是作隐蔽言,它都是在让-存在的去蔽活动中发生的。无蔽状态与遮蔽状态都是在自由存在中发生的。自由就是一种斗争——去蔽与隐蔽(遮蔽)的斗争。这种斗争并不是一场辩证运动,而是一种直接发生的事件。因此,正如真理并非完全由人力所为一样,非真理也并非人力所能排除,不可能如千百年来人们渴望的那样,通过"真理"的积累,便可以消除非真理。人向来就行走在去蔽与遮蔽、真理与非真理的道路上,因为人向来就在自由中。因此,我们甚至可以说,人是因自由而犯错,而不是无知才犯错。动物从不犯错。当然,这里的"犯错"并不是指日常生活中的过错,或者歪曲了什么东西,而是指错过了整体:他在自由中显明了整体在,却不能让整体出场。这种"错过"是他一切过错的根源。

我们前面强调了真理的非人类学因素,这并不是要人放弃对真理的努力,而是要显明真理的神圣性。为了守护真理,维护真理的神圣性,人类同样必须付出努力,必须进行"斗争"。而指出非真理的命定性,也同样不是要为人类的过错辩护,相反,这种命定性恰恰是要人类为自己的所有过错负责,要每个人为自己的所有过错承担起责任,以敬畏之心对待自己的一切过错。人类的每一个过错都向人类表明,人不可为所欲为。

---

① Heidegger, Martin., *Vom Wesen der Wahrheit*. vierte Auflage, Frankfurt am Main: Vittorio Klostermann, 1961, S. 19.

第五章　作为存在论问题的爱：爱即让-自由

　　前面我们讨论了真理与自由如何是存在论的问题,以及它们之间的存在论关联。这一章,我们将讨论也一直被当作伦理学里的一个重要问题如何也是存在论的问题,以及它与上面被作为存在论问题加以讨论的自由之间的关系,这个问题就是爱。从存在论角度看,我们将发现,不仅真理与自由相关,而且爱也与自由相关。

　　每个人都生活在爱中。虽然每个人得到的爱与付出的爱各不相同,但每个人都感受过爱与被爱。我们首先是在亲人之间感受到爱,我们还会在朋友之间,在陌生人之间感受到爱。一个公正、和谐的共同体,必定是一个在陌生人之间也充满爱的社会;而一个人人之间充满爱的社会,也才可能是一个公正、和谐的共同体。

　　那么,何为爱? 如何爱他人才是真爱而不是溺爱与宠爱? 如何爱自己才是真正的自爱而不是自私? 爱与亲情之别何在? 虽然爱在人类共同体里如此重要,但是,关于爱的问题在汉语思想界却很少得到深入的讨论。不过,在基督教信仰系统里,爱却得到了无以复加的强调:爱被当作所有律法的要义而成了每个人处理与他者关系的最高准则。所以,这里我们暂且从分析基督教有关爱的观念出发来讨论这些问题。

一、爱是一种解放：从尘世解放而回到自身

关于爱，《圣经》里有一个看似平常而费解的著名说法："爱是恒久忍耐，和蔼仁慈；爱是不嫉妒，不自夸，不自大，不做无礼的事，不谋求私利，不轻易动怒，不计算人的恶，不喜欢不义，只喜欢真理；爱就是凡事包容，凡事相信，凡事盼望，凡事忍耐。"①

这是从三个角度对爱做出的说明。如果说第一个角度侧重于从上帝之爱来说明爱，那么，第二、第三个角度则是从在尘世历史中的个人角度去说明爱，其中一个是以肯定的形式表达，一个是以否定的形式陈述。只要符合其中任何一个角度所说明的爱，就是真爱。也就是说，不管是爱自己还是爱他人，只要符合这三个说明中的任何一个，这种爱就是真爱。

但是，我们如何理解这三个说明呢？我们暂且从第二个说明，也即以否定形式表达的说明着手。如果爱就是不自夸、不自大、不嫉妒……那么，如果一个人自夸、自大、嫉妒……他就不可能真正去爱。一个人能自夸、自大、嫉妒什么呢？当然就是自夸（自大、嫉妒）某种优势，比如才能、财富、权势、声望、美色等由尘世物构成的某种优势。自大、自夸、嫉妒等这类行动与情感在根本上就是把自己和他人置于一个由各自拥有的尘世物决定的优势等级体系中，从这种等级体系的关联角度去理解自己与他人的关系。自大者或因自己拥有优越于他人的权势（或其他）而自以为人上人，而嫉妒者或因自己的容貌不如他人就自卑于他人而怨恨他人。不管是自大者，还是嫉妒者，在本质上都是把自己和他人限定在由尘世物构成的等级关联中，只从这种等级关联去理解和看待自己与他人的存在。

这种把自己与他人限定在尘世等级关联中的人，他的身份是在比较中呈现出来的，他与他人的关系是一种比较级的关系，一种由拥有的尘世物决定的差序关系。在这个由尘世物规定的庞大的等级体系中，由于每个人拥有的各种尘世物（不管是才能、权势，还是财富、美貌、感官快乐等）各不相同，因此，一方面，每个人被分解为各种差序身份——才华横溢者可能其貌不扬，权势炙手可热者可能才智平庸，红颜者可能薄命，富豪者可能堕落。也就是说，一个人在权势等级系列里，他充当着一个人上人，而在才智等级系列里，他则是一个人下人。另一方面，这种差序身份不仅是相对的，而且是变动的，将随着尘世物的变化而改变：才华横溢者可能江

---

① 《圣经·哥林多前书》13：4-7。

郎才尽,权势熏天者可能沦为阶下囚。所以,在尘世等级体系里,人们找不到真正的"自己-自身",只有临时的身份——大家都是临时工。没有"自己",没有"能作主的主人",又如何真正爱自己呢?又如何爱人如爱己呢?

也许有人会以为,在同一个等级的人们之间能够相互理解相互关爱。实际上,这是一种误解与幻想。首先,在由尘世物决定的等级体系里,每个人所处的等级序位不仅是变化的,而且是多重的,不可能与任何他人完全重叠,因而不可能与他人构成同一个等级。只有当人们从众多尘世物抽出某一方面(如财富)作为衡量等级序位的标准,才可能对等级体系进行归类性分层,否则,等级体系里,只有个体之间的层级,而没有类之间的层级。通过设立分层(级)标准来理解、认识一个等级社会,这是经济学与社会学最惯常的做法。它们对等级体系的这种认识会反过来影响甚至塑造等级体系。但是,我们生活于其中的任何等级体系都不仅仅是它们所理解与描绘的那样简单。因为标准设立之时,就是差异被删除之际。就我们这里要讨论的话题而言,即使我们退一步承认有所谓类的同一阶层,并且这同一个阶层的人们之间能够相互关爱,但是,处在这种类的等级中的人也不可能在整个等级社会进行爱人如爱己。

其次,更为重要的是,只从尘世物规定的等级体系去理解自己与他人的存在和生活的人,其生活的唯一目的与方向就在于尽可能获取对他人的优势,并保守这种优势。既然我们的存在只是一种比较级里的存在,我们的生活只是等级体系里的生活,那么,除了追求最高级的存在与人上人的生活外,还有什么会是我们更重要的目的?任何一个等级体系都是一个匮乏体系。由尘世物决定的等级体系,既可以说是一个由所拥有的尘世物的量规定的,也可以更确切说是由匮乏尘世物的度规定的。在这个体系里,获取对他人的优势,也就意味着摆脱相对(他人的)匮乏。为此,他必须千方百计去夺取并占有有限的尘世物,如财富与权力。正是这一点从根本上决定了他不可能爱人如爱己。因为如果他把他人当作像爱自己那样来对待,那么,这要么意味着他放弃了自己对他人的优越,要么意味着他愿与所有他人共享自己的优越,而结果都一样:他不再保有对他人的优越;但是,获取并保守对他人的优势却是自陷于等级关联体系中的人的唯一目的。

由于自陷于等级体系的人实际上失去了"自己",因而不可能真正爱自己,当然也就不可能爱人如爱己,所以,不可能有真正的爱。自大自夸者、嫉妒者……都属于这种自陷之人。因此,当使徒说:"爱是不嫉妒,不自夸,不自大……"时,在根本上意味着,爱不是别的,爱就是从由尘世物决定的等级体系中摆脱出来。因为只有既把自己又把他人从这种尘世等级中解放出来,不再从所匮乏或所拥有的尘世物的量去理解、看待自己与他人的关系,人们才能够不因拥有尘世物方面(如才能或权势、财富等)的比较优势而傲慢自夸,也不因比较劣势而自卑嫉恨。总之,才能不自大,不自夸,不嫉妒,不轻易动怒,不喜欢不义。从这种否定意义来说,爱就是一种摆脱-解放:自我解放而解放他人。

要进一步问的是:对于我们的存在而言,从尘世物规定的等级关联体系里摆脱-解放出来意味着什么呢?从特权阶级的压迫中解放出来,意味着获得政治上的自由与平等。但是,这种自由只是一种法律所确认的外在自由,由此获得的平等还是形式性的机会平等,而不是起点平等,更不是实质的平等。因此,即便是在解除了阶级压迫的社会里,人们也仍陷在各种等级关联中。政治解放只是消除了特权阶级,摆脱了权力方面的等级关系,而无法摆脱整个尘世等级关联体系。如果说阶级关系是由后天的典章制度规定的,那么,尘世等级关联体系则是由先天与后天的一切有限物规定的。所以,如果说政治解放在根本上意味着摆脱某种典章制度而进入一种自由自主的存在,也即进入一种形式平等的生活,那么,爱则意味着把自己与他人从一切先天与后天的尘世物当中解放出来,让自己与他人退出一切由尘世物决定的关联,也就是退出一切功能性角色。退出一切关联,也就是进入无关联:每个人都不再是作为因拥有某种尘世物而具有某种相应功能的关联角色(如因拥有巨大财富而为富豪等)存在,而是作为无关联、无功能的自身出现。

在尘世物规定的等级关联体系里,每个人都处在比较关联中而充当着各种相对的角色。一切角色都是相对的,因为不管一个角色是多么重要,或多么适合于某个人,它都是在比较中确立起来的,而非为任何一个人必然地配备的,因而并非不可替代的。在这个意义上,我们不可能在角色中找到真正的自身。因为我们每个人的自身都是绝对的、不可替代的。这种绝对的自身不在等级关联体系中,而在等级关联之外。在这个意义上说,从尘世物规定的等级关联体系中解放出来,也就是卸下一切角色,回到自身。这个自身之为绝对的自身,就在于它的存在不受任何关联物的决定,而只由自己决定自己。因此,绝对的自身,也就是自由的存在。作为会爱的存在者,我们的自身不在尘世物规定的等级关联中,而在自由中。自由是我们这种存在者自己的位置。在尘世-日常生活中,不同的人充当着不同角色,因而有不同的位置。但是,所有人都有一个共同的位置,这就是自由。这里的共同只是这一点上的共同:在自由这个位置上,每个人都能够只从自己出发决定自己的意愿与行动。因此,虽然自由这种位置是共同的,但是,每个人的自由却是不可代理的。在这个意义上,我们说,自由是每个人自己的位置,一个天赋的位置。

因此,当我们说卸下角色而回到自身时,实际上等于说,退出等级关联而回到自己的位置上——自由。在自己的位置上,就是自在而自由地存在——这是我们汉语"自由自在"这个日常语汇隐藏的最深刻的本源意义。

二、爱即是守于自身而让-自由自在

所以，对于我们的存在而言，从等级关联中解放出来，意味着我们回到了自己的位置上即自由而找到自身。从存在论角度看，这种解放意味着让我们找到自身，回到自由存在。但是，当我作为无关联的自身而自由存在时，并非意味着我与他人只有消极的关系，而没有任何积极的关涉。相反，在这种情况下，我与他人处在一种最积极的关涉当中，这就是：让他人也回到自己的位置上而自由自在地存在。因为当我从等级关联体系中解放出来时，这不仅表明我不再从由尘世物规定的等级关联体系去理解、看待我自己的存在，同时也意味着我同样不再从这种等级体系去理解、对待他人的存在，而是把他人当作与我一样的无等级无关联的自身，也即可以只从自己决定自己的自身。我的自我解放在存在论上必定总是与所有他人的解放联系在一起。当我把自己从关联体系中解放出来而回到自身时，在根本上意味着我同时也把他人从其中解放出来而让他人回到自身。让他人回到自身，也就是让他人自在，让他人自由。

如果说爱就是不自夸不自大不嫉妒不喜欢不义，因而爱也就是把自己与他人从等级关联中解放出来，那么，在哲学意义上，这也就意味着，爱就是回到自身-守于自由而让他人回到自身-守于自由。简单说，真正的爱就是守于自由而让他人自由。对他人的爱，就是让他人自由：让他人回到自己的位置上而作为他自身存在，或者说，让他人自由自在地存在。所以，如果我们真爱一个人，那么，首先不是因其美貌优雅，也不是因其财富权势，同样也不是因其才华出众，总之，不是因其拥有某种比较优势，而仅仅因为他是一个人——一个自由的人。由于这种爱不是出于任何比较优势，所以，它才是一种无功利的纯粹之爱，一种天地间的大爱。于是，从存在论角度，我们可以对"何为爱？"这个问题回答说：守于自身而让-自由自在就是爱本身。

人因被赋予自由这个天位，因此，他不仅在爱中，而且会去爱，也即能够让（lassen）他者自在-自由。当然，人的这种"让"不同于上帝的"让"。上帝的"让"是一种绝对自由与绝对命令，一种绝对创造——从无中生有地创造他者，而人的"让"则首先是向他者敞开-开放自己，以便让他者也在其自身位置上来相遇。这里，敞开自己开放自己，就是承担起自己的自由。而这在根本上意味着，切断与他物的一切因果关联，只从自己那始终保持为什么也不是的无的精神意识出发去面对他者。正因为我们是守护在什么也不是的无当中与他者相遇，他者才保持为他自身出现，而不是作为某种什么即某种宾词物（如食物或因果物）来与我们相遇。所以，人的让首先是一种尊敬行为：尊重并敬仰他者在自己位置上作为自身存在，也即尊重并敬仰他者的自由-自在。在尊敬这种意识中，他者不是作为我（意识）的创造物出现，恰恰是作为我的意识不可照亮、不可穿透、不可把握的自在物（Ding an sich）存在，因而它既在我的意识里来与我相遇，又在我的意识之外的自己位置上存在，因而大于、高于我的意识。我们的自由也能创造，但是，我们的创造以我们的这种让为前提，而上帝的让（令）直接就是创造。

上帝的绝对自由使上帝直接就是爱。如果说上帝的爱是一种创造与赋位的话，那么，人的爱则不是创造，而只是创造的前提，也不是赋位，而只是认位与敬仰：确认并维护他者在自己位置上的自在-自由的存在，从而承认他者在我的意识边缘之外而"大于"我的意识，进而敬仰他者之不可归结为我的意识的神圣性与神秘性。

因此，人的爱——让他者自由自在——包含着两个基本的意识向度：一个是承认并维护他者（他人或上帝）自在-自由的存在，也就是他者之独立自主、不可替代的存在；另一个是确信并尊敬他者这种自由-自在的存在绝对不可被意识所把握、认识的神圣性。因此，人的真正之爱，必定包含着相信-信任-信仰（Glauben）。也可以说，人的真爱必定在相信-信任-信仰这个意识向度之中。怀疑中无爱，爱不在怀疑中。对他者之爱如此，对自己的爱也是如此。

首先我们是在信任-相信中爱他人。因为我们不可能在完全认识了一个人或看透了一个人之后才去爱他。不管我们与之关系如何亲密，如何患难与共，我们都不可能完全认识一个人的全部，看透一个人的意志世界，因为他是自由的。如果说爱他人是与他者关系的首要法则，那么，我们对他人的首要的和主要的态度不是也不应是探索-窥探与猜测，而是相信-信赖。相信-信赖他者，也就是不把他者仅仅当作知识与感性直观中的东西，不企图用我们的意识去把握、穿透他们，而是承认并尊重他有意识永远不可显现、不可把握的区域，他在意识中的显现同时表明了他不仅在意识之中，更在意识之外。这个意识之外的、不可显现的区域，就是他者自己的位置。承认并尊重他者在自己位置上，这是爱的一个基本维度。

那么，对自己的爱呢？如果说爱就是让-自由自在，那么，爱自己也就是让自己自由自在。而这首先意味着确认我自己在我自己的意识中，但又不仅仅在我自己的意识中，而且还在我自己的意识之外——这就是我的位置即自由。我不仅仅是意识中的那个"我"，意识只是我的显现，通过意识，我显现为一个可交流可了解的"我"，但又不仅仅是这个"我"。只是在逻辑中，我与意识中的"我"才被视为是同一的，但我并不仅仅生活于逻辑中，因为我并不仅仅生活于概念里。因此，我同样不是可以被我自己的意识所完全穿透、把握或看见。所以，真正的爱自己同样不可能是也不应当是建立在对自己的认识之上，而是建立在担当起自己的自由之上，也即建立在对自己自由的确认-相信之上。对自己的真爱必定包含着担当起自己的自由,也即确认与维护自己的自由。而这在更深的层面上则意味着确认与维护自己存在的神圣性。因为确认自己的自由,也就等于确认我自己的存在"大于""多于"我自己的意识,是我自己的意识-意愿所不能左右的,相反,我的存在总是在意识的边缘而构成了意识-意愿的源头。因此,对于我自己的存在,"我(意识)"必须敬而存之:对于我的存在,"我"(意识)不能想怎么对待就怎么对待,想怎么处理(如自杀)就怎么处理,而必须确认与尊重它的神秘性(不可被意识穿透)与神圣性("多于""大于"意识)。所以,真爱自己,必须确认并尊重自己为一个他者。

不管是对他者之爱,还是对自己的爱,都必定包含着相信-信任-信仰这个意识向度。没有相信-信赖-信仰,就不可能有真正的爱。真爱必定在相信-信赖这种意识向度之中。这就是为什么《圣经》在上面的引文中会说,爱就是凡事相信。凡事相信,就是相信上帝,相信人人。不管他人做过何事,不管他曾经多么奸诈权变,都只相信他:确认并尊重他仍是一个自由的人,而不因他曾做过种种坏事就把他定格在某个道德等级中。相信他人,在根本上就是相信他的自由这种位格存在。如果我们连他人的自由都不相信-信赖,那么,我们如何让他人在自己位置上自由-自在呢?从而又如何爱他人呢?

实际上,就我们人类来说,爱的相信-信仰向度在根本上表明,真正的爱必定是向任何他者敞开的爱。因此,对他者的爱,并不是只爱某些他人(如亲朋或利益相关者),而是以"让他者自由-自在"的方式给一切他人以同样的爱。即便是自爱,它对自己的真爱也并不是排他性的自私自利的爱,相反,是能够给任何他者以同样对待的爱:守于自己的自由-自在而让他者自由-自在。在这里,自爱在肯定自己(让自己自由-自在)的同时,也给予他者以同样的肯定——也让他者自由-自在。只是这样的自爱,才能爱人如爱己,因而,才是没有危险的。

单从哲学的角度说,上面的讨论表明,不管是自爱,还是爱他者,只要是真爱,那么,这爱就必是守于自由而让-自由自在,因而,是一种可普遍化为爱人人的普世之爱。就真爱是守于自由而让-自由自在而言,真爱也就是让(使)……承担起自由而独立自主,就是让-自由自立。在这个意义上,爱这个普世原则,也就是让-自由自立的原则。就爱是每个人对他者所应持的首要原则而言,这也就意味着,我们每个人首先要尊重与维护他人的自由存在,也即尊重与维护他人的自主-自立。施予他人的一切对待——照料、关心、扶持、帮助,都必须以尊重和维护他人的自主-自立为准绳,或者说,都必须以他人的自主、自立为目的,否则,就有违爱的原则,就不是真正的爱他人。

就每个人都是赋有自由意志的独立个体而言,守于自身而自由-自立地存在并让他者自由-自立是每个人的神圣使命。简单说,维护和坚守自己的自由-自立并尊重和维护他人的自由-自立是每个人作为人而必须担当起来的一个不可推卸、不可替代的责任。在这个意义上,爱(爱自己爱他者)是每个人必须承担起来的一个绝对命令。"应当爱人如爱己",不是因为这样做会给自己带来好处或好的人缘——尽管这样做的确会给自己带来最大的好处,为自己营建最和谐的关系社会——而仅仅因为自己和他人都天生是自由的存在。拒绝"爱人如爱己"的人,意味着他拒绝尊重与维护他人的自由-自立,而其必然结果就是违背与否定自己的自由-自立,也就是违背与否定他在上天赋定的位置上的本性。因此,如果人要守住自己的天赋本性,他就必须去爱。爱出于我们的天性(自由-自在的存在),又看护我们的天性。在这个意义上,爱是我们的天职,也是人人之间首要的关系。

三、爱和亲情的区别与关联

前面的分析表明,除了爱人如爱己的爱以外,没有别的真正之爱。我们可以通过讨论爱与亲情的区别和关联来进一步阐明真爱问题。

在日常生活中,人们相互之间总是发挥着各种功能,使得日常生活得以维持下去。因此,人们在日常生活中总是处在各种功能关系当中,首先就处在亲亲相哺这种功能关系之中:父母抚育儿女,儿女则反哺父母。这种以血缘为线索的亲亲相哺,是人类最早的一种功能关系,也曾经是最基本的一种功能关系。在这种相哺中产生和形成的特殊情感就是平常所谓的亲情。同时,人们也首先是在这种相哺中体会到自己作为一个个体被关怀、被维护、被尊重,因为相哺是每个人作为个体遇到的第一个生存境遇,因此,人们在相哺中既是作为父子,又是作为赋有自由本性的个体出现的。相哺虽然是一种功能性关系,但是,它与所有功能性关系一样,都是以不可替代的个体间的分立为前提,因而都隐含着个体间的非功能性关系为前提。人的所有功能性关系都要以非功能性关系为基础,因为在任何功能性关系中,解除了功能性关系,仍一定会剩下独立的个体间的关系,这就是个体间的自由关系。

父子关系是自由个体首先进入的一种功能性关系,但是,父子间建立起来的那种相哺关系首先是出于爱,是出于践行爱这个天职。换言之,我们首先是在父子的相哺关系中实践爱这个绝对命令——让-自由自主-自立。"让"并不是消极的放任不管,这里的"让"恰恰就是"使"。让-自由自立-自主,就是通过维护或扶持而使……自由-自立-自主。父母哺育孩子,首先就在于为了使其自立-自主——担当起自由这个神圣使命;而孩子反哺父母,则首先也在于使其自由-自在-自主——保持尊严与神圣性生活着。也就是说,正是爱这一天职使长幼相哺在漫长的非福利社会中成为对人类的一种强烈的伦理要求。人们之所以要执行、完成长幼相哺这种功能关系,不是因为别的,而仅仅是因为爱。

虽然长幼相哺这种功能关系在根本上是基于爱并实现爱,但是,在这种功能关系中并不仅仅实现爱,也并非只有爱,它还会产生亲情。由于亲情总是在爱的第一场所(父-子关系)中生发起来的,所以,亲情与爱似乎总是密切相关,以至于亲情常常就被当作爱,而爱也常被当作亲情,甚至是出于亲情,从而使爱成为有差等或等差的爱。然而,正如爱是长幼相哺这种功能关系的根基一样,爱是亲情的根基,但爱并非就是亲情,更非出于亲情;而亲情包含着爱,但并不一定就是爱,倒很可能违背了爱,而成了"偏-爱"。

那么,何为亲情?人们可以在日常生活中处处体会到亲情。不过,再没有比面对亲人之死更能体会到亲情之深切与珍贵的了。对于陌生人之死,人们往往无动于衷,或者只是瞬间涌起同情不幸者的一点感慨;对熟人、同事、一般朋友之死,人们则总会有所触动:明理人甚至会从死者的完结中了悟到自己与世界的真相而唏嘘不已,而一般常人在庆幸死的是别人而不是自己的同时,也会泛起些许同情、惋惜与哀伤——毕竟在自己的生活工作中再也碰不上这个逝去的人了;而对于亲人至友之死,人们则反应激烈,会有痛彻心扉的悲痛哀伤,会有天崩地裂的茫然无助,还会有天昏地暗的恐惧与孤独。正是在面对亲人之死的这种反应中,突现出了亲情之实质。

亲人之死之所以会让人们感到自己的生活世界好像突然瓦解了或塌陷了,就在于亲人之死对于人们来说,意味着人们与他共在的世界消逝了。每个人都展开出一个生活世界,这个世界既是他个人的,又是与他人共在的。因为每个人总是自由地与他人共在着。但是,与亲人的共在不同于与其他人的共在。与其他人的共在通常只是在社会分工体系里的共在,而与亲人的共在则主要是在相哺活动以及在此基础上的相互扶持这类基本的功能性关系中建立起来的。长幼相哺以及子女间在此基础上的相互扶持是使每个人得以维持、展开其个体生存的最基本的功能性关系,它实质上就是一种生存上相互需要、相互依赖的关系。在践行这类关系的过程中,人们在意识里对自己与亲人在生存上的需要与被需要的确认、担当、怀念、感恩、期待,就是亲情。更具体说,亲情在实质上就是人们在意识里对自己在亲人的生存中被需要的功能性作用的确认、承担、期待,以及对亲人在自己生存中发挥的功能性作用的期待、感恩、怀念。我们在确认、担当与期待中履行着晚辈所需要的功能作用,由此感受到自己的被需要以及与自己晚辈特有的亲密共在,这是我们对晚辈的亲情;我们在期待、感恩、怀念中获得或追忆长辈对我们在生存上的需要的满足，由此感受到自己现在或曾经对长辈的依赖以及对所依赖的长辈的感恩和回馈的渴望，则是我们对长辈的亲情。我们每个人都首先是在与亲人的关系中展开自己的日常世界。我在期待与怀念、确认与承担当中展开与亲人的共在，是我日常世界中最坚实最可靠最持久的共在。亲人的死，则意味着这种坚实共在的解体。所以，亲人的死会让人们感到世界的坍塌，会造成天崩地裂般的冲击。

如果说，亲情就是对作为个体的亲人间在生存上相互需要的确认、担当、期待与怀念，那么，这里有两点值得进一步指出：首先是，亲情与血缘并无必然的关系，而只与个体之间相互担当生存上的需要与被需要相关。血缘之所以显得与亲情好像有很密切的关系，只不过是因为人们通常首先是根据血缘关系来确定和履行个体间在生存上的相互需要。即使没有血缘关系，只要进入生存上的需要与被需要的共在关系，就会有亲情。亲情之"亲"不在于血缘，而在于生存上的深度共在。那种以为亲情之亲就是血缘之亲的观念，是对亲情的根本误解。其次，亲情是有远近亲疏之别的，亲情的浓淡厚薄取决于人们之间在生存上的需要与被需要的程度以及对这种相互需要的承担程度。所以，亲情之爱是有深浅等级的，也就是说是有差等的，它将随着生存上直接的相互需要的弱化而弱化，因而将随着地域、种族的疏远而淡化直至完全消失。因此，亲情是一种人人都有的情感，但却不是一种可以普遍化为亲爱人人的普世情怀。它实际上永远只是限于小群体之内的一种私人情感，通常就以家庭、家族为界限。

显而易见，亲情一方面以爱为基础，因为如果没有爱，如果不是为了让（使）……自由-自立-自主-自在，那么，人们也就不会确认、担当和期待他人在生存上对自己的需要，从而也就不会有亲情的产生；另一面，亲情要"多于""厚于"爱。多在何处，厚在哪里？如果说爱要求人们承担起来的被需要，仅限于使（让）亲人（首先是父或子）能够自立-自主-自在所需要的程度，那么，亲情所期待、确认、担当的被需要则超过了使……能够自立-自主-自在所需要的程度。人类在生存中有各种需要，其中最基本的需要就是成为或维持为自立-自主-自在的存在的需要。承担起他人的这种需要就是对他人的爱。但是，人们并不仅仅只有这样的需要，也不会仅仅满足于这样的需要。如果把这样的需要称为"基本的需要"，那么，超出这种需要的其他需要则可以被称为"优越的需要"。因为超出基本需要，也就意味着追求自立-自主-自在的存在之外的东西，而追求这种之外的东西在根本上意味着追求优越于作为自立-自主-自由的他人：比他人更容易或更轻松就能自立-自主-自在地存在，或者比别人更富有或更荣耀地存在。亲情比爱更多就多在它对所确认的亲人不仅承担起"基本的需要"，而且承担起了"优越的需要"。换言之，对于亲人，我不仅可以期待他承担起我的基本需要，而且可以期待他承担起我的优越需要。

亲情虽然以爱为基础而包含着爱，但是，亲情也可能甚至常常就遗忘爱而违背爱。这通常体现为两种亲爱之情：溺爱与宠爱。在存在论层面上说，所谓溺爱，就是对他人进行这样一种操劳-忧心（Besorgen）：为了使他人生存得（比自己或比他人）更优越，不仅满足其"基本的需要"，而且尽可能满足其"优越的需要"，直至越俎代庖地操劳起本应由他自己操劳的事务，以疼爱的名义卸下了他作为一个个体存在本应担当的责任。其结果不是使（让）其成为（或维持为）自立-自主-自在的独立存在，而恰恰是使其丧失了这种独立。而所谓宠爱，则是给予他人这样一种过分的对待：为了满足其优越的需要，甚至以损害其他人的"基本需要"为代价，也即以损害、挤压其他人的自立-自主-自在的存在为代价。显然，在亲情中最易出现也最常出现的这两种亲爱之情都在不知不觉中偏离了真正的爱，最后都违背了爱本身。

违背了爱本身，也就是违背了人之间的首要法则，这就是爱的法则——守于自由而让他人自由。对爱的法则的违背，将不可避免地带来对社会的公共法则与普遍正义的破坏和瓦解，最终使人类要么陷于无止境的血腥争斗，要么坠入腐败横行、公义退席、强权暴虐的黑暗之中。因此，亲情不能没有尺度、没有限制，否则，亲亲之情就可能走向爱的反面。如果说亲亲之情是一种私情——因为它只能局限于少数群体之内而不可能普遍化，那么，违背了爱本身的那种亲情则是一种滥情，因为它实际上是一种忘记了人本身之目的的一种盲目之情。

那么，什么是亲情的尺度呢？这个尺度就是爱本身。爱是亲情的限制性原则。亲情多于爱，但是，不能多到违背、损害或突破爱的法则。亲情是有差等的，但这种差等不能没有制约地无限扩大下去，以至于无视亲亲之外的他人的自由存在以及因这种自由存在而拥有的各种权利。作为亲情的限制性尺度，爱的法则就是自由法则：守于自由而让他人自由。它在根本上就是承认并尊重自己和每个他人的自由存在。而从每个人的自由存在，我们可以合理地引申出这样一个绝对而普遍的原则：由于你的任何一个行动，也是每个他人都能够自由地去做的，所以，你应当这样去行动，即当你的行动普遍化为所有人的行动时，不会导致否定你的行动。换言之，你应当这样行动，当你的行动普遍化之后不会陷入自相矛盾；否则，你的行动就是违背与损害自己（和他人）的自由。

这个自由法则用耶稣的劝令式话说，就是"你要别人怎样待你，你就要怎样待人"，而用孔子的禁令式话说，就是"己所不欲，勿施于人"。也就是说，耶稣的这个劝令与孔子的这个禁令实际上表达的都是一条自由法则，也就是爱的法则。这意味着，不管是孔子的禁令还是耶稣的劝令在根本上都是要求"爱人如爱己"：守于自由而让（承认并尊重）他人自由。这也是为什么耶稣既说一切律法都以爱为目的，又说"你要别人怎样待你，你就要怎样待人"是一切律法的真义。

因此,更具体地说,亲情的尺度或限制性法则就是耶稣的那个劝令或孔子的那个禁令。一切亲情都不能违背这样的禁令-劝令,否则就是一种无法无天、没有节制的滥情。只有在这个禁令-劝令的前提下,亲情才符合爱的法则而包含真正的爱,因此才真正是有意义的——对被爱者才真正是有益的。

四、爱与人类的解放事业

由于亲情是基于爱,因此,亲情通常就被当作爱本身,甚至种种违背爱的法则的亲情也仍被当作爱,以至人们常常沉溺于种种违背、损害真正之爱的亲情之中而不自觉,使得各种不健康的亲情以爱的名义泛滥人间。溺于亲情而昧于公义,是人类自陷其中的最严重的蒙昧。所以,人类要回到自身而相爱,首先必须从过度的亲情中解放出来。我相信,正是出于这个原因,耶稣基督对他的门徒说:

> 我来是要引起不和:叫儿子与父亲不和,女儿与母亲不和,媳妇与婆婆不和。人的仇敌就是自己家里的人。谁对父母的感情比对我的感情更深,谁就不配做我门徒;谁对儿女的感情比对我的感情更深,谁就不配做我门徒。①

这里,耶稣基督要引起的不和,并不是要亲人之间进行你死我活的争斗,而是要把人从盲目与过度的亲情中解放出来,让亲情回归到以爱为尺度和目的,以便人类不再因为沉溺于盲目的亲情而忘却乃至丧失公义之心与普遍之爱。所以,耶稣要引起的不和,与其说是亲人之间的不和,不如说是普遍之爱与盲目亲情之间的不和,是真爱与假爱之间的不和。这里,并不是要人类摒弃亲情,而是要节制亲情,要维护真爱于亲情之中,也就是要以绝对原则-普遍正义贯穿于亲情。作为爱本身,或者说作为绝对原则的化身,耶稣在人人之间,当然也在亲人之间。爱是人人之间相互理解、团结的桥梁,也是人人之间不可逾越、不可掩盖的界限:不管人们之间相隔如何遥远,甚至互相敌视,只要回到爱本身,回到普遍正义的怀抱,人们就能够消除隔阂,理解对方,接纳对方;同时,不管亲人之间多么亲密,也不可能"无间",因为他们之间实际上永远横亘着绝对原则这一不可突破、不可泯灭的界限,因此,不管人们的关系多么密切,相互之间多么生死与共,也必须坚守爱的绝对原则与普遍正义。谁对亲人的感情深于对耶稣的感情,也就意味着,他让亲情牺牲了普遍之爱,让亲人凌驾于绝对原则-普遍正义之上;进一步说,则意味着他在自己的私情中

---

① 《圣经·马太福音》10:35-37。

无知地泯灭了人人之间的绝对界限,而试图代理他人的自由。

以亲情牺牲普遍之爱,让亲人凌驾于绝对正义之上,因私情泯灭人人界限而取代他人自由,在根本上说的是一回事,它也是人的一切非正义事物的源头。而一切非正义事物正是人类必须加以克服、消灭的敌人。正是在这个意义上,耶稣说,人的仇敌就是自己的家人。"家"是人们遇到的第一个关系场所,"家人"则是人们建构的第一个人际关系。一切正义与非正义也开始于家与家人。正因为如此,家庭中的亲亲关系对于整个社会来说一直是至关重要的,甚至曾经具有基础性意义。我们无法想象,一个溺爱、宠爱等盲目亲情泛滥的家庭会是一个坚守绝对原则而富有爱心与正义的家庭;而一个在家里以亲情牺牲原则与正义的人,他又如何能够在社会共同体里坚守原则与正义?一个被过度的亲情所俘虏而模糊了绝对原则与普遍正义的人,他又何以能够在社会共同体里不徇私情而枉公法?一个心灵世界弥漫着盲目亲情的人,他又如何能够在社会共同体里均公义于大众、泛真爱于人人?相反,我们可以相信,一个以普遍真爱节制亲亲之情、以绝对公义贯穿亲亲之间的家庭,一定是一个亲情澄明、爱心流荡、正义朗然的家庭;而一个以真爱正亲情的人,也最有可能在社会共同体里泛真爱于人人;一个持公义于亲亲之间的人,也一定最有可能在社会共同体里守原则于大众。由这样的家庭与这样的家人构成的社会共同体,也才最有可能成为一个公义流行的太平世界。①

所以,耶稣要在亲亲之间引起的不和、争执,实际上是一场澄清亲亲之情的革命:以普遍之爱涤荡亲亲之情,以普遍之义贯穿亲亲之间,使亲亲之情循公义(而不是私情)流行,亲亲之间以真爱(而不是溺爱或宠爱)相亲,从而得以亲亲而亲人,亦如孟子所言"老吾老及人之老,幼吾幼及人之幼"。由此,耶稣所说的"爱人如爱己"这种大爱得以流行世间。大爱流行,则私(亲)情得以节制,公义得以伸张。人世间不仅有亲情,更有真爱,因而更有普遍的正义。人人之间的首要关系不再是亲亲之间的关系,而是会爱者之间的关系。

会爱者,就是自由者。因为所谓会爱者,就是能够真正爱自己,从而能够真正爱他人的人。而正如前面的讨论表明,真正爱自己的人,也就是守于自己的天位即

---

① 先秦儒家在《大学》里提出"齐家治国平天下"这样的实践秩序想必也是出于这个理路。这里,儒家强调的绝对不是一帮浅薄而腐朽的后儒们所理解、解释的那样,好像是强调家庭与亲情在治平事业中的重要性。实际上,先儒强调的是致知修身对治平事业的基础性意义,而家庭亲情并不是修身致知的前提,相反,修身致知而明起来的"明德"也即绝对原则恰恰要成为齐正家庭亲亲之情的尺度。没有明德为根,没有至善为据,人们何以正亲亲之情而齐家?设若无以正亲亲之情,又何以立国之大法而节天下人人之利?大法不立,又何以均天下之公义而致平天下?所以,在治平事业中,与其说先儒强调的是家庭亲情本身,不如说恰恰是强调要以明德克齐亲亲之情,持至善贯彻亲亲之间。设若亲亲之情皆中于大节,合于公义,则天下事亦不难矣。反之,倘若亲亲无节,亲情失度,则亲情至厚而公义退席,亲亲无间而天下昏昏。

自由的人。所以,会爱者间的关系,就是自由体间的关系。人人爱人如爱己,也就是人人相互以自由身相对待。就此而言,澄清亲情而使大爱流行,在根本上意味着把人们从盲目而封闭的亲亲关系中解放出来,使之进入一种敞开的自由体之间的关系。在这个意义上,耶稣澄清亲情的革命,更是一场社会革命,一场人类解放运动:它既召唤人们在心灵上从无度的亲亲之情中解放出来,从而摆脱亲亲之间过度的相互依赖,同时也将进而持续地促进和推动人们在法律与习俗层面上从各种人身依附关系中解放出来。因为一个人一旦在心灵世界确立起了大爱,那么他不仅要求维护自己的自主-自立的自由存在,而且要求尊重、维护他人同样的自由存在。所以,爱的法则也就是自由的法则,因而也就是自尊-自立-自主的法则。爱他人,在根本上就是要协助、尊重、维护他人的自立-自主-自尊的自由存在。

因此,当基督教认为"爱是一切律法的目的"时,也就意味着自立-自主-自尊这一自由法则是每个人理应遵循与维护的绝对法则。基督教关于爱的信条,从一个角度促使了人们对自主-自立-自尊的自由存在的觉悟与承担。这使哲学在面对来自希腊传统的真理、正义等问题的同时,也把爱、解放与希望摆到哲学面前,从而促使了哲学对自立-自主-自由原则的觉悟与确立。

第六章　自由与差异

　　不管是作为个体，还是作为一个群体，我们都存在于差异之中。我们在差异中展开自己，延伸自己，也在差异中交往，并在差异中确立关系。今天的我们甚至都生活在这样一个处境里：不得不与来自各种不同文化世界的陌生人打交道。在这一处境下，多元原则被当作一条正当的原则。也就是说，多元原则成了人们处理差异性存在的原则。但是，多元原则本身的正当性理由何在？这一原则是否有界限？如果有，这一界限在哪里？这些问题换成存在论问题，就是：我们的存在何以是差异性存在？我们的生，我们的活，我们的在，何以展示为差异？我们的差异，不管是我们每个人自己之间，还是我们自己与他人之间，差异性之间是否有界限？或者说，差异是否有边界？如果说，差异总是与自己相关（或者为自己的差异，或者为与自己相关的差异），那么，这个自己何为自己？这个自己如何保持为"同一"？

　　如果说这些是今天的哲学不得不面对的问题，那么也意味着哲学不得不重新面对自由问题。因为不仅正是自由使文化与历史成为可能，而且也是自由构成了一切差异的根基，因而也是自由构成文化多元化的根基。

　　这里，我们首先要追问：为什么只是在自由中才能创造出文化、思想与宗教？

一、现成物与非现成物，直接性与非直接性，当前性与非当前性的区别

不管是文化，还是思想或宗教，都涉及非现成性、非直接性、非当前性的事物，否则，文化不成其为文化，思想、宗教不成其为思想、宗教。通过创造出文化、宗教，我们的生活不仅展现为与现成、直接和当前的事物打交道，而且展现为与非现成、非直接、非当前的事物相关。那么，究竟什么是现成事物与非现成事物？又如何理解直接性与非直接性、当前性与非当前性？

这里，我们首先讨论现成物与非现成物的区分，因为这一区分有助于理解另外两个区分。所有能被行为、经验以及概念加以揭示、规定、突现出来的事物都属于现成事物。比如，被提举这一行为揭示（凸显、规定）出来的"重物"；再比如，在生活中被经验为硬性的"硬物"，或者被经验为环境的"周遭世界"，以及能在概念中被规定为自身同一物而能够被定义为"此物"而不是"彼物"的各种具体事物。这样的现成性事物在存在上有三个基本特征：首先，它（被看成）是已完成了的事物，因而它是封闭而确定的东西；其次，它随时可以成为手头的事物而发挥着某种功能，因而它有显著而明确的功能身份；再次，它可在经验关系中被加以规定，因而它随时可以被对象化为可加以探究、认识的对象，在这个意义上，它有明确的对象性角色，也即关系性角色。

与此相反，非现成性事物则是尚未被规定、尚未被凸显出来的事物，或者未能被规定、未能被凸显出来的事物。简单说，非现成事物，也就是处在可能性中的事物。非现成事物有两种非现成性：一种是它能够成为现成事物，只是尚未成为现成事物；另一种是不可能成为现成事物，它永远只是作为可能性事物被打开。但不管是哪一种情况，非现成事物都因其非现成性而无法上手，从而成为可手头操持的东西。虽然我们总是从非现成事物中抢夺、挖掘、凸显出某种或某些可能性而固化之，并统一为某一"什么"，也即综合为某一物，因而不断有新事物上到手头来而成为手头可操持的东西。但是，如此一来，成为可手头操持的，实际上也就不再是非现成物，而是从非现成物中转化而来的现成物。这里，如果用前面第三章里所澄清的区分来说，那么，非现成性事物也就是不以"是什么"的方式存在的东西，而仅仅以"是"的方式存在着。

这里，显而易见的是，现成性与非现成性的区分并非对应于现实性与非现实性的区分。因为现成性并非就意味着现实性，一把被埋藏在古墓里的利剑或酒壶，于

今人而言就并非现实的存在,但是它却是现成的东西。同样,非现成性也不等同于非现实性,因为至少有些非现成事物总是与现成事物相关而存在于现实世界,虽然它不上到手头来,却在手头边的涌现中退身,比如过去与未来的存在,康德意义上的"物自身"(虽然康德不认为它是现实的),海德格尔"视域的整体"或者作为整体而在的 Dasein,总之,在所有揭示活动、规定活动中隐身退避的事物,它们都是现实的,却不是现成的。

澄清了现成事物与非现成事物,我们可以更好理解直接性与非直接性,以及当前性与非当前性。这里与直接性相对应的不是间接性,而是超越性或境域性。在这个意义上,直接性首先就指匮乏性(需求性)的欲望(意志)存在(比如因饥饿而渴望食物的欲望),或消极的否定性欲望(比如因害怕而逃避的欲望)。而直接性事物就是与需求性欲望或消极的否定性欲望直接相关的事物;或者说,直接性事物乃是指需求性欲望或消极的否定性欲望的相关项。这意味着,所有直接性事物都必定是现成物,因为只有现成物才能解除匮乏而成为直接性存在(匮乏性欲望)的对接物或相关项,也只有现成物才能构成消极的否定性欲望所需要回避或排斥的对象。

提到直接性事物,我们首先会想到与本能欲求相关的事物。本能的直接性就在于它是匮乏性的欲望或排斥性的欲望,它或者直接指向能填补匮乏或亏空的属性物,比如可吃性事物,或者直接回避、排斥(否定)一切直接带来消极后果的属性物,比如带来恐惧、疼痛的事物。这种直接性是一种封闭性的存在,因为它是被决定的。这一方面指它总是处在匮乏与满足这种循环中的存在方式是被给定的,并且是它本身无法突破的;另一方面是指维持这一存在方式,也即维持这一循环本身,总是依赖于循环之外的现成物,因为进入循环的现成物总已被上一轮循环所消耗而无法再维持循环。直接性存在的这种被双重决定了的封闭性使它可以由因果性关系来加以规定或说明。换言之,直接性存在是一种处在因果性关系里的存在。

因此,如果我们的存在只是直接性的,因而只与直接性事物打交道,那么也就意味着我们的存在是被双重决定了的存在,我们的生活是因果链里的生活。这种封闭的生活不管看起来多么不同,实际上永远只是重复、循环的生活,因为它的内容永远只是匮乏与满足,而不会有任何新的内容,包括不会有任何增补或装饰。只有能跳出这种直接性存在的存在,才可能敞开新的可能性而增加新的内容。这种存在就是超越性的存在。

二、超越性存在：自由存在

所谓超越性存在，一般而言，就是这样的存在，它突破了匮乏（需求）性欲望与消极的否定性欲望，以及与此相关的现成物。换句话说，作为超越性存在，非直接性存在跳出了需求性欲望与消极的否定性欲望，并因而超越出了直接性的欲求：它能自我肯定而能否定一切外在否定。也就是说，超越性存在能够从自身出发而不依赖于自身之外的事物进行肯定与否定，因而它能够突破一切自身之外的事物的决定而不被锁闭在决定与被决定的封闭性关系之中。这首先是说，超越性存在的自我肯定既能够不依赖于自身之外的事物，也能够不通过自身之外的事物，它（肯定）的存在活动能够单纯从自身出发，即从自身的纯粹欲望（意志）出发而欲求自身给出来的东西。这种纯粹欲望能够不以自身之外的事物为其欲求对象，因为它没有自身之外的欲望，因此，它与自身之外的事物不存在着类似匮乏与补足之间那种依赖关系。这是所有超越性存在的根本所在。在这个意义上，纯粹欲望本身与其自身之外的事物甚至不存在着功能性的关系，不存在任何现成性的关系。因为任何功能性关系都是一种依赖性关系。这一方面意味着，超越性存在的肯定性存在活动是能够独立于他物而是自由的；另一方面则意味着它与自身之外的事物都各自作为自己-自身而存在，而不是作为相应的功能物存在。其次，超越性存在的否定活动同样不同于直接性存在的否定，后者的否定是一种消极的否定，也就是以回避、排斥的方式对待遭遇到的消极事物，而超越性存在的否定则是积极的否定，因为它既能以回避的方式对待消极性事物，也能以直面和承受的方式去面对。比如说，直面刀山火海而蹈之，或者承受痛苦而无视强力的逼迫等。简要说，这种否定是一种基于自主决断的自由否定，而不是被动的否定。

从上面的分析我们可以发现，不管是其肯定性存在活动，还是其否定性存在活动，超越性存在就其不依赖于自身之外的事物而言，它在根本上乃是自由的存在，也才是自由的存在。也只是相对于这种自由的超越性存在而言，他物才作为自己而存在，而不是作为相对于某种欲望而能满足这种欲望的功能物而存在。根据前面的讨论，所有的现成事物都属于功能性事物，因为现成事物都可以上到手头来而成为手头可操持的事物。因此，如果说不管是作为自由存在的事物，还是作为自己存在的事物都不是功能性事物，那么这也就意味着，所谓超越存在必定是非现成的存在。这意味着什么呢？意味着它是可能性存在，更确切说，它存在于可能性之中：它以包含着一切可能性的方式置身于可能性之中。它永远不会成为现成事物而是封闭的，也就是说，真正的超越存在者永远是开放的，未完成的。

三、自由：差异性的前提

上面我们是从分析超越性存在发现,超越性存在必定是一种自由的存在。实际上,我们可以倒过来说,正是自由使以自由为其存在方式的存在成为超越性的存在。因为正是自由使突破决定与被决定的因果性关系成为可能,也使突破匮乏性欲望与消极的否定性欲望成为可能。因突破了因果性关系的封闭性,使以自由为其存在方式的存在者还能够置身于因果性关系之外的存在而超越了必然性的决定;因突破了匮乏性欲望以及消极的否定性欲望,使置身于自由中的存在者不局限于现成性事物而总还有其他可能性可供投身与筹划。不管是超越了必然性,还是超出了现成性,都意味着获得自主性。

实际上,讨论到这里,我们还可以发现,也正是自由使我们不仅仅生活在当前,不仅仅生活于现场。这里,与"当前"相对应的不是过去或将来,而是"当下",是"瞬间"。这个当下就物理时间而言是一会儿,是一刹那,或者更确切说,只是从物理时间的角度看,是一瞬间。当且仅当突破了物理时间而中断了物理时间,才有瞬间,或者说,瞬间之为瞬间,就在于它是物理时间被中断的一个切口。物理时间就在瞬间这一切口处被中断了。凡物理时间被中断处,即为瞬间。但是,当下是通过把永恒切入物理时间来中断物理时间的,在这个意义上,当下实际上是真正的持续。什么是永恒?永恒乃包含着一切可能性于自身的存在。这意味着,过去、现在与未来都被包含在永恒之中,或者更确切说,永恒把"过去""现在"与"未来"的一切可能性都包含在自身之中。因此,永恒不是没有时间,也并非非时间,倒恰恰是真正的时间——整体的时间。在这里,过去、现在与未来作为可能性不可分割地联系为一个整体即"永恒"。所以,中断物理时间并非中断时间本身而退出时间,相反,我们恰恰是在中断物理时间之际契入时间整体而置身于可能性整体之中,也即与永恒共在。所以,当下既是瞬间,也是永恒-永在。这种当下是也只是在退出当前之际发生的。

如果说当下是作为纯粹可能性的现在,那么,当前则是进行着"把……当前化"的现在。也就是说,当前是现在的一种存在方式,通过这种存在方式,来相遇照面的事物被当前化为一个确定的、可上前被操持的东西,也即现成物,并把此现成物当作自己与他物在场的标志,或者更确切说,把此现成物当作自己到场或出场的凭据。当前化首先包含着现成化,或者说首先进行着现成化活动。当我们说"现在是中午"时,实际上已经包含着一系列现成化的事件:日影变化首先被简化为空间变化,在这个简化过程中,各种可能的色彩明暗被删去;不仅如此,被简化为空间的日影还进一步被量化为单纯的空间量度(空间的大小),于是,日影的各种可能的空间形状被略去。这些简化与量化都属于现成化的基本步骤。经过这些环节,日影的变化被现成化为单纯的空间量度的变化。于是,当日影的空间量度接近为零时,便被称为"中午"。实际上,日影的这种现成化是基于更宏大的现成化,也即把天体运动甚至整个宇宙变化都简化为日夜的更替,而日的出现、持续与被替代则被简化为日影的变化。

不过,当前化虽然首先完成着现成化而必定包含着现成化,但是它并不只限于现成化,它进行现成化,是要实现一种出场,展开一种到时。也就是说,当前化这种存在活动包含着两个基本环节,一个是现成化,一个是现场化。所谓现场化也就是在现成化某物的同时把现成物当作出场者出场(到时)的凭证,或者换个角度说,在现成化某物之际把出场者当作现成物在场的见证者。当我们说"现在是中午"时,我们真正说出的是:我们的到时,我们的出场,以"日影的近零量度"为凭证;或者说,当日影接近零,我们在场,我们见证了日影接近于零。依这个凭据,因这个见证,(我们现在)该做什么了,比如,该停下手头的活儿了,该用餐了,或者该出发了,等等。实际上,我们可以借助于任何被现成化的事物来进行现场化,来展开我们的到时或出场,而并非只能借助于日影。比如,现在一只老虎出现了,现在一个美女出场了,现在观众沸腾了,这里,一方面,老虎、美女、观众情绪都成了出场者出场的凭据,另一方面,出场者成了老虎、美女、观众沸腾情绪的见证者。"现场直播"本质上就是制造更多的见证者,或者说就是使所播报的东西成为更多出场者在场的凭据。通过现场直播达成所谓"如身临其境",实际上就是把所播报的东西当作自己出场-在场的凭据,或者说,把自己当作所播报的东西(作为某种事件或事物发生)现成在场的见证者。

实际上,在当前化这种活动中,不管是作为事物在场(到来)的见证者的我们,还是作为我们在场的凭据的事物,都是作为现成者出现的。在这个意义上,在当前化活动中在场的,都是纯粹的在场,因为既然在场的只是现成者,而现成者都是确定的、封闭的、完成了的东西,因此,它除了在场那样子以外,不再有之外的存在。也就是说,当前的存在,或者说作为当前物存在,不管是凭证物,还是见证者,都仅仅是现场那样子的存在,否则,既无法成为出场的凭据,也无法成为在场的见证。所以,如果我们仅仅以当前化的方式到时-到场,或者说,仅仅以这种方式存在,那么,我们的生活就只有现场的生活,我们的存在就只是在场的存在。简单说,在我们的生活世界里,没有不在场的事物,没有非现场的事件。这意味着,一切不在场或非现场的事物,都被排除、被遗漏。

但是,我们"有"过去,还"有"未来,而我们的过去不在场,我们的未来未到场。

因此,我们并不仅仅存在于当前,否则,我们就只会走向并执迷于以当前化活动为前提的物理时间;我们的生活并非仅仅是在场的生活,否则,我们的生活就没有希望与未来;我们的世界也并非仅仅是现成物的世界,否则,我们的世界就是封闭的、已完成了的世界。这意味着,当且仅当我们能退出当前,我们才能突破封闭的现成世界。

那么,如何才能退出当前呢?前面的讨论表明,当前化活动的基础环节就是现成化。而现成化活动的基础实际上是概念。不管是简化还是量化都是基于概念完成的。借助概念,才能进行规定与归类,进而才能简化与量化。在这个意义上,当前化是基于能进行规定和归类的概念进行的。因此,要能退出当前必须要能退出概念的规定活动。而唯有自由的存在才能退出概念的规定。因为任何可被概念规定的东西也就意味着它是可被宾词宾位化的事物,而这在根本上也就是说,它可以被一个比它更高、更接近源头的事物所规定。而如果自由的存在是可由一个在它之上或之前的事物规定,那么它就不是真正自由的。所以,真正的自由永远在主位上而不可被宾词宾位化,也即不可被概念所限定,而只能被语词所揭示或指示。这意味着,自由存在者能够中断一切概念化活动,包括中断自己进行的概念化活动,因而能退出当前化。

不过,作为自由存在者,当它退出当前、退出概念时,并非回到直接性存在,而是回到超越性存在。正如前面关于直接性与超越性的讨论表明,在这里,事物作为各自的自身而在,而不是作为任何"什么",也即不是作为现成物而在。这意味着,退出当前也即回到可能性整体,回到永恒,也即回到包含着过去、现在与未来的整体时间。

上面有关区分的讨论表明,是也只是因为自由才使得我们的存在不仅仅是现成的存在,不仅是直接性存在,也不仅仅是当前的存在。我们同时还是可能性存在、超越性存在与整体时间性存在。因此,我们能够且不得不去追问、思考、探究乃至欲求非现成、非直接、非当前的事物,并因而才创造出思想、艺术、宗教以及其他文化。我们之所以创造出思想、艺术、宗教以及其他文化来实现与可能性、超越性和整体性事物打交道,乃植根于我们是自由的存在,因而我们向来就置身于未完成性、超越性与整体性之中。因此,如果没有自由,我们便不可能有诸如思想、艺术与宗教这样的文化世界。

同时,自由的存在在根本上意味着敞开无限可能性,因而永远是未完成的,永远有其他可能性。因此,如果说文化世界是出自于自由而展开着自由,那么任何一种文化世界都只不过是从自由中能够展开出来的无限可能性中的某一种可能性,而不是唯一的可能性,否则无异于终结了自由本身。这意味着,基于自由而出于自由的文化世界、文化传统永远是多元的,任何一个文化传统、文化世界都没有理由声称自己是唯一一种有理由存在的文化。简单说,人的自由本性使人的思想、文化与信仰永远处在开放的多样性之中。所以,维护与尊重文化、思想、宗教的多样性就是尊重与维护人的自由本性,也即维护多元的前提。

因此,维护文化、思想、宗教多元性的多元原则不能成为反对或否定使多元原则本身成立的那个前提的理由。也就是说,否定自由或不认同、不维护、不尊重自由的所有文化、思想与宗教信仰,都没有理由成为多元文化中的一元。

在这个意义上,我们说,如果多元原则应成为处理全球化过程中不同文化相遇的原则,那么,自由就应成为整个人文领域、人文科学理解及反思全球化进程的一个基点。

下篇

历史现场

第七章　命名与属名的区分：亚里士多德的本体学说及其真理观

用"第一哲学""神（圣）学"以及"形而上学"这些概念来表达追问最根本问题的科学也即哲学本身，都来自亚里士多德或源于亚里士多德。作为第一哲学的科学，它追究的就是"存在者之为存在者"的问题，合而言之就是"真在"的问题，分而言之，则是"实体"与"真理"的问题。从这一章开始，我们要以上篇获得的视野来重新经-验历史上对第一哲学问题的一些重要思考，并在这种重新的经-验活动中澄清这些思考的突破与困难。因此，这部分也可以看作是在作者的思想经验中展开出一部关于追问第一哲学问题的简略史。

"我爱我师，我尤爱真理。"这是亚里士多德的一句名言。表面上看，它表达了这样一个基本意思：真理超越于私人情感，比私人之间的情感更重要。学生与老师朝夕相处，老师对学生谆谆教诲，学生油然而生敬爱之心，这是古今皆然，是人之常情。中国古人甚至用"一日为师，终身为父"来强烈表达这种敬爱之心（虽然这未免有些夸张）。但是，敬爱归敬爱，学生不能因敬爱老师而掩盖或盲从老师的错误，不对老师所说的一切进行独立的辨析。相反，如果要在敬爱与真理之间做出选择，那么人们必须毫不犹豫地选择真理。这看起来很不近"人情",其实不然。因为老师之所以特别引起人们的敬爱,恰恰在于老师是以引导人们走上讲道理、求真理的道路为自己的使命。因此,对老师的任何敬爱之心都不能妨碍人们去探求真理。人们常说,学术乃天下之公器。学术之所以能够成为公器,就在于学术所追求的真理是超越于一切私人利益、私人情感的。

因此,对于人类来说,真理是一个中间者,一个无私无偏者,一个自在者。真理的这种超越性质是亚里士多德这句名言所要传达的真正内涵。

就这句话所要传达和强调的真理的超越性而言,亚里士多德在真理问题上显然与苏格拉底、柏拉图一脉相承。我们甚至在《斐多篇》中就能读到类似亚里士多德这句名言的对话。在那里,苏格拉底对西米阿斯和克伯斯说:"如果你们愿听从我的忠告,那么你们就应当尽少想苏格拉底,而尽可能多地关心真理。"[1]

真理的超越性、公共性其实从巴门尼德始,继而在苏格拉底和柏拉图那里就一直得到强调和阐述,它不构成亚里士多德真理观的特殊内容。这里,我只是想借他的这句名言说明真理的超越性问题在希腊哲学中得到的普遍自觉并以此作为讨论亚里士多德真理观与实体学说的一个导引。

一、本体的区分

要澄清亚里士多德这位逻辑学之父的真理观,有必要首先讨论他的一个核心学说,即本体学说(Substanzlehre)。这也是第一哲学的一个基本问题。如果不阐明他的本体学说,我们就无法真正理解他的真理观的一个基本思想:真理只存在于陈述(判断)中。

亚里士多德在《范畴篇》里用一章的篇幅专门讨论本体问题。他区分了两种本体:

> Sustanz im eigentlichsten urspruenglichsten und vorzueglichsten sinne ist die, die weder von eiem Subjekt ausgesagt wird, noch in einem Subjekt, wie z. B. ein bestimmter Mensch oder ein bestimmtes pferd.
>
> Zweite Substanzen heißen die Arten, zu denen die Substanzen im ersten inne gehoeren, sie und ihre Gattungen.
>
> 就最本真、最本原和最优先的意义上而言,本体就是既不能用来述说(陈

---

[1] Plato, *Gesamtausgabe der Dialoge*. Band 3, Zurich: Artemis, 1974, S. 59.

述)一个主体(主位者),也不存在于一个主体里面的东西,比如一个特定的人或一匹特定的马。

第二本体就是那包含着第一意义的本体的诸属,那包含着属的种也是第二实体。①

所谓最本真、最本原、最优先的本体也就是第一本体,或者反过来说,第一本体也就是最真实、最原初的存在,它在逻辑和时间上都是最优先的,因此,它不述说任何主体,不依赖于任何其他主体而独立存在。

实际上,当一个本体被视作最出自本性、最原始、因而最真实的本体时,它当然也就是第一本体,它当然在逻辑上是在先的。但是,当说第一本体不述说其他任何主体时,那么这里有两种可能:第一本体是逻辑推演的起点,它本身处在逻辑-关联空间中;或者,第一实体是逻辑的界限,它处在逻辑-关联空间之外。我把这两种可能的差别看作是存在论的差别。亚里士多德并没有意识到有这种差别,因此,他对这个问题——第一本体究竟是在逻辑关联中还是在逻辑关联之外——并没有直接给出说明。不过,结合后面的论述,特别是从《形而上学》里对本体的进一步规定来看,第一本体或最真实的本体显然是在逻辑关联之中的。指出这一点对于理解亚里士多德的本体论学说是至关重要的。我们将通过命名之名与属名之名的区分来阐明这一点。不过现在仍然要先进一步澄清第一本体与第二本体的基本含义及其关系。

关于第一本体,亚里士多德还做了这样的论述:"除了第一本体外,一切其他东西或者是用来述说作为主体的第一本体,或者是存在于作为主体的第一本体里。……因此,如果第一本体不存在,那么就不可能有其他东西存在。"②

这里,第一本体被解释为其他一切存在物的基础,其他一切存在物,不管是偶性,还是本质属性(属与种),都是从第一本体那里派生、推演出来的。也就是说,它们之所以存在,都是依附于第一本体的。除了第一本体可以永远处在第一(逻辑)主位外,其他一切存在物都处在宾位上,它们没有第一主位。

因此,从逻辑角度说,第一本体是第一主体,它处在第一主位上,相对于这个第一主体,其他一切主体都不是主体,都处在宾位上;从存在角度说,第一本体是最高、最根本的存在者,因为其他一切存在物都是用来说明第一本体的,因此,一切其他存在物实际上都是第一本体展开的各种属性存在。

---

① Aristoteles, *Kategorien*, übersetzt von Rolfes, Hamburg: Felix Meiner, 1920, S. 38. 亚里士多德:《范畴篇》,方书春译,北京:商务印书馆,1997年,第12页。

② Aristoteles, *Kategorien*, übersetzt von Rolfes, Hamburg: Felix Meiner, 1920, S. 39. 亚里士多德:《范畴篇》,方书春译,北京:商务印书馆,1997年,第12-13页。

从亚里士多德举的例子来看，各特定的个体事物都是第一本体，但是否可以反过来说，第一本体就是特定的个体事物呢？亚里士多德似乎并没有明确这么肯定过。特别要问的是：在亚里士多德这里，如何理解个体事物？除了第一本体是本体外，亚里士多德认为属和种是唯一也能够被称为本体的存在物。因为在亚里士多德看来，在众多宾词中，属和种是唯一能说明第一本体之意义的宾词。①

也就是说，并非所有宾词所表达的东西都是本体，实际上，大多数宾词表达的只是本体的某种次要性质，而不表达本体的本质存在。比如，他是白色的，这里"白色"只是表达他这个人的一种偶然性质（Akzidens），不表达他存在的意义。只有当种、属作为宾词时才能表示第一本体的存在意义，即才说明第一本体是什么。换句话说，种和属是第一本体能够显现其存在本性（意义）的存在形态。种或属使第一本体的存在显明为与其他一些第一本体的存在具有相同意义，因而是同属一种存在形态，而与另一些第一本体的存在具有不同的意义，因而是不同种存在形态。

因此，我们也可以这样来理解亚里士多德有关属与种的思想：属和种是第一本体进入"主—宾"关联世界的角色性存在。只要本体进入"主—宾"关联世界，它就以属或种这种角色（存在形态）存在。只要本体以属或种的角色存在，它就进入了一个无穷的关联世界。也可以说，属与种使本体进入了关联世界。在这个意义上，与其说种或属是概念，不如说它们是关联性存在更确切。种与属并非仅仅存在于我们思想中的主观性概念，而是概念化的关联存在。它一方面有普遍性，另一方面又有实在性，因此，亚里士多德才认为有理由也称之为本体。

举例来说，在"人是理性动物"这一关联中，人就是作为"有理性的动物"这种角色存在，其他一切属性都被掩盖或略去。而在"胡适是人"这一关联中，胡适这一存在者就是作为与牛、羊、草、木等不同的"人"这一角色存在。因此，当我告诉一个对"胡适"一无所知的人说"胡适是一个人"时，他首先和唯一想到的就是，胡适是与自己同类的，而与牛羊草木不同类的一种存在者。在这里，"人"显明的只是胡适这个存在者在成千上万种类物中所充当、所归属的角色，而并不是胡适这个存在者本身。简单说，"人"不是胡适这个存在者的自身存在，而只是他这个存在者的一个角色、一个身份，就如说"胡适是北大校长"，这里的"校长"并不是胡适这个存在者本身，而只是他在人群中充当的一个特定的角色。不同的是，"北大校长"这个"角色"并不是非胡适这个存在者承担不可，但"人"这个角色却是胡适这个存在者在关联世界一定要充当的。相对于"北大校长""中国驻美大使"这些角色而言，"人"这个

---

① See. Aristoteles, *Kategorien*, übersetzt von Rolfes, Hamburg: Felix Meiner, 1920, S. 40. 参见亚里士多德：《范畴篇》，方书春译，北京：商务印书馆，1997年，第14页。

角色性存在对于胡适这个存在者来说更具有根本性意义。因为只是当胡适这个存在者作为不同于牛羊草木而又与牛羊草木共同处在逻辑-关联空间里的"人"这个角色存在,他才有可能进一步是校长、大使、哲学家等角色。"人"这个角色性存在是胡适这个第一本体在进入了种属关联,也即进入了与他物(牛羊草木等周遭万物)的关联中首先呈现出来的一种最根本性的存在形态。因此,"人"这种角色性存在便有了本体的地位。

这里,我认为也可以从两个方面来说明亚里士多德的第二本体:从逻辑角度说,种或属是述说第一本体的概念,而从存在的角度说,属或种则是第一本体的一种角色,是第一本体在关联中的存在形态。而任何关联性存在都是概念化的存在,都是在概念限定中显现出来的存在形态。因此,种与属是概念化的存在,但又不仅仅是概念。

二、第一本体如何进入关联性存在

现在需要进一步追问的是:我们如何获得种、属概念?或者换一个存在论问法:第一本体如何进入关联性存在?我认为,这里只有澄清这一问题,才能真正阐明亚里士多德的本体学说。我们可以通过讨论亚里士多德有关名称(属名)与概念的论述来澄清这一问题。于是,我们便进入前面提到的有关命名与属名的区分问题。

亚里士多德说:"被用来述说一个主体的宾词,它的名称(Name)和概念(Begriff)(定义)必定同样述说该主体。比如人被用来述说作为主体的一个特定的人,因此,'人'这个宾词的名称也陈述(prädiziert)这一主体。因为人们必定把宾词'人'归给那个特定的人。同时,人的概念(定义)也必定陈述一特定的人。因为这个特定的人同时是人和动物。因此,名称和概念必定同时陈述主体。"[①]

他的意思是:事物的名称与它的概念一样,必定也述说这一事物;没有不述说事物的名称,因此,没有不是宾词的名称。

这里,亚里士多德显然混淆了命名之名与属名之名,这种混淆在很大程度上左右了他对本体的理解。为了澄清这种混淆,我们必须严格区分命名之名(Benennung)与属名之名(Name der Art)。命名之名并不是对存在者的陈述或述说,而只是表示这个存在者在其自己位置上(an sich)呈现出来,表示它自在地来相

---

① Aristoteles, *Kategorien*, übersetzt von Rolfes, Hamburg: Felix Meiner, 1920, S. 38. 亚里士多德:《范畴篇》,方书春译,北京:商务印书馆,1997年,第12页。

遇(Begegnung),因而也即表示一个存在者在它自己的位置上自在(an sich)地存在,而不说明它是什么。因此,命名之名并不是概念,不是定义,而只是回应存在者的自在存在的语词或话语。用句式来说明,命名的句式是:X 在或 X 是(X ist)。比如,树在或树是。在这里,"树"只是我们作为人自身或自在之人(而不是作为某种日常角色)遇见另一个自在存在者本身而做出的回应(entsprechen),我们在"树"这个语词的回应活动中——不管我们说出还是没说出"树"这个语词——既是自在存在者(树)本身作为唯一者的显现,也是回应者(人)本身归属与听从这种显现而与这个唯一的自在存在者共在。在这种回应活动中,永远只有一个自在存在者来相遇,它是唯一的,别无他物。因此,在这里,"树"这个回应语词(命名语词)并不对自在存在者有任何说明或陈述,它首先是自在存在者本身存在的一种"突破":自在存在者本身向回应者显现而迫使回应者"脱口而出"。正是在这种脱口而出中,自在存在者与回应者显现自己而共在,而归于同一性状态(Identität)中。在这个意义上,我们甚至可以说,脱口而出的语词回应活动是自在存在者与自在回应者的共在方式,它们共在、同一于这种"脱口而出"的语言活动中。因此,命名活动绝不是一种陈述活动,而是一种本原的存在活动;命名之名也首先不是陈述一存在者的宾词,而是自在存在者本身存在的显现。

　　相反,属名则一定是对存在者的陈述,尽管可能是最原初的陈述。所谓最初的陈述,也就是把存在者带进最初的有"主—宾"结构的逻辑关联空间,从而在这个关联空间里做出最初的规定或限定。在相遇的命名活动中,作为自在自身显现的存在者只是无关联的纯粹可能性存在,或说,是具体的、唯一的无限存在者。属名的规定,实际上就是从这个现实的无限可能性中抽取、突现其中的某些可能性,以充当这个存在者本身,把存在者的存在限定为某一种可能角色(存在形态),使它成为某种"什么",成为关联物或限定物。在属名作为宾词的陈述中,存在者其实已不再在自己的位置上作为自在自身存在,而是进入了关联中成为关联物,成为属名所述说的东西。

　　亚里士多德把属名与定义(概念)分开来说,实际上,属名本身就是最初的定义,种名(Name der Gattung)则是扩大了的定义。定义的句式是:X 是 Y。而"这是 Y"(Dieses ist y)则是第一定义的句式,如"这是树"。作为第一定义,"这是树"直接就是"树是树"。"这是树"与"树在"这两个句式里的"树"是完全不同的。"树在"的"树"是对唯一的自在存在者(树)显现或存在的回应,是在惊赞中脱口而出的命名,而"这是树"的"树"则是对自在存在者的存在的抽象限定,使树这一自在存在者离开自己的位置进入关联界。

　　但是,命名之"树"与属名之"树"显然不能没有关系。一事物必须首先在命名活动中显现出来，它才有可能被带入关联中。在这个意义上，命名在先，属名以命名为前提。我要把眼前的"这个东西"(Dieses)定义为"树"，以"树"作为宾词来述说眼前"这个东西"，必须在定义之前有"树"这一名称，否则，我无法把眼前"这个东西"归在它名下。这个名称最初就是我在命名活动（回应活动，Entsprechen）中给出的。也就是说，我有了一个现成的"名称"，我才能进行定义。

这意味着，我在对眼前这个东西进行定义时，我一开始就不是在对它进行纯粹的、没有前提的理智直观，不是与它相遇，而是把它与我思想-记忆中的诸表象进行比较、联系。问题是，思想-记忆中的诸表象来自什么地方？来自最初的命名活动，来自相遇。我在与唯一者（某一自在存在者）相遇中进行命名，给相遇者以一名称。但当我退出相遇时，相遇者并没有从我的意识中消失，而是通过记忆作为某种表象（经验概念）存在于我们的思想中。也就是说，当我们退出相遇时，唯一者（自在者）已不再在当下存在，已不再在场存在，它从我们的纯粹理智直观中消失了，但由于我们的记忆思维，它并没有从我们的理智中消失，而是作为某种表象继续存在于我们的思想意识中。在这里，思想-意识把自在存在者直接等同于它在纯粹直观中显现的那个样子，并把"那个样子"就作为那个自在存在者自身维持在意识（记忆）中。如果说在相遇中，存在者既存在于思想（理智直观）中，也存在于自己的位置上，因而是自在(an sich)的存在，那么一旦退出相遇而退出纯粹直观，存在者也就离开自己的位置而只存在于思想中，因而不再是直接性的存在，不再是存在于整体中的一个无限定的存在者，而是作为脱离了整体的某种状态表象存在着。这种状态表象构成了存在者的限定性存在，因为存在者一旦脱离它在其中的整体(Im Ganz)，它也就成为可限定的存在者。被记忆思维所维持的这种限定性存在构成了一种"标准物"，与这个"标准物"相联系，命名语词也就转变为概念语词，即属名。一个语词之所以是属名，它一定与某种"标准物"相联系。有了这种"标准物"与属名，我们才能进行定义。我们一旦把存在者归在一属名下而等同于被维护在思想意识中的标准物，我们也就对这一存在者做出了定义。

这里特别要指出的是，以属名为前提的定义活动并非单纯是形式化的逻辑活动或认识活动，而是一种存在活动——让存在者以"标准物"这种存在形态或存在角色存在。因此，凡以属名为宾词的存在者一定是，也只能是一种"标准物"或表象物，因而它处在逻辑-关联空间之内。

当亚里士多德认为，名称与概念必定同时述说主体，没有不述说主体的名称时，他显然没有意识到命名之名与属名之名的区别，而把命名之名等同于属名之名。这在根本上意味着亚里士多德没有意识到，最本原的存在者（本体），也即自在存在者是也只是在相遇中，在命名活动中显现出来，因此，最本原的存在者既不述说任何主体,也不被任何宾词所述说,它不存在于有"主—宾"结构的述说活动中。从另一个角度说,这表明亚里士多德只承认这样的存在者存在:它不是被属名(第一概念)所述说,就是被其他概念所述说。只要有存在者存在,它就一定存在于有"主—宾"这种关联结构的述说中。而那最本原的第一本体也就是被第一概念即属名所述说的存在者,因此,第一本体实际上也一定是一种"标准物",也即被从整体中抽离出来而能被思想所概观、限定的表象物。所以,在亚里士多德这里,第一本体本身处在逻辑关联空间里,作为标准物,它是逻辑关联的起点。

亚里士多德在讨论本体时,他显然想寻找、确定那最本原的本体,即能派生、分化出其他存在者的第一存在者,也就是我们前面所说的在命名活动中显现出来的自在存在者。但是,由于他没有意识到命名与属名的区分,而把命名归为属名,使他所理解的第一本体实际上只是表象物,只是最初的关联物。就此而言,亚里士多德的第一本体既是具体事物,又是普遍事物。

这里需要进一步阐释的是,所谓"表象物"并不是只存在于意识中的主观物,它同时是一种客观存在物。我这里只是在这个意义上称之为表象物:这个存在物被从一个我们的超验意识永远无法显现的整体中抽离出来,把它作为我们的思想可以完全概观、显明的存在者置于我们的意识之前,这也就是平常所谓的对象物。因此,表象物既存在于思想-意识中,又处于意识的对立位置上,就它为思想所概观而存在于其中而言,第一本体是普遍存在物,而就它是意识的最初对立物而言,它是具体存在物。

第一本体的这种双重性可以表述为:第一本体就是第一定义物,是在第一定义中显现出来的存在物。第一定义的句式是"这是 Y"(Diese ist Y)。在这里,"这个"(Das Diese)是作为 Y 这种存在物(存在形态或存在角色)存在、出现的,也只作为 Y 存在,因此,也可以说,Y 与"这个"是直接等同的。在这个意义上,第一定义的句式也可以表述为:A 是 A,或 Diese ist Diese. 但是,我们一旦把眼前的"这个"归在 Y 之下,那么,"这个"也就成为一种普遍存在物,因为我们之所以能把"这个"归在 Y 下,只能是因为 Y 是一个"标准物"。

因此,当亚里士多德认为只有第一本体表示"这个",而第二实体并不表示"这个"时,[①]并不是因为第一本体是具体事物,而第二本体是一般事物,而是因为第一本体是第一定义物。作为第一定义物,第一本体是直接与标准物同一的,而所谓标准物,也就是被从整体中抽离出来而在思想意识中显现为单一的孤立存在者,由于

[①] Aristoteles, *Kategorien*, übersetzt von Rolfes, Hamburg: Felix Meiner, 1920, S. 42. 亚里士多德:《范畴篇》,方书春译,北京:商务印书馆,1997 年,第 16 页。

它被从它存在于其中的整体抽离出来,因而它没有来源,没有历史,它在思想意识里显现为什么样子,它就是什么样子。因此,标准物也就是能在思想-意识中完全呈现出来的存在者自身,或者说,是在思想-意识中被把握、概观为孤立的、飘浮着的存在者自身的存在者。正因为标准物是一脱离了整体而能在思想-意识中被完全呈现出来的存在者自己,它才是标准物。因此,与标准物同一,也就是与存在者自身同一,或说,第一本体也就是孤立的自身同一物。它虽然脱离了整体,因而可以在思想意识中完全被呈现出来,但它只是作为孤立的存在者自身存在;它是一切逻辑关联的起点,但它只存在于与自己的关联中。

因此,亚里士多德说:"就第一本体来说,它们不是相关相对的(relativ),这是真的。"①也即说,第一本体只是作为它自己存在,它只存在于与它自己的关联中,它的存在不以与他物的关系为条件。

三、作为"存在论"的本体学说及其问题

如果从上面的理解出发,那么我们可以发现,亚里士多德的本体思想在《范畴篇》与在《形而上学》并没有人们通常认为的那样大的差别。只不过在《范畴篇》里,左右其本体学说的是他对名称的理解,而在《形而上学》里则是他的"存在学说"。这里我们将主要根据《形而上学》第五(c)卷第七章、第七(z)卷第一、四章等内容来简要地讨论亚里士多德的"存在学说"。

在谈到"存在者"的意义时,亚里士多德说:

(das Seiende) wird teils per accidens oder mitfolgend ausgesagt, teils an sich. "人们所说的存在者或者是属性的存在者,或者是自在的存在者"。②

An sich sein aber sagt man von alledem, was durch die Formen der Kategorie bezeichnet wird. Denn diere Formen bezeichnen in so vielfacher Weise, als sie ausgesagt werden, das Sein.

"但是,人们所说的自在的存在则是由范畴形式所表示的一切东西。范畴

---

① Aristoteles, *Kategorien*, übersetzt von Rolfes, Hamburg: Felix Meiner, 1920, S. 55. 亚里士多德:《范畴篇》,方书春译,北京:商务印书馆,1997年,第29页。

② Aristoteles, *Metaphysik*, übersetzt von Rolfes, Hamburg: Felix Meiner, 1920, S. 97. 亚里士多德:《形而上学》1017a10,吴寿彭译,北京:商务印书馆,1991年,第93页。

有多少种形式(类型),它们就以多少种方式来表示(自在的)存在。"①

在这里,"存在(者)"被分为两大类:一种是附属性的存在,也即并不是自己所固有的,而是在与其他事物的关系、比较中才出现或具有的;解除关系或退出比较,这种属性就不再存在。比如,"他是高个儿的人",这里,高个子这一属性只是在与矮个子相比较中才显出来的。另一种存在是"自在的存在"或"自己的存在",即只要作为自身存在,就必定存在的东西。因此,"自己的存在"不依赖于他物。

在亚里士多德看来,一切"自己的存在"都可以由范畴形式来表示,也可以说,范畴形式所表示的一切也就是"自己的存在"的全部。有多少种范畴形式,也就有多少种"自在的存在"。那么,什么是范畴?

在古希腊语中,范畴是宾(谓)词的意思,即用来述说主体的语词或概念。亚里士多德在《范畴篇》里所归纳出来的"十范畴"实际上应叫范畴(宾词)的十种类型或十种形式。也就是说,一切宾词可以归结为十种类型,这就是通常所谓的"十范畴"。宾词可以有无数多,但其类型或形式只有十个。而我们知道,一切宾词都是用来述说主体之性质的。由此可以推知,一切存在着的性质都可以归结为由十种宾词形式即"十范畴"所说明的性质,或者是以"十范畴"所说明的性质为基础。"十范畴"作为宾词的基本形式,它们当然也就是概念的基本类型,或者说,它们就是基本概念。

因此,当亚里士多德说,一切"自在(己)的存在"都可以由"十范畴"来说明时,也就意味着一切"自在的存在"都是概念性的存在,都可存在于概念中,因而都是普遍的存在。所谓"概念性的存在",也就是可在思想-意识中完全显现出来的存在,更确切说,是可以被思想-意识所概观、把持(be-greifen)或表象的存在。简单说,"自在的存在"直接就是可完全显现于思想-意识之前的对象(Gegenstand)。因此,"自在的存在"虽然不依赖于他物,不存在于与他物的关联中,但它一定存在于与思想-意识的关联中,存在于思想-意识的逻辑关联中。作为概念性存在,"自在的存在"一定存在于由思想-意识构造出来的"主—宾"关联中。

所以,在亚里士多德这里,"自在的存在"其实并不是真正的自在存在,它已不自在:它已不在整体中,而是被从中夺取出来而置于思想-意识的概观、把持中。只有在整体中存在的存在者才保持为自在的存在,才保持为自在自身(an sich Selbst)。这种自在的存在者虽然可在纯粹的思想-意识中显现出来,但它的显现同

---

① Aristoteles, *Metaphysik*, übersetzt von Rolfes, Hamburg: Felix Meiner, 1920, S. 98. 亚里士多德:《形而上学》1017a24,吴寿彭译,北京:商务印书馆,1991年,第94页。

时也表明它的来源,即它在其中的那个整体是不可显现、不可把持、不可概观的。在这个意义上,自在存在者虽可在纯粹思想-意识中显现其存在,但这种显现恰恰显明了这个存在者自身是不可完全显现的,它不可被概观、把持,它要比它的显现多,或者说,它并不仅仅是它显现的那样。因此,只要让存在者保持在整体中,即保持在自己的位置上而保持其为自在自身,我们就不能使它进入"主—宾"关联中,它永远在这种逻辑关联之外,只有能被思想-意识所概观、把持的存在物,才能被带进"主—宾"关联中。在这种可不断推演下去的逻辑关联空间里,亚里士多德的"自在的存在(者)"最本原也只能是作为"第一主体"的存在者。根据前面对名称的分析,这种存在者也就是在思想-意识中作为这一存在者自己存在的存在者,因而也就是与在思想-意识中的这一存在者自己的标准物同一的存在者。而(在思想-意识中)与自己的标准物同一的存在者也就是第一定义物。它存在于"A 是 A"或"这是 A"这种最初始的或原级的逻辑关联中。

作为第一定义物,我们总可以对亚里士多德最本原的"自在的存在(者)"问:这是什么(Was ist Diese)？换句话说,在亚里士多德这里,"自在的存在者"总是作为"什么"出现。亚里士多德明确指出:

> Denn ein Seiendes bezeichnet das Was eines Dinges und bezeichnet etwas als ein Dinges, ein anderes die qualitaet, die quantitaet oder sonst eine von den Kategorien. Da aber das Seiende so Vielfach ausgesagt wird, so ist doch offenbar seine erste Bedeutung das Was, welches die Substanz bezeichnet.
> "存在(者)表示一物的'什么',把某物表示为'这个',此外,存在(者)表示质、量或其他某一范畴。虽然存在者有诸多意思,但显而易见,它的第一意义就是'什么',这个'什么'表示本体。"[①]

前面把一切由范畴表示的存在(者)都归为"自在的存在(者)",这里则进一步把这种"自在的存在(者)"划分为第一意义的存在(者)与次一级的存在(者),而第一意义的存在者也就是最初的"什么"。这等于说,最本原、最核心、最真实的存在者,因而也就是本质存在者,一开始就是一种"这是什么？"中的"什么",是逻辑上、定义上在先但又在逻辑、定义中的存在物。

因此,对亚里士多德的"存在(者)"可以做出这样的阐释:a. 存在(者)一定是

---

① Aristoteles, *Metaphysik*, übersetzt von Rolfes, Hamburg: Felix Meiner, 1920, S. 130. 亚里士多德:《形而上学》1028a11,吴寿彭译,北京:商务印书馆,1991 年,第 125 页。

能用定义来说明的"什么","Das wesentliche Sein ist ja doch das , was ein Ding ist （本质存在就是一物所是的'什么'）"①。作为第一意义的存在（者），本质存在（者）也就是第一定义中的"什么"，是我们前面所说的第一定义物或标准物。b. 既然第一意义的存在（者）即本质存在（者）是定义中的"什么"，那么，一切以这本质存在（者）为基础的存在（者）也必定在定义中，在以"主—宾"关联为结构的逻辑关联中，因而，它们也一定是某种"什么"。如果说，第一意义（本质）的存在（者）是逻辑关联的起点，是第一关联物（与自身关联，与自身同一），那么，其他存在者则是这种可以不断推演下去的逻辑关联的环节，因而，它们实际上是逻辑关联空间里的关联物，它们只是在相应的逻辑关联中才作为它们存在。c. 因此，一切存在（者）都是一种"什么"，都存在于有"主—宾"关系结构的定义中，所以，一切存在（者）既是关联（系）存在物，也是概念性存在物。这里，只有"什么"与"什么"的区别，而不存在"什么"与什么也不是的"无"的区别。在亚里士多德的存在世界里，没有无的位置，没有无的向度，在这个世界里，从根本上说，区别的只是第一关联物与环节关联物的区别，也即作为第一定义物（标准物）的第一概念物与种属物之间的区别。

亚里士多德的这种存在学说（Seinslehre）直接规定着他的本体学说（Substanzlehre）。因为这里他正是从本质的存在（者）去理解本体，把最真实、最重要的本体直接视为本质的存在（者）。"人们所说的本体，如果没有更多的意思的话，那么首先有四种意义。事物的本体就是：本质的存在、共相（普遍性）和种，此外，第四种意义就是主体（基质）。而主体（基质）就是这种东西：其他一切事物都是述说它的，而它自己则不述说任何东西。"②

这里的"共相与种"可以视为《范畴篇》里所说的第二本体。根据前面的分析，它们不同于第一概念（定义）物，但又以第一概念物为基础，也即以本质的存在（者）为基础。于是，在这里，本质的存在（者）成为第一本体。就本质的存在（者）也就是第一定义物，是标准物而言，这里的第一本体与《范畴篇》的第一本体没有不同。因为根据我们的分析，《范畴篇》里的第一本体也是第一定义物（标准物）。与《范畴篇》不同的是，这里的第一本体不再是只被其他事物所述说而自己不述说任何其他东西的第一主体（基质），而在《范畴篇》里，第一本体同时也就是这种第一主体。

为什么亚士里多德在这里把第一本体与第一主体（基质）区分开来呢？因为他在这里发现，第一主体或最后主体实际上是一种质料（Materie）。而质料是这样一

---

① Aristoteles, *Metaphysik*, übersetzt von Rolfes, Hamburg: Felix Meiner, 1920, S. 135. 亚里士多德：《形而上学》1030a4，吴寿彭译，北京：商务印书馆，1991年，第130页。

② Aristoteles, *Metaphysik*, übersetzt von Rolfes, Hamburg: Felix Meiner, 1920, S. 132. 亚里士多德：《形而上学》1028b33-36，吴寿彭译，北京：商务印书馆，1991年，第127页。

种东西:"它本身既不是一什么,也不是一量,也不是其他某种可规定存在者的东西,……so ist denn das letzte subjekt an sich weder ein was noch ein quantum noch sonst was(因此,那最后的主体本身既不是一什么,也不是一量或其他什么东西)。"①

也就是说,质料是一种没有任何规定性的东西。那么,为什么第一主体或最后主体是这样一种质料?亚里士多德对质料的"发现"有什么根据?

我们发现,亚里士多德把最后的主体视为质料,只有"逻辑上"的根据:既然最后的主体只被其他事物所述说,而它本身并不述说任何其他事物,那么,一旦抽掉一切述说它的事物,它就什么也不是,它失去了一切规定性而成为没有任何规定的纯质料。在逻辑上,我们的确能够对最后的主体进行这样的推演,但也只是在逻辑上才能这样做,甚至可以说,我们也只是在逻辑演算中才会"发现"质料这种本体。换句话说,质料以及作为质料的最后主体只存在于逻辑演算当中。因为任何存在物,只要它不仅仅存在于概念中,而且也存在于直观中,那么,它就不可能是没有任何规定的质料,对于这种存在物,我们不可能抽掉它的一切规定性,否则,它就不是它给予我们时的它自己。能在我们的理智直观中给予我们的一切存在物都有它自己的规定性,有它自己的质与量,否则它就无法给予我们。因为我们超验的(transzendentale)理智直观本身就包含着超验的质量意识,一切被给予物都只能在这种超验的质量意识中显现其自身。这里需要指出的是,事物在纯粹理智直观中显现出来的规定是绝对的超验规定,其质量是超验的绝对质量。这种绝对质量是事物的一切经验规定的基础,但它们本身只是它们自己,而没有任何经验意义。比如说,在纯粹理智直观中,竹竿有绝对的量的规定,但它没有长短——它不长,也不短,它只是它自己那样子。事物的一切长短、高矮、大小都只是经验关联里的量的规定,而不是绝对的量的规定。我们可以抽掉事物的一切经验关联里的规定,但不能抽掉其绝对的超验规定。在缺乏存在论差别意识的情况下,人们很容易误以为抽掉了事物的一切关联规定,也就抽掉了事物的一切规定,事物因而成为没有规定的质料。这是一个人们很容易落入的陷阱,亚里士多德也没有幸免。

实际上,不仅保持在整体中的自在物无法抽掉其超验的绝对质量,就是这里的第一主体也不可能是赤裸裸的质料。因为第一主体虽然不述说任何其他东西,但它却述说它自己,它总是以 A 是 A 这种形式述说自己,否则它就不会成为真正的第一主体,不会成为逻辑的真正起点。因此,我们虽然可以从第一主体或最后主体

---

① Aristoteles, *Metaphysik*, übersetzt von Rolfes, Hamburg: Felix Meiner, 1920, S. 133. 亚里士多德:《形而上学》1029a20-25,吴寿彭译,北京:商务印书馆,1991 年,第 128 页。

那里抽掉述说它的其他一切事物,但是我们却不能将它自己从它自己那里抽掉。这个它自己也就是在理智直观中给予的一自在物的超验规定。自在物的这种超验规定并不构成自在物的全部,因为自在物自身在其中的那个"整体"是无法在直观中给出的。人们一旦把自在物的这种超验规定当作一自在物自身的全部规定,也即把自在物直接等同于它在理智直观中的显现,那么自在物也就不再是自在物,而是成为自身同一物,即成为在思想-意识中能够完全与自己同一(A 是 A)的标准物、第一定义物,实际上也即第一主体。

但是,由于亚里士多德完全陷入了无节制的逻辑抽离(象)活动中,以至于把第一主体抽成连自己也不是的无规定者,从而"发现"了质料,这使他不得不改变第一主体同时也就是第一本体的思想,而这一思想是他在《范畴篇》里所主张的。现在他说:"Aber es ist unmoeglich. Denn sowohl getrennt fuer sich als ein Dieses zu sein, scheint am meisten der Substanz zuzukommen. Daher moecht wohl die Form und das Kompositum eher als die Materie Substanz zu sein scheinen. [但是,这是不可能的。因为本体最重要的必须是独立可分离的,是'这个'。因此,不如说形式以及(形式与质料的)组合物先于质料而是本体。]"①

这里,在先的、最重要的本体仍然是第一定义物,仍是"这个东西"(Dieses),即在思想-意识中与自己同一(Dieses ist Dieses)的标准物。但是由于第一主体被抽掉了包括与自己同一的一切规定,它当然也就不再是标准物。因此,与其说《形而上学》里第一本体的思想发生了变化,不如说是由于"发现"了质料而对第一主体的理解发生了变化。第一主体一旦成了质料而不再是与自己同一的标准物,它实际上也就不再是真正的第一主体,不再是真正的逻辑起点,因而不再是第一本体。因为第一本体或本体的第一意义必定在逻辑上、时间上、定义上都是在先的。②

作为质料的第一主体只是逻辑演算活动给出的第一主体(它是无节制的逻辑抽象活动的剩余者),而不是作为这种逻辑演算活动本身得以进行的起点的第一主体,简单说,不是"A 是 A"中的 A。"A 是 A"是一切逻辑演算的起点,其中的 A 则是演算的第一主体。因此,作为质料的第一主体在逻辑上恰恰是在后的,而不是在先的。

更为重要的是,一旦在逻辑上认定存在纯粹的质料,那么,在逻辑上也必定认定存在纯粹的形式。因为,一切呈现给予我们的存在者,都不是无规定的质料,它

---

① Aristoteles, *Metaphysik*, übersetzt von Rolfes, Hamburg: Felix Meiner, 1920, S. 133. 亚里士多德:《形而上学》1029a30, 吴寿彭译, 北京: 商务印书馆, 1991 年, 第 128 页。

② See. Aristoteles, *Metaphysik*, übersetzt von Rolfes, Hamburg: Felix Meiner, 1920, S. 130. 亚里士多德:《形而上学》1028a33, 吴寿彭译, 北京: 商务印书馆, 1991 年, 第 125-126 页。

们或者是与自己("标准物")同一的各个具体物(这个东西),或者是种属物。但是,一物之所以成为"这个"(Dieses)物,只能是这样:赋予质料以"这种"形式。有了"这种"形式,才会有与"这种"形式同一的"这个"物,否则就只有没有任何规定,因而没有任何差别的质料。使一物成为"这个"物的"这种"形式不是别的,就是(也只能是)那个普遍的"标准物"或"第一定义物"。只有当质料与一标准物相符合,与这一标准物同一,从而获得这一标准物的规定,才会有一事物给予我们。这里,作为标准物,形式在逻辑上(定义上)时间上都是在先的,它理所当然也就成了最先的本体。

我们从这里可以看到,实际上,正是《范畴篇》里的第一主体成了单纯的质料,标准物或第一定义物才成为纯粹的形式。在这个意义上,形式与质料的截然区分也是无节制的逻辑抽象运动的结果。本来,标准物或第一定义物也就是这样的存在者:它在纯粹思想-意识中达到与自己同一,也即说,它脱离了它在其中的整体而作为孤立的单个事物显现于纯粹思想-意识中,把自己在纯粹思想-意识中作为孤立存在物的显现就当作它自己的全部存在。简单说,它允许这样理解它:它在纯粹思想-意识中是什么样的,它就是什么样的,就是它自己。这种标准物既存在于我们的思想-意识中,也存在于它自身当中,既是意识的显现,也是意识的对象;作为在思想-意识中的自身同一物,标准物同时既是第一主体,也是逻辑关联的起点。但是,一旦对这里的标准物强行进行逻辑分解,那么标准物就会被分离为作为第一主体的质料与作为自身同一物的形式。于是,作为自身同一物,标准物成为纯粹的形式。这是柏拉图(苏格拉底)与亚里士多德共有的一个基本思想。只不过在亚里士多德这里,纯形式与感性事物具有更密切的关系,纯形式只是在逻辑上具有优先性,而在现实存在上,形式甚至并不与具体事物相分离。在亚里士多德这里,纯形式并不像在柏拉图那里那样具有完全的独立性。

因此,当亚里士多德说形式是在先的本体时,他真正说出来的仍是:标准物是在先的本体,本质存在即第一定义物是第一本体。实际上,我们可以用同一句话来概括亚里士多德的本体学说:本质就是在思想-意识中达到与自身同一的自身同一物。简单说,本体就是"A 是 A"中的 A。这里,"在思想-意识中达到与自身同一"所说的是:把在思想-意识中的显现就当作自在物自身的全部存在,而不管自在物在其中的那个不显现的整体。在这里,自在物在其中的整体完全被这种在思想-意识中的自身同一物所掩盖、忽略,否则就不会有这种自身同一物,而只有保持在整体中的自在物。因此,亚里士多德的"本体",即自身同一物实际上是从整体中脱离出来的孤立物,它不在自己的位置上,而是飘浮在逻辑关联空间里。所谓本体恰恰是一种无根无本的飘浮物。所以,我们可以说,亚里士多德的本体世界是一个由自身同一物组成的飘浮的世界。

四、自身同一物和第一陈述

由于在亚里士多德这里,形式并不构成一个独立世界,形式只是在逻辑上具有优先性,而在现实存在上,形式则存在于每个给予我们的自身同一物里。因此,根据亚里士多德的本体学说,自身同一物的世界也就是最真实、最可靠的真理世界。自身同一物本身就是真理。因此,在自身同一物的世界里,只要存在,也即只要在思想—意识中与自身同一地显现出来,就是真理。这里,只有真理,而没有假相或欺骗,只有显现,而没有掩盖或遮蔽。也即说,自身同一物的世界是一个无遮蔽的、纯显现的世界。只有进入自身同一物之间的联结之后,才会有真理与假相、显现与遮蔽的对立。这里,我们要引用亚里士多德一段有代表性的论述来说明:

Was ist aber nun bei dem Nichtzusammengesetzten das Sein oder Nichtsein, das Wahre und Falsche? Es ist ja nicht zusammengesetzt, so dass es waere, wenn es verbunden, und nicht waere, wenn es getrennt ist, wie das weisse Holz oder die inkommensurable Diagonale; es wird also auch das Wahre und das Falsche nicht mehr in gleicher Weise statthaben wie bei jenen Dingen. Es ist eben hier, wie die wahrheit, so auch das Sein, nicht dasselbe, sondern mit Wahrheit und Falschheit steht es so, dass das Beruehren und Aussprechen Wahrheit ist—denn das bejahende Urteil und das Aussprechen eines Begriffes ist nicht dasselbe—, das Nichtberuehren aber ist vollstaendiges Nichtwissen. Denn eine Taeuschung gibt es über das Was eines Dinges nur in akzidenteller Weise. Und ebenso ist es mit den nicht zusammengesetzten Substanzen; auch ueber sie kann man sich nicht taeuschen. Und sie sind alle aktuell, nicht potenziell, sonst wuerden sie werden und vergehen. Denn es müsste aus etwas werden. Was also ein Sein an sich und aktuell, ueber das kann man sich nicht taeuschen, sornden nur es erkennen oder nicht…

Das an sich Eine aber ist, da es ja aktuell seiend ist, in eben dieser Weise da, und existiert es nicht so, so besteht es Ueberhaupt nicht. Hier liegt die Wahrheit darin, dass man es denkend erkennt. Irrtum aber oder Taeuschung gibt es hier nicht der Blindheit entspricht.

"但是,就非联结的东西来说,存在与非存在,真(理)与假(相)是什么呢?

由于它是非联结的,所以,并不是有联结,它才存在,不联结,它就不存在,就如白色的木材或不可测量的对角线那样。所以,这里并不存在像白色的木材这类事物那里存在的那种真与假。同样,正如真理不同一样,这里的存在也不同于那类(联结)物的存在;在这里,存在与真理、假相处在这种关系里:接触和说出就是真理(给出进行肯定的判断与说出一概念是不同的),而不接触就是完全的不知。因为关于一物是什么(这一问题)只有在偶性层次上才会有假相(或欺骗)。非联结的本体也一样:关于它,人们不会发生自我欺骗。(非联结的)本体完全是现实的,而不是潜在的,否则它们就会变易和消逝。但存在者本身不可能变易和消逝。因为如果存在者本身会变易,它就必须从某种东西变易而来。所以,自在和现实的存在(者)是什么,人们不会自我欺骗(不会造成假相),而只有认识它或不认识它。……

"自在的单一者存在着,因为它向来现实地存在着,同样,如果它不这样存在,它根本不存在。这里,真理就在于人们在思想上认识自在的单一者。这里没有错误或欺骗,只有无知,不过这种无知并不是视盲。"①

在这里,存在物或本体像在《范畴篇》里一样被划分为两个层次:非联结物与联结物。用《范畴篇》的术语说,就是第一本体与第二本体。首先要指出的是,这里的非联结物作为自身同一物虽然是非联结的,即它的存在与他物没有联系,没有关联,但它的存在却一定与自身相关联,它与自身处于"A 是 A"这种关联中。在这个意义上,它是无关联的关联物,是第一关联物。

在不同的本体层次,存在与不存在、真理与假相具有不同的意义。对于非联结物来说,它存在,只是因为它作为它自己而现实地存在着,也即它在思想-意识中显现为与自身同一而存在着;如果它不如此这般地存在,它就根本不存在。在这个层次上,一物存在,意味着有物在思想-意识中以"A 是 A"这种方式显现着,不存在则意味着无物以这种方式显现。因此,非联结物的存在与真理处在一种直接的同一性关系当中。因为非联结物的存在直接就意味着它在我们的思想-意识中以"A 是 A"这种方式显现着。从物的角度说,这种显现就是物的存在,从"我们"的角度说,这种显现则是"接触"物和"说出"物,也即在思想-意识中认识物。一非联结物存在,意味着我们在思想-意识中以"A 是 A"方式显现它、"接触"它或"说出"它,也可以说,当我们在思想-意识中显现它、"接触"它,也就意味着我们让它作为它自身

---

① Aristoteles, *Metaphysik*, übersetzt von Rolfes, Hamburg: Felix Meiner, 1920, S. 240. 亚里士多德:《形而上学》1051b18—1052a3, 吴寿彭译, 北京:商务印书馆, 1991 年, 第 187 页。

存在。只要我们"接触"它,说出它,我们就知道它是什么,就让它在思想-意识中作为其自身显现出来。因此"接触"就是真理,就是存在的显现。这里,真理与存在或显现是直接同一的。

显而易见,这里只有真理而没有假相,没有欺骗。因为一非联结物的存在,同时也就是我们"接触"着它——让它作为它自身在意识中显现着,因此,只要它存在,我们同时也就知道它是什么:它就是它自己,它就是它显现的那个样子,或说,它显现的那个样子就是它自身。这里的真理并不与假相或欺骗相对立,而是与"无知"或"不知"相对应。"不知"并不是没有能力去知,而是有能力却没有去知,没有去"接触",即没有在意识里把某物显现为该物。只要去"接触"第一本体,只要去知非联结物,我们就会让它在思想-意识里作为其自身显现出来,因而就知道它是什么——它就是它自己那样。因此,在"非联结物是什么?"这一问题上,我们不会犯错误,这里没有欺骗,没有掩盖或歪曲:只要非联结物存在,只要它出现,它就作为其自身显现于思想-意识中,否则,它就不是自身同一物,不是非联结物,也就是说,一非联结物如果不能在思想-意识里作为其自身显现出来,那么它根本就不存在,只要它存在,就必定是如此这般地显现。

所以,就非联结物层面上说,真理(作为自身显现)就是存在,存在就是真理。追求真理也就是努力去"发现"存在,"接触"存在,而只要去"接触"存在,就能发现真理,获得真理。这里隐含的一个思想是:在非联结物层面上,认识与对象(存在)是天然和谐一致的,或者说,是天然符合的。这里不存在真理与假象、去蔽与遮蔽、发现与隐藏之间的对立与斗争,追求真理的唯一障碍就是懒惰。克服这种懒惰,人们就可以尽可能多地认识对象(非联结物),尽可能多地获得真理,而随着历史的积累,人们甚至终有一天可以认识所有对象,获得所有的真理,就如物种学家有一天能识别地球上的所有物种一样。这一信念无疑维护和贯彻了柏拉图真理观的一个基本精神。

由于非联结物的存在本身直接就是真理,因此,亚里士多德有时甚至说:"真与假(Das Wahre und Falsche)不存在于事物之中(像善为真,坏为假那样存在于事物之中),而是存在于思想之中。不过,当思想涉及的是单一(非联结)的东西时,即涉及'这是什么?'时,真假也不在思想中。"①

这并不是说,在非联结物领域没有真理,而是说没有与假相相对立的那种真理。因为只要它被我们的思想所接触、涉及,它就作为它自身显现出来,就按它自

---

① Aristoteles, *Metaphysik*, übersetzt von Rolfes, Hamburg: Felix Meiner, 1920, S. 128. 亚里士多德:《形而上学》1027b30,吴寿彭译,北京:商务印书馆,1991年,第124页。

己那个样子出现。而从另一个方面说，这意味着没有对立的纯粹真理既存在于事物中，也存在于思想中，但那种真假对立的真理则只存在于思想中。这里所谓"只存在于思想中"，并不是说这种真理没有对象性的根据，而是指这种真理与假相只是在思想的关联演绎活动中才给出来的。这种真理也就是联结物领域的真理。

根据前面的分析，所谓联结物也就是种属物，因而也就是以自身同一物即第一关联物为基础的环节关联物，它的存在依赖于与他物的关联、比较。一联结物是什么，取决于它处在什么样的关联中，取决于它与什么样的事物处在关联中。联结领域是一个以"A 是 X"这种方式存在的世界，"A 是 X"要以"A 是 A"为前提。但"A"一旦是"A"，它也就一定能够是某种关联角色"X"。（这个）人是人，他也就一定可能是一个白人或黑人，一个工人、农民或学者；而当他进入更广泛的关联时，他甚至就是一种动物（而不是植物）。这种联结物或环节关联物既是对象性的存在，也是概念性的存在，综合地说，就是能在理智直观中给出的存在。不过，这里不是纯粹的理智直观，而是经验的理智直观。一切联结物都是在经验概念的关联演绎中展开、显现（直观）出来的。我们的思想在进行这种关联演绎时，显然会发生错乱和掩盖，因为我们的思想在对经验（关联物）概念（自身同一物概念是最初的经验概念）进行关联演绎时，完全可以撇开它在直观中的对象性存在，把它置入单纯的概念关联中，因此，我们很可能使它与不适当的概念（事物）发生不适当的关联，因而使它获得了不适当的关联意义，充当不适当的关联角色。在对地球与其他星体的直观关联所知甚少的情况下，人们很容易用"地心说"来演绎它们之间的关联，在这种关联中地球充当太阳的中心这种不恰当的关联角色。只有随着对天体的观察（经验直观）的扩大和深入——这在很大程度上取决于望远技术的进步——才能纠正这一错误。而在更广阔的直观关联视野里，太阳也不能视为地球的绝对中心。这里显然存在着一个经验直观的关联视界（Horizont）。这种直观视界规定着事物能够以什么样的关联角色出现。事物的关联角色或关联存在是否真实，是否适当，首先取决于这一角色在给出该角色的关联（概念）系统里是否具有逻辑一贯性，而最后则需要在直观视界里得到说明：在直观中找到它能与之符合一致的对象性存在。换句话说，我们在对一物进行关联演绎时给出的关于此物的陈述（判断）是否为真，一方面取决于这一陈述在给出这一陈述的演绎系统（如物理学或化学等）里与其他陈述是否不相矛盾，另一方面取决于它能否在直观视界里得到证明：陈述对事物所做的那种联系，或说，陈述让事物充当的那种角色性存在是否可以在经验直观中展现出来。也就是说，陈述必须在直观中找到它能与之符合的事物，陈述才是真的。这里，逻辑上的一贯性，与事物的符合，是陈述的真理性的前提，也是其标准。

由于最本源的存在就是自身同一物,只要张开我们的眼睛,启动我们的思想,事物就作为事物自身给予我们,为我们所完全概观、把握,即以"A 是 A"的方式显现出来,因而,关于自身同一物,我们不会发生错误,这里只有真理——只要张开眼睛,我们就会获得真理;只有当我们用我们的经验概念对自身同一物进行联结时,才可能发生错误。因此,只是在关于联结物也即环节关联物的陈述中,才有与假相相对立的真理,而关于自身同一物即最初关联物,则只有真理,没有假相。不过这里最为重要的是,不管是哪种情况,真理都只存在于陈述中。如果说自身同一物就是最本源的存在,那么第一陈述"A 是 A"就是真理的最本源处所,或说,真理最本源地存在于"A 是 A"这一第一陈述中。因为所谓自身同一物是,也只能是以"A 是 A"这种方式显现于我们的思想-意识中,因此,即使我们并没有以有声语言把它说出来,但只要它存在或显现,我们就已经在意识中把它陈述出来。自身同一物的存在与真理就在这一陈述中达到同一。

所以,在亚里士多德这里,由于自身同一物(不同于自在物)是最本质的存在,因而是最本源的本体,因此,陈述成了真理的本源处所,真理只存在于陈述中。如果说自身同一物的真理存在于第一陈述中,那么,联结物的真理则存在于一般判断中。这是亚里士多德真理观中最为核心的思想。

五、德性伦理和自由的缺失

于是,追求真理的努力也就成了追求正确陈述的认识活动。而所谓正确的陈述必须符合两个前提,即在逻辑上前后一致,并且在直观中能找到对象性根据。这样,苏格拉底(柏拉图)确立的求真(理)就是求知(识)的真理道路在亚里士多德这里不仅得到了新存在论的强有力支持,而且在此新存在论(本体学说)的基础上,与逻辑学联系了起来,逻辑学不仅作为方法(工具),而且作为基础构成了一切真理的前提。真理存在于陈述中,因而存在于逻辑学中。逻辑学作为我们获得包括自身同一物真理在内的一切真理的方法(工具),它同时也是一切存在的显现方式,因而它具有存在论或本体论的意义。这一点在近代德国哲学中得到了最充分的展现。我们可以说,亚里士多德的真理观在存在论基础上奠定了逻辑学在西方思想史上的根本性地位。不管是在中世纪,还是近代,逻辑学都构成了人们理解存在与探求真理的基础。

我们知道,在苏格拉底—柏拉图那里,真理与思想的超越性(超感性)是通过"辩证法"来保证的:人们只有掌握了辩证法这种艺术(方法),才能摆脱感性而获得超越性的真知识。而在亚里士多德这里,保证真理与思想之超越性的则是逻辑学。第一本体(标准物)正是以同一性(A 是 A)这一逻辑学的基本原理作为自己存在与显现的方式,或说,它在我们的意识中正是以"A 是 A"的方式显现出来,因而第一本体的存在或显现(真理)才既是具体的,又是普遍的,既是直观的,又是概念的,从而保证了第一本体或标准物的存在与真理的超越性。作为自身同一物和联结物的存在方式或显现方式,陈述有陈述的 logos。

在亚里士多德的真理观里,"符合"仍然构成真理的前提和标志。不同的是,在柏拉图那里,我们的"知识"要去符合、对准的是一个现成的对象世界,而在亚里士多德这里则要复杂一些。就自身同一物(标准物)而言,只要张开我们的眼睛,启动我们的思想,它就作为其自身出现,我们对它的显现与它的存在天然地符合一致,因而,我们似乎可以把它视为一个现成领域。但是,联结物则明显不是现成存在者。联结物首先恰恰是在思想的逻辑关联演绎活动中给出来的,也即说,联结物首先存在于陈述中。一陈述是否正确或是否为真的问题,也就是陈述指派给一物的关联角色是否恰当的问题,或者说,就是陈述给出的关联物是否真实存在的问题。这是从不同角度对同一个问题的不同表述,而这一问题(陈述是否为真)一方面取决于陈述在逻辑上是否成立,另一方面则取决于它能否在直观中展现出来,也即能否在直观中给出它能以之共在、符合的对象性存在。陈述可以在思想的关联演绎中给出某一联结物,但并不一定也能在直观中把这一关联物展现出来。显然,陈述要与之共在、符合的对象存在物,并不现成地存在于直观中,而恰恰是要在陈述活动中给出来的。陈述不仅要能在概念的关联演绎中给出联结物,而且必须能在直观中给出同样的关联物,从而在直观中得到证明,它才能够是真的。因此,就联结物而言,关于它的陈述所要符合共在的,恰恰是陈述本身在直观中给出来的。但这也并不是说,陈述活动可以在直观中独自创造出关联物(对象存在者),它必须以直观中的自身同一物为基础,才能构造出它要与之同一符合的关联物。因此,陈述活动能否在直观中给出相应的关联物,实际上也就是陈述活动能否把直观中的自身同一物带入陈述给出的逻辑(概念)关联中,或说,能否把陈述的逻辑联结物赋予直观中的自身同一物,使之呈现为这一逻辑结构中的关联物。这实际上也就是陈述作为一种逻辑(概念)关联活动的客观性与有效性的问题。因此,在亚里士多德这里,作为真理的前提与标志,符合与知识(概念的逻辑关联或演绎)的客观性、有效性联结在一起。

随着"符合论"真理得到进一步的规定,"主体"这一被指派给人的角色也可以得到更具体的刻画。在柏拉图(苏格拉底)那里,主体就是人在克服感性存在之后剩下的那部分存在,它被理解为灵魂和灵魂的视见能力。作为灵魂,主体这一角色在哲学上的面貌还相当模糊,它还不足以与人在宗教生活里的存在身份区别开来。

但是,在亚里士多德这里,由于要去认识、对准、符合对象的主体实际上就是陈述者,正如一切本体都存在于陈述中一样,主体也只是陈述中的主体,或者更确切说,主体就是进行陈述活动的主体。而这在根本上意味着,主体在本质上就是一种有逻辑关联结构的存在者。正如逻辑结构是一切本体的显现(存在)方式,逻辑结构在这里构成了主体的本质存在。主体由此获得了前所未有的清晰面貌,主体不再是模棱两可的灵魂,而是有自己绝对可靠的规律的逻辑演绎者。简单说,主体(人)就是逻辑思维者,就是遵循逻辑学规律的思想者。我们只有遵循逻辑学规律,才能达到巴门尼德的"思想",或者干脆说,才能进行真正的思想。因此,在此之后,思想甚至直接就被理解为以逻辑学为基础的理智活动。这种以逻辑学为基础的思想实质上就是一种表象思维(想)——把一切存在物都当作能够在思想-意识中达到与自身同一的自身同一物,因而可以把一切存在者都当作表象或概念进行逻辑关联演绎。因此,说主体是逻辑思维者,也等于说,主体是表象者(das Vorstellende)。而在人被理解为"理性的动物"之后,理性与人的主体存在则被直接等同起来,因而与逻辑思维等同起来,至少逻辑思维或推理性思维被当作理性的核心,理性因而成了所谓的"工具理性"。思想成为表象思维,理性成为工具理性,这是同一回事的不同表达。当然,主体的这种更具体的面貌是在近代哲学中才逐渐清晰起来,但其源头却是由亚里士里多德的真理观奠定的。我们完全可以说,正是亚里士多的本体论和真理观更为明确地确立了人的主体身份。

作为陈述者这种主体,人与他物的关系首先是陈述与被陈述、规范与被规范的关系。追求真理也就是寻找与他者建立一种合乎(逻辑)规则的关系,或者说,就是努力把他者纳入规则关系里。只要人充当陈述者或逻辑思维者这种角色,他就是规则的颁布者;只有根据这一主体所颁布的规则,他者才是可理解的,甚至那最高的他者也只有根据主体的这种规则才是可接受的(托马斯对上帝的证明)。人的这种主体角色所展现的姿态被后来奥古斯丁批评为理智的独断与骄狂,它体现了信仰的缺失。因为这里没有绝对他者的地位;作为主体,人不可能与绝对的他者相遇。从我们这里的角度说,这表明了人的自由的缺失。因为在这种情况下,人与一切他者都陷入了必然规则的关系中,因而没有自由意志存在的余地。然而,主体与他者的一切关系恰恰必须以人的自由意志为前提。所谓自由意志即是自在-自为的意志,它以意志为意志而不以任何他者为意志,它指向自己而不指向任何他者,否则它就不是自由意志,就受制于他者。人的这种自由意志也就是人的自由存在:他只从自己的纯粹意志做出决断,而与他者没有任何关联。然而,正因为他的自由存在与他者没有关联,他才能真正让他者与人处在一种无关联的关联中:让他者不在陈述中,而是在自己位置上(an sich),不仅仅在思想意识中,同时保持在一个不显现的整体中。这也就是自在的他者或自在的存在者。自在存在者在人的自由存在(纯粹意志-意识)中显现它的存在,但它的这种显现同时表明,它在其中的那个整体是不可显现的,它来源于这个整体,但这个整体隐而不显,因而这个自在存在者并不仅仅是它在纯粹意识中显现的那个样子,它比显现出来的要多。所以,它不是自身同一物,因为它不把在意识中的显现当作它自身;它是自在同一物,它在意识中始终保持为在整体中的这一存在者,即始终保持为在自己位置上的这个存在者。这种自在同一物也就是我们前面所说的命名物或相遇物。我们正是在自由存在中与他物相遇而呼唤它,命名它。而命名物却是属名物即概念物或自身同一物存在的前提,就如命名是定义的前提一样,在这个意义上,人的超越性的自由存在是人与他者的一切规则性关系的前提,是人作为主体身份存在的前提。因此,正是自由的缺失,主体才成为人的本源的唯一合法的身份,而自身同一物才成为本源本体,它的存在(显现)才成为本源真理。从整个希腊哲学来说,正是自由的缺失,"求真(理)"才成为"求知(识)",而在亚里士多德这里,追求真理最后则落实为追求正确的陈述,真理论更明确地就是知识论。

如果说真理的道路就是真实人生的道路,那么这条道路就是追求真知识、追求正确陈述的道路。因此,遵循以逻辑思维能力为核心的理智而生活,成为亚里士多德伦理学的一条基本原则。如何过真实而有意义的生活?这是一切伦理学的基本问题。但关键是,什么是真实的生活?这一问题显现又与如何理解人这一存在者的存在直接相关。人的真实生活只能遵循人的本性并发挥这种本性的生活。这种生活也就是有德性(arete)的生活,或说是人的一种德性存在。在亚里士多德(柏拉图)伦理学里,德性并不仅仅为人所具有,斧子、桌子及世间万物都有自己的德性,它首先是指事物得以按自己的本性而充分发挥其功能的一种存在状态。人的德性就是人的这样一种存在状态:充分发挥自己的本性而成为出色的、有用的人。[①]

伦理学的基本问题"如何使人成为有德性的人?"也就成为"如何使人充分发挥其本性而成为出色的人?"这一问题。而在自由缺失的思想背景下,人的本性就是人的主体性存在,在亚里士多德这里,就是陈述者,就是逻辑思维者。因此,亚里士多德伦理学有理由把自己的任务简化为:如何使人们在生活中遵循自己的理智并充分发挥其作用?过理智的生活一定就是一种有德性的生活,而有德性的生活也一定是遵循理智的生活。一个人在自己的生活中得以遵循自己的本性并充分发挥作用,就是他的幸福、幸运(eudaimonia)。也就是说,过有德性的生活就是一个人

---

① 参见齐纳逊·伯内斯:《亚里士多德》,余继元译,北京:中国社会科学出版社,1989年,第156页。

的幸福。亚里士多德说,幸福就是"灵魂的一种合乎德性的活动"。①

因此,在亚里士多德伦理学里,如何使人有德性、如何使人过理智的生活与如何使人幸福,是同一个问题。

因此,我们有理由说,在自由缺失的背景下,伦理学最后就是一种幸福生活指南,而与人的绝对尊严、绝对权利无关。这是希腊伦理学与近代伦理学的根本性区别。而这种区别的全部根据就在于自由的缺失与觉醒。

---

① 《尼各马可伦理学》第一卷,第 7 章 1102a5,1102a5,邓安庆译注本(人民出版社,2010 年)第 71 页,苗力田译本(中国社会科学出版社,1990 年)第 22 页;德译本：*Nikomachische Ethik*, übersetzt von Fugen Rolfes, Hamburg: Felix Meiner, 1985, S. 22. Aristoteles Werke, Band 6, *Nikomachische Ethik*, übersetzt von Franz Dirlmeier, Berlin: Akademie Verlag, 1960, S. 24.

第八章 《存在者与本质》里的第一哲学概念及其关系

这一章我们要接着讨论来自亚里士多德的一些第一哲学概念及其关系。这些概念作为第一哲学概念本来就属于"神学"或指向"神学",所以,在基督教成为西方世界的主流信仰之后,它们也被汇入基督教神学之中而继续成为讨论终极存在的概念。这里,我们选取了中世纪在这方面最具代表性的托马斯·阿奎那来讨论,以展示他如何将第一哲学概念融入基督教神学,并使它们构成了整个神学的理论基础。实际上,他对这些概念的区分和阐释,不仅构成了他对上帝的理解与证明的前提,而且是亚里士多德哲学影响、融入基督教世界的前提。

关于这些概念的区分、阐释主要集中在以"De ente et essentia"为题的长文里。这是一篇早期作品,但并非不成熟的作品,相反,它奠定了托马斯·阿奎那的亚里士多德主义路线。这篇长文的德译篇名一般被译为"Das Seiende und das Wesen"。因此,这里,我们把它译为《存在者与本质》。

一、本质与存在者、存在

在这里,托马斯首先要追问的就是存在者与本质、本质与存在的关系问题。因为在他看来,一切大错误都会从在这个问题上所犯的小错误中产生。为了避免在这个问题上犯下哪怕是最小的错误,"人们必须澄清,被'本质'(essentia/Wesen)和'存在者'(ens/Seiende)这样的词所标明的是什么?本质如何在不同事物中被发现?本质与逻辑概念,也即属、种和差的关系如何?"

"但是,由于我们是从复杂事物那里赢得对简单事物的知识,从较晚事物达到较早事物,因此,如果我们从较容易的开始,以便在方法程序上更妥当,人们就必须从存在者的意义进到本质的意义。"①

这段在"引论"里的开场白,有两层意思值得我们这里加以申明:首先,复杂事物是较后的事物,它们来自于简单的、较早的事物。因此,在认识的方法程序上,不是从简单事物到复杂事物,相反,是从复杂事物到简单事物,从较晚事物到较早事物。其次,要澄清"本质"的意义,必须首先澄清"存在者"的意义,并且澄清"本质"与逻辑概念(属、种概念)的关系。这是因为在托马斯看来,存在者晚于和复杂于本质。这意味着,本质早于存在者,单纯于存在者。而最高本质就是先于一切存在者的单一本质。所以,理解存在者也就成了理解一般本质直至最高本质的关键。

那么,如何理解"存在者"呢?托马斯·阿奎那的亚里士多德主义神学路线正是在这个问题上系于亚里士多德的思想之脉。托马斯首先援引了亚里士多德在《形而上学》第五卷里关于"存在者"的说明:存在者之为存在者是以两种方式被陈述,一种是在十范畴中被划分,另一种是以陈述的真被表示。也就是说,一提到"存在者",那么就指以两种方式被陈述的东西:或者是由十范畴所陈述的东西,或者是由陈述的真所表示的东西。

托马斯评论说,这两种陈述存在者的方式的区别在于,根据第二种方式,一切由肯定陈述给出来的东西都能够被称为存在者,虽然它实际上是无。根据这种方式,缺失和否定的规定都可以被称为存在者,也即说,肯定面对着的否定:失盲(无视力)状态"存在"(esse/sein)于眼睛里;而根据第一种方式,只有在现实中被称为某种什么(被称为现实的某种东西)的东西才叫存在者,因此,失盲状态以及类似属

---

① 《存在者与本质》拉德对照本:Aquinas, Thomas. , *De ente et essentia*, *Das Seiende und das Wesen*, übersetzt von Franz Leo Beeretz, Leipzig: Reclam, 1979, S. 5.

性不是存在者。①

如果存在者的确只有以这两种方式被陈述,那么,相对于以第一种方式被陈述的存在者来说,以第二种方式被陈述的存在者可能在现实中"什么"也不是。比如人们说"苏格拉底没有头发",如果这个陈述是真的,那么,它标明的就是苏格拉底的一种缺失状态(没有头发)。在这个陈述里,苏格拉底这个存在者是作为一种缺失状态出现的。但是,苏格拉底显然不能仅仅作为"没有头发"这种缺失状态出现,因为"没有头发"这种缺失状态本身在现实中恰恰是一种否定性,表明一种缺席或不在场。只有在与现实中出场的东西相联系,缺失状态才能呈现出它的意义。所以,托马斯说:

> 本质这个词所标明的东西显然不是从按第二种方式被陈述的存在者那里取得的(因为按这种方式,某种没有本质的东西也被称为存在者,这在缺失状态那种情况下是显而易见的),本质必定是从按第一种方式被陈述的存在者那里取得。因此,……以第一种方式被陈述的存在者就是表示一事物之本质的东西。而且正如前面所说,由于以第一种方式被陈述的存在者是在十范畴当中被划分,因此本质必定表示一切本性(Naturen)的某种共同的东西,而不同存在者正是根据本性被归在不同的属和种下。②

以第二种方式被陈述的东西虽然也能被称为"存在者",但是,本质不可能与这种存在者有关,因为缺失的东西一定不会是本质的东西。这也就是说,一切被给予的东西都可以视为"ens"(das Seiende)存在者,但是,并非所有被给予的东西都具有本质。本质必定只存在于按第一种方式被陈述的存在者,也就是说,必定只存在于被十范畴所划分与陈述的东西中。因为在亚里士多德(与托马斯)看来,任何被给予的事物都必须进入种、属概念的关系中,才能被置于广阔的逻辑演算空间与分类系统,并在其中显示其可被确切把握的本质与各种属性,而范畴是使事物能被归到不同的种、属之下的基础;如果没有根据范畴进行的划分和规定,就不可能给出"标准物"或第一定义物,从而不可能进行种和属的区分与分类。简单说,没有范畴就不可能给出种、属概念,因而不能进行分类活动。但是,被给予物是如何进入种、属概念的呢?通过范畴。

亚里士多德在存在论-逻辑学上的一个伟大突破就在于他揭示了质、量、本体

---

① 上引《存在者与本质》第 5-6 页。
② 上引《存在者与本质》第 7 页。

（关系）等范畴是一切事物进入逻辑演算空间显现其本性的前提。① 被范畴所陈述与划分，也就是被范畴意识所构造。一事物之所以是这一事物而不是别的事物，并不是在与别的事物的比较中给出来的，而是首先在范畴意识中构造出来的。因为只有首先在范畴意识里把被给予物构造为具有质、量、关系规定的事物，并且把具有如此这般质量关系规定的事物确认为这一事物本身，才能将此物与别物进行比较。也就是说，被给予物必须首先被范畴意识构造为以"A 是 A"形式存在的自身同一物，才有与他物的区别问题。否则，任何比较都没有意义，甚至是不可能的。如果被给予物不能被规定、确认为它自身，那么它就无法进入与他物的区别和关联。因为如果对于眼前事物是不是它自己都不能确定，那么又如何确定此物与他物的区别和关联的确就是此物与他物的区别和关联，而不是彼物与他物的区别和关联呢？这意味着，任何事物必须首先与自己处于自身同一性的最初关联中，它才能进入与他物的逻辑关联空间。或者说，事物的一切逻辑关联显现都必须以它的自身同一性显现为前提。一物的自身同一性显现也就是此物在范畴意识中被呈现、构造为一"标准物"。当一物以"A 是 A"的形式呈现出来时，此物即被构造为一标准物。这一标准物也就是此物之"第一定义物"。这个第一定义物是此物之一切"属加种差"意义上的定义的前提。因为只有当被给予物在范畴意识中的呈现被当作这一事物本身，即此物之标准物或第一定义物，被给予物才能被归入种、属概念而进入与他物的关联定义。

就被给予物在范畴意识中的呈现同时能够被意识（规定）为它的标准物即第一定义物而言，被范畴所陈述出来的东西就是被给予物的本质，因为被给予物正是由于它在范畴中被呈现为这样的标准物，它才被视为它自身，即才被视为这一事物；而就被给予物在范畴意识中的呈现总是也必定是质、量、本体（关系）这些方面的规定而言，被范畴所陈述出来的东西也必定是所有本性（物）的某种共同东西，就如人的本质必定是人的一种普遍的本性（人性）一样。而不同存在者正是根据这种由范畴呈现出来的本质-本性被归在不同的种、属之下。这也就是我们上面所引的那段论述的核心意思。

因此，与存在者不同，一切能被定义显现出来的东西都能被看作存在者，但是，并非一定是本质的东西。本质存在于定义中，但并不是存在于所有的定义中。如果我们把第一定义视为原级定义，而把以第一定义为前提的那种"属加种差"意义上的定义看作次级定义，那么，本质首先不是存在于次级定义中，而是存在于原级定义即同一性显现中。虽然人们不能笼统说，可以从由定义显现出来的存在者那

---

① 参见作者《亚里士多德的本体学说及其真理观》，载北京大学《哲学门》2000 年第一卷第二册。

里获得本质,却可以说,必能从原级定义给出来的存在者那里取得本质。不过,不管是原级定义,还是次级定义,都是通过陈明"此物是什么(Was ist das Ding)?"来完成的。而且由于次级定义总是以原级定义为前提,因此,在次级定义(以肯定宾词)所陈明的"什么"中,也总是或近或远地与本质相关。这意味着,追问本质总与追问"什么"相关。所以,关于本质,托马斯进一步解释说:

> 由于事物据以被归入它的属和种的那种东西就是通过"此物是什么"陈述出来的定义来标明的东西,所以,"本质"这个词便被哲学家们转换为"什么性"(quidditas,Washeit)一词。而这种"什么性"也就是哲学家(亚里士多德)经常称之为"它是什么?"的是(esse,Sein)。"是/存在"就是使某物有"是什么"(Was-Sein)的东西。正如阿维森纳在其《形而上学》第二卷所说,就每一事物之确切规定性是由形式得到显明而言,本质也被称为形式。本质还被称为本性。而本性……波埃修在其《论两种本性》中曾给出这样的说明:因此,一切能够用理性以某种方式被理解和把握的东西就叫本性,也即说,除非通过事物的定义和它的本质,没有事物是可认识的。哲学家(亚里士多德)在《形而上学》第五卷里也说:任何本体(Substanz)都是一种本性。以这种方式理解本性,那么本性这个词就是表示事物的本质:只要这个词涉及的是事物自己的固有作用,因为没有事物缺少自己的固有作用。什么性(quidditas,Washeit)这个词所表示的东西就是从由定义所标明的东西那里获取的,而本质就是这种(由定义所标明的)东西——只要存在者是通过它并且是在它那里获得存在/是(Sein)。①

这里,托马斯要表达的基本意思是,本质就是什么性,而什么性也就是可由理性通过定义加以把握的本性。但是,正如前面所说,本性也就是事物能被归到种、属之下的根据,因此,事物必定首先被其本性所陈述才成为这一事物本身,因而本性也即是亚里士多德所说的本体。因为本体之所以为本体,也就在于一事物必须首先由本体陈述出来才成为这一事物。其中,我们要特别加以强调的是:正如前面的分析,本质也就是标准物,因而是事物被归类的根据,也即说是事物据以被归入它的种或属的根据。作为这种标准物,本质是通过陈明"某物是什么"的定义来显明的。对于"某物是什么"的问题,首先要陈明的是"某物属于它的标准物",因而也即首先要陈明"某物是它自身"。因此,作为标准物,本质总是作为某种"什么"出

---

① 上引《存在者与本质》第 7-9 页。

现。作为"什么"出现,也就是作为"什么"存在着。

这里,我们迫切要加以追问的是:怎么理解这个"什么"?本质作为"什么"存在着意味什么?

本质之所以总是作为"什么"出现,是因为它是通过定义(首先是原级定义)给出来的,也即通过陈明"这(此物)是什么?"这种显现活动给出来的。而从根本上说,定义这种显现活动也就是把被给予物当作仅仅范畴意识里显现的那样,也即当作可被思想-意识完全把握的一个"客体"(objectum, Objekt)。原级的定义活动首先完成的就是把被给予物显明为一客体。把……显明为客体在根本上就是把……从其"主位"中掠夺出来而置入"宾位"。被置入宾位,也就是被置于陈述主位者的位置上。而宾位者首先陈述的是也必定是它自己。因此,凡能被宾位者所陈述的主位者实际上也是宾位者。它首先是以"A 是 A"的形式被给出来。这意味着,凡能被宾位者所陈述的主位者,也即能以"A 是 A"形式被给出来的主位者实际上已被从其自在的主位中抽离出来,而不再真正在其自在的绝对主位上。守护于自在的主位上的主位者永远也不能被仅仅当作它在我们的意识中显现的那样子;它永远要比它显现给我们的那样"多"和"深",因为它处在一个永远不可能被完全开显出来的整体当中。我们的范畴意识前进多远,自在者在其中的整体就会退多远,它永远构成我们的意识地平线的"那一边",是我们的意识永远无法照亮与穿越的。因此,自在的主位者不能等同于任何宾位者,或者说,不能被把握为宾位者,即便这个宾位者是"A 是 A"中的 A。这种不进入同一性显现,因而不进入宾位的主位者,我们把它称为"绝对主位者"——它没有相对的宾位,它永远守在自己的位置上,因而我们也称它为自在者。

因此,说本质作为"什么"存在或出现,这在根本上隐含着对本质的两个基本规定:(1)本质是可进入同一性显现的宾位者,因而,(2)本质是一可被我们人类的思想-意识完全把握的客体。简单说,本质不是一自在者,它没有绝对的主位,因而它是一可在宾位上被思想-意识所把握的客体。"本质是由范畴陈述出来的"这一观念就隐含着对本质的这两个基本规定。而这个观念是亚里士多德与托马斯·阿奎那共同主张与维护的。

作为"什么"出现,就是以"什么"为存在身份或存在状态,这种存在状态被托马斯(亚里士多德)称为"什么性"(Washeit)。而这种"什么性"又进一步被他们理解为"这是什么/这作为什么存在"的"是/存在"(einai, esse, Sein)。因为他们认为,"是(存在)"就是使某物具有"是什么(作为什么存在)"(esse quid, Was-Sein)的东西。这意味着,"是(存在)"是也仅仅是"这是什么/这作为什么存在"(Was ist das?)中的"是/存在"。正因为"是/存在"仅仅被视为"这是什么/作为什么存在"中的"是/存在","是(存在)"才被看作是使……成为什么/作为什么存在的东西。而也正因为"是/存在"被看作使……成为什么/作为什么存在的东西,"本质"也才被看作与"存在/是"同等的东西。因为,作为"什么"存在,本质使一物成其为一物,也就是使一物成为什么。

这里,我们要进一步问的是:如何理解 Sein("是/存在")就是"Was ist das?"(这是什么/这作为什么存在?)中的那个 ist(是/存在)? 它非得与 Was("什么")相联系吗? 或者说,它非得与宾位者相联系吗?

实际上,在"Was ist das?(这是什么/这作为什么存在?)"里的这个"ist(是/存在)"有两层必须严加区分的意思:一层是,它表示,有相遇者"这"存在着(Das ist),仅此而已。它除了表示在主位上的自在者存在着以外,不表示任何更多东西。在这个意义上,ist 是 Sein 在 Da——具体时机即当下的时间与机缘中的开显、现身。Sein 在时机 Da 的现身即为 Das ist。对于 Sein 的这种现身,我们无以名状——不能以任何概念来规定、把握它,因为所有概念都是对宾位者的把握,而 Sein 永远守在主位上。不过,对于 Sein 的现身,我们勉强可以命名它。命名并不是规定,它与把握无关。命名仅仅表示相遇的惊奇,表示对他者出现的回应。从一方面可以说,万物之名乃是表示 Sein 在不同时机的现身,所以,万物之名均可由"这"Das 来替代;从另一方面也可以说,众名之名是表示万物在不同时机从 Sein 开显出来,所以,万物各有其名。

从命名之名向属名之名的过渡,[①]才开始了对显现者的规定与把握。这种过渡是人类意识的一种隐秘活动,它轻易就能躲过反思的努力而被遮盖在漫长的岁月里。如果说命名之名是对与他者相遇的回应、惊奇,那么,属名之名则是对他者的规定:把他者在相遇中的显现就当作这个他者本身。也就是说,在命名之名向属名之名的转换过程中,我们的意识世界完成了对他者的身份转换:他者就是它在相遇中显现的那样,他者在相遇中的显现就是他者自身。因此,这种转换也就是对他者的同一性显现。于是,他者不再是自在的主位者,而是被置入关联中的宾位者。同一性显现中的他者就是与自己处于关联中的宾位者。所以,给出属名也就是给出原级定义,也可以说,给出原级定义就是给出属名,或者说,就是转命名之名为属名之名。

就他者首先来相遇才有可能进一步进入同一性显现而言,命名是定义之前提,命名之名是属名之名的前提。一物必须首先在/是(Das ist),它才可能进一步是什

---

① 参见作者《亚里士多德的本体学说及其真理观》一文里有关命名与属名的严格区分,载北京大学《哲学门》2000 年第一卷第二册。

么/作为什么存在(Was ist das?)。所以,Sein 的第一层意思是他的另一层意思的前提。因为在"Was ist das?"中的 ist 的另一层意思就是表示"这个东西"是作为某种什么存在。简明地说,就是表示这个东西是一个宾位者,一个以"客体"身份出现的事物。当且仅当把相遇的他者从其自在的主位上"抢夺"出来而带入同一性显现,也即把他者在相遇中的显现就当作它自身,ist 才与宾位者相联系。只是从语法学角度看,ist 在这种情况下发挥着"系词"功能。但是,从哲学(存在论)角度看,即使在这种情形下,ist 表达的核心意思仍然是"存在",只不过,这里表达的不是自在的主位者的"存在",而是在宾位上的客体的"存在",也即以客体身份出现的"存在"。如果把"Was ist das?"这一西语句子转换成相应的汉语句子,那么这一层意思就会清楚地显明出来。在汉语中,这一西语句式可以表达为:"这个东西作为什么存在着?"或者"这个东西存在着,但作为什么存在呢?"这里,"存在着(ist)"的是个"什么",是个"客体",虽然还没确定它究竟是个具体的什么,是个什么样的客体。

所以,在哲学层面上说,不管是在什么情况下,ist 的本源而核心的意义都是表示"存在",或者更确切地说,都是表示存在 Sein 在时机中的到来、显现。因此,ist 并不一定非得与"什么"即宾位上的客体有关,甚至它首先与"什么"无关;当且仅当相遇者被带入同一性显现当中,ist 才与"什么"相关而发挥着系词功能。而在非西语系统的一些语言里,表示"存在"的词在与"什么"相关时也可以没有明显的系词功能。如,在汉语里的情形。这使汉语语境里的思想较容易避免把"存在"与"什么/客体"相混淆,不至于把"存在"当作"什么/客体"来理解和追问。相反,在西语系统,在"Was ist das?"这样的句式里,首先直接突现的恰恰是 ist 的系词功能,以至好象 ist 首先要表达的就是作为"什么/客体"存在的东西,因而 ist 总是与"什么/客体"相关:只要有东西是/在(ist),它就一定是个"什么/客体"。ist 的系词功能就是把主词(Subjekt)联系于宾词(Objekt)。在这种系词功能中实际上隐含着这样一个逻辑学功能:把主位上的事物强行带入宾位,使事物不得不作为客体/什么存在而进入与其他客体的逻辑关联空间。ist 的系词功能及其所隐含的逻辑学功能首先是在同一性显现中完成的。"A ist A"这一同一性原理就是 ist 这种双重功能的最初表达。

在 Was ist das 这种西语句式里,由于 ist 的系词功能的凸现,这种语句自然而坚固地掩盖着 ist 的第一层意义,以至 ist 好像只表达在宾位上的事物的存在。换言之,由于西语句式对 ist 的本源而核心的意义的遮蔽,导致把一切存在着的事物都视为必定是宾位上的事物,也即必定是可以追问它"是什么?"的宾词物(客体)。于是,只要存在着,就必定是作为什么存在着,就必定是一个"什么"。这就使西语语境中的思想很容易毫无觉察地混淆"存在"(Sein)与"什么"(即可作为什么的存在者 Seiende）。不过，这种混淆倒有利于西语语境中的思想在一种非本源的存在论基础上建构发达的逻辑学。亚里士多德的逻辑学就是建立在那种把"存在"当作"什么"来追问与理解的非本源存在论之上。澄清这种混淆并不是摧毁逻辑学基础，而恰恰是要照亮它的根基；所谓非本源存在论也并非一种"错误的"存在论，而只是意味着它不是一种彻底的存在论。

因此，在没有觉悟到"存在"与"什么"（作为什么而存在）的区别情境下，如果说 Sein 就是"Was ist das?"中的那个 ist，那么，这也就意味着，一切分有存在 Sein 而存在着（ist）的事物都只能被视为宾位上的"什么"。正因为如此，Sein 才被托马斯和亚里士多德视为"什么性"（Washeit），也即使一切成为"是什么"（Was-Sein）的东西。作为什么性（Washeit），Sein 使万物都成为"是什么"。而作为"是什么"的每一事物首先就是它自己。也就是说，是作为什么性的 Sein 首先使每个事物是该事物本身。所以，在前面的引文里，托马斯认为，事物是从作为什么性的 Sein 那里获得本质。因为不正是本质使一事物是该事物吗？这样，从本质 Wesen 到什么性 Washeit（是什么/作为什么存在）再到存在 Sein，也就成了同一个层面上的问题。不过，本质 Wesen 与存在 Sein 仍是有别的，这在涉及单一本体与复合本体的本质问题时将进一步讨论。

二、本质与复合本体

作为"什么性"，本质是由定义陈述出来的。定义的这种陈述并不是对一般属性的陈述，而是对一物之所以为该物的陈述。而根据亚里士多德，任何存在物要作为它自己出现或存在，都必须首先由本体述说出来。也就是说，任何存在者只有首先被本体所陈述，它才能作为它自己存在，并且也才进一步被属性所陈述。因此，即使本质不就是本体，也一定存在于本体当中。

但是，关于本体，有的是单一的（simplicis, einfach），有的是复合的（composita, zusammengesetzt）。虽然在这两种本体中都存在着本质，但是，就单一本体是更优越的存在——因为它们是复合事物的原因，至少上帝所是的那种最初的单一本体是复合事物的原因——而言，本质以更真实和更优先的方式存在于单一本体中。但是，由于那种单一本体之本质对我们来说是更隐秘的，所以，人们必须从复合本体的本质开始，以便使方法程序从易到难而适当可行。①

如果说本体是一物成为该物的原因,那么这首先是说,存在于本体中的本质是使一物是该物的原因。因为正是事物之本质才能使一物作为该物被标明出来。那么,本质与本体究竟是一种什么关系呢?

就两种本体而言,在托马斯看来,本质更接近单一本体,它以更真实的方式存在于单一本体。而上帝作为最高的单一本体,本质最接近上帝,并因而是事物的最高原因。这意味着,上帝这一单一本体的本质,或者说,在上帝这一最高本体中的本质,是最真实地作为"什么性"(Washeit)存在着,也即作为可定义的东西存在着。但是,这是否意味着上帝的本质也是可定义的,因而是可由理性完全理解和把握的呢?如果是这样,那么,这也就是说,上帝可以被置于宾位上。如果说亚里士多德使自在物失去主位,那么托马斯很可能因循着亚里多德的道路而使上帝离开主位。而如果的确如此,那么,托马斯的神学道路恰恰不是在接近上帝,而是在远离上帝。不过,这些问题仍然有待讨论本质与复合本体的关系之后进一步澄清,因为在托马斯看来,单一本体的本质比复合本体的本质更隐秘。只有澄清了后者才能认识前者。因此,本节将首先讨论复合本体的本质,或者说,复合本体与本质的关系。

那么,何谓复合本体?"显然,在复合本体里存在形式与质料,就如在人(这种本体)身上存在灵魂与肉体一样。但是,人们不能说,这二者中单纯的一个就是本质。事物的质料显然不会是本质,因为事物只是根据其本质才不仅被认识,而且才被归入种和属。但是,质料并不是认识的根据,某物被归入种和属也不是根据质料,而是根据使某物成为现实存在的那种东西。同样,单纯的形式也不能被称为复合本体的本质,虽然有些人试图持这种主张。"②

复合本体之为复合本体,就在于它包含着形式与质料,是由两部分复合而成的。但是,在托马斯看来,形式和质料并不能单独构成复合本体的本质。③ 说质料不能构成复合本体之本质,这好理解。因为本质就是使一物作为该物存在、出现的东西,因而本质既是使事物能被认识(为该物)的根据,也是使事物能被归入种和属的根据。但是,单凭质料,人们既不能认识事物,也不能将事物归入种和属。因此,

---

① 上引《存在者与本质》第 9 页。
② 上引《存在者与本质》第 11 页。
③ 这是托马斯·阿奎那不同于柏拉图和亚里士多德的地方,他们认为形式就是使一物成为该物的本质。

质料不能单独构成复合本体的本质。

但是,为什么形式也不能单独构成复合本体之本质呢?正如前面的讨论表明,本质是由定义标明出来的东西,而对复合本体如物理本体的定义显然既包含着形式也包含着质料。因为在托马斯看来,只有数学定义是只关涉形式的定义,而如果对物理本体的定义不涉及质料,那么我们就无法区别数学定义与物理学定义。

说物理本体的定义涉及质料,这应是在基督教信仰背景下对希腊哲学在这个问题上的传统见解的重大修正。但是,数学定义真的不涉及质料吗?数学定义的自明性必须求助于直观,因此,同样要涉及质料:获得量的规定的普遍质料或叫一般质料。所以,托马斯对物理(自然)学定义与数学定义的这种区分是值得怀疑的。实际上,一切定义都不能不涉及质料,没有纯形式的定义,包括同一性原则都涉及质料。

既然物体本体的定义包含着形式与质料,那么,质料或形式也不是作为附加物被引入本质里,或者被当作外在于物体本体的本质之外的东西引入本质里。本质本身就包含着质料与形式。但是,如何理解这种本质呢?托马斯接着分析说:"人们也不能说,本质是存在于质料与形式之间的一种关系,或者附加到它们身上的某种补充物。因为这样理解的本质必定只是事物的一种属性和某种外在特征,而且事物也不可能根据加入本质中的那种本质得到认识。"①

也就是说,复合本体的本质既不是单纯的质料或形式,也不是质料与形式的某种关系或附加到它们上面的附加物。因为如果本质是形式与质料的某种关系或者是附加到它们上面的补充物,那么,这样的本质反而是在后的,而不是使一物成为它自己的那种在先的东西。因而这样理解的本质实际上只是事物的某种属性或外在特征。

因此,托马斯认为:"只剩下一种情况,即复合本体的本质这个词就指由质料和形式组合的东西。"②复合本体的本质也是复合的。在这个问题上,托马斯只是沿袭了阿维森纳和阿维罗依的观点。前者曾说:复合本体的"什么性"(Washeit)就是形式与质料的组合。《形而上学》的注释者阿维罗依也认为,复合本体的存在(Sein)不是形式也不是质料,而是复合体。

---

① 上引《存在者与本质》第 11-13 页。
② 上引《存在者与本质》第 13 页。

但是,如果说复合本体的本质是复合的,那么,如何理解这种本质的普遍性呢?因为本质是由定义表达出来的,而定义必须是普遍的。但是,由于复合本体的本质是由质料与形式组合的,因而它的定义必定涉及质料。而质料是一切作为复合本体出现的个体存在者个体化(Individuation)的原因。一切个体存在者都是包含着质料与形式的复合本体。但是形式是普遍的,因此,除了质料,没有任何东西是个体化的原因。也就是说,是质料使一个个体事物区别于另一个个体事物,比如,是质料(骨骼、肌肉等)使苏格拉底这个人区别于柏拉图那个人。这意味着特殊性来自于质料。但是,如果说质料是个体化与特殊性的原因,那么,如何保证包含着形式与质料于自身的复合本体之本质是普遍的呢?本质是由定义给出来的,因此,这个问题也就转化为"定义如何是普遍的?"既然作为个体化原因的质料是特殊的,那么这似乎也就意味着包含着质料与形式于自身的本质也是一种特殊的东西,而不是普遍的,因而陈述本质的定义也不会是普遍的。而如果定义不是普遍的,它也就没有意义。

因此,托马斯要对质料做出区分,即把质料区分为"被标明的质料"(materia signata, die bezeichnete Materie)与"未被标明的质料"(materia non signata, die nicht bezeichnete Materie)。而所谓被标明的质料也就是在某种维度或量度下得到思考的质料。① 什么叫在某种维度或量度下得到思考呢? 简单说,就是在某种特殊角度下得到思考。因为这种特殊角度,使在此角度下得到思考的质料成为突现出来的特殊质料,从而成为个体化的原因。而未被标明的质料则是无差别的质料,而无差别的质料也就无所谓特殊性问题,因此,它不是个体化的原因。这也就是说,定义给出来的本质所包含的质料首先是未被标明的质料;只有涉及被个体化为个别事物的定义时,才会涉及、援引被标明的质料。比如说,"人"的定义并不涉及、援引被标明的质料,或者更确切说,"人"的定义虽然涉及"人"这个复合本体的质料,但并不标明它的质料。因为在"人"的定义中所包含的质料并不是这个个体的肉体或那个个体的肉体,而是略去、删除或掩盖了一切个体肉体差异的肉体。因此,在"人"这个定义中,涉及的是一种未被标明的、无差别的质料,从而保证了这个定义的普遍性。

这里,就复合物的定义涉及的质料被看作是未被标明的、因而是无差别的质料而言,托马斯解决了复合物定义的普遍性问题。而我们要附带地特别指出的是,托马斯在解决定义的普遍性问题时以不自觉的方式暗示了这样一个存在论事实:定

---

① 上引《存在者与本质》第 15 页。

义活动同时是也一定是删除、掩盖事物的活动。但是,托马斯也许会认为,对个体物的定义除外。因为在他看来,对个体物的定义要援引被标明的特殊质料,因而显明了个体的差别。但是,这是有问题的。

在托马斯看来,质料是个体物个体化的原因,因而,对个体的定义必定要援引通过标明而被凸现出来的特殊质料。正是个体定义要援引被标明的特殊质料,个体定义才与种或属的定义区别开来。"人的定义与苏格拉底(这个个体)的定义的不同就在于前者涉及不被标明的质料,而后者则要借助于被标明出来的质料。所以,显而易见,人的本质与苏格拉底的本质如果不根据被标明和不被标明(的质料),就不可能得到区分。"①也就是说,"人是理性动物"这个种类定义与"苏格拉底是理性动物"这个个体定义的区别就在于后者标明了特殊质料,而前者抹去了个体质料的一切差异。

但是,实际上并非如此。因为在个体定义中,个体(这里就是"苏格拉底")已不是特殊的个体,而也已是普遍的事物。因为一切定义都必须以存在论判断和原级定义为前提,从存在论判断经原级定义再到个体定义、种类定义,一切差异早已被抹平或删除。为了把这个问题的讨论引向深入,我们这里以眼前的个体物"水杯"为例来分析。

我们首先完成的是这个杯子的存在论判断:

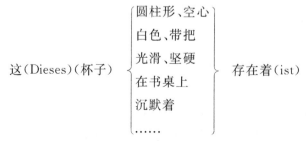

在这里,"这存在着"(Dieses ist)仅仅表示有个东西摆在这里,它如此(圆柱形、空心、白色、光滑)这般(……)地存在着。更准确说,"这存在着"仅仅表明,有东西如它显现的那样存在着,但又不仅仅如它显现的那样:它不只是圆柱形、空心、白色、带把、光滑、坚硬、在书桌上、沉默着等这些表象所能完全呈现、描述的。"这个东西"不仅仅在显现里,它还在不显现里,因而它不仅在意识的表象里,还在自己的位置上。这也就是说,它不被任何宾词或表象所陈述。

所以,"这存在着"表明的是一个存在论判断:有自在存在者来相遇。在这个

---

① 上引《存在者与本质》第17页。

存在论判断中，人们面对的不仅是显现的东西，而且面临不显现的东西，一个令人惊奇与敬畏的存在者，也即一个在整体中存在着的存在者。因此，实际上，它不是什么，它什么也不是。

但是，当人们进一步说：

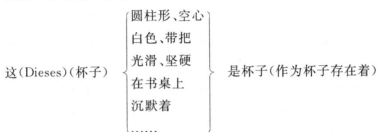

那么，人们就进入了知识论—逻辑学判断。"这是杯子"或"这作为杯子存在着"与"这存在着"的最根本区别在于：前者把显现出来的那些现象（意识中的表象）就当作这个存在者的全部而漏掉、掩盖了不显现的整体，以致人们通过逻辑学而心安理得地沉溺于单一的显现世界，而忘却了其他可能性。

在"这是杯子"的判断里，实际上已有了这样的统一活动，即把"圆柱形、空心、白色、带把、光滑、坚硬、沉默着"等这些显现于意识中的现象统一为"一个东西"，并且把统一了那么多现象于自身的"这个东西"当作"杯子"的标准物，从而把它规定为"杯子"。于是，"杯子"（或者被叫为 Tasse 或 cup 或其他叫法）这个本来只是表示有自在者来相遇的命名语词成了用来单纯指称（规定）统一了那么多现象于自身的那个标准物的概念。"这是杯子"等于说"杯子就是这样的（圆柱形、空心、白色、光滑、坚硬等现象的统一体）"。作为命名语词的"杯子"并不仅仅表示"这样的"，它还表示"这样的"以外的东西，那就是"这样的"从其中来又存在于其中的那个整体。或者说，作为命名语词的"杯子"不仅表示显现出来的东西，而且通过显现出来的东西来暗示不显现的东西。所以，命名不是指称或规定，而是相遇者打开的对话。任何定义都是对这种对话的中断。

所以，在"这是杯子"这个看似非常简单直接的判断里，已包含着中断、统一、删除和抽离这些遮蔽活动。通过把"这"统一、归结为所显现的"那样"而把"这"所在的那个不显现的整体遮盖掉，从而把"这"从它所在的那个隐蔽的整体中抽离出来，也即把"这"从它自己的位置上抽离出来。这样，"这"就成了在意识里被显现和统一为单个东西的个体存在者。而当"这"这样被统一为一个确定的个体存在者时，它也就被当作一个"标准物"或叫"自身同一物"："这（在相遇的命名活动中被叫作'杯子'）"就是"这（样的）"，"这（样的）"就是"这（杯子）"。对"这（杯子）存在着"的

"这（杯子）"的抽离与统一的第一结果就是"这是**这**"或"杯子是**杯子**"。① "这是杯子"这个简单判断以"这是**这**（杯子是**杯子**）"这个同一性判断（它曾被我们称为原级定义）为前提而内在地包含着同一性判断。因此，在"这是杯子"这个判断中，"这"不仅是个体者，同时又是一个普遍者，因为它首先是一个普遍的标准物即自身同一物。

就苏格拉底作为一个个体而言，托马斯所举的例子"苏格拉底是理性动物"这个涉及"个体"的判断实际上可以改写为"这是理性动物"。就像我们前面所分析的，在这种判断里，"这"或"苏格拉底"实际上已被统一为一个标准的自身同一物，因而是一个普遍的个体存在者。所以，即使在这种个体判断里，苏格拉底的一切特殊性（比如高矮、胖瘦等等）也都被略去、删除。也就是说，即使在有关个体存在者的定义中，个体存在者的质料特殊性恰恰也是被略去了，而不是被标明了。因此，不管是对作为个体的复合本体的定义，还是对作为种或属的复合本体的定义，涉及的都是无差别的质料，换言之，质料的特殊性都被隐去或删除。在个体定义中，同样并不标明其质料。

实际上，只有在两种情况下，对个体的规定才会涉及个体的质料特殊性。一种是在与其他个体的关系中规定个体。比如，要把苏格拉底与柏拉图、亚里士多德、孔丘区分开来，就必须援引苏格拉底的质料——高矮、胖瘦、黑白等等骨骼与肌肉方面的特殊性。但是，一个体与同种里的其他个体的区别不应是本质的区别，因为正是有共同的本质，它们才被归在同一个"种"之下。把同种下的不同个体区别开来的只是一些在比较中才显明出的特征或属性，而不是本质。也就是说，是在比较中对个体的规定才涉及标明个体的质料。

另一种涉及个体质料的情况是要区分个体定义与种的定义。比如，作为个体的苏格拉底的定义（本质）"苏格拉底是理性动物"与作为种的人的定义（本质）"人是理性动物"之间的区分就在于，在"人是理性动物"这个种的定义中，不标明任何个体的质料，也即说一切个体质料的差异性都被隐去。它虽然涉及一切个体，但是一切个体的质料却是作为被删去了一切差异性的无差别的质料被涉及；而在"苏格拉底是理性动物"这个个体定义中，在托马斯看来，则标明了苏格拉底这个个体的特殊质料。也即说，个体定义涉及个体的特殊质料。但是，只是在与种的定义相

---

① 在"这是这"这个同一性命题中，从存在论角度看，主位上的"这"与宾位上的"这"是不同的。宾位上的"这"只是在意识中显现的"这样子"，也仅仅是意识中显现的"这样子"。而主位上的"这"本来并不仅仅是显现出来的"这样子"，它还有更多可能性；只是在意识以概念方式开显自己而掩盖、删除"这"的其他可能性时，"这"才直接被等同于"这样的"。同样，在"杯子是杯子"这个命题中，两个"杯子"本是不同的：主位上的"杯子"是一命名语词，而宾位上的"杯子"则是一概念。

区别、相对应的情况下，我们才能说，个体定义涉及个体的特殊质料；就个体定义本身来说，正如我们前面的讨论所表明的，个体质料同样是作为一般质料被涉及。指出这一点是至关重要的，因为，一切"一般（普遍）的东西"都是宾位上的东西，也只能是宾位上的东西。如果说本质只能是由定义给出来的东西，那么，这也就意味着，一切本质，不管是个体物的本质还是种属物的本质，都是宾位上的东西，因而都是一种"客体"。

同样，在托马斯看来，"属（Gattung）的本质与种（Art）的本质也是根据被标明（的质料）与不被标明（的质料）得到区分的"。我们将非常有趣地看到，托马斯由此将属、种与个体之本质的关系问题引向了整体与部分的关系问题，借以进一步讨论复合本体的本质问题。因为只要是复合本体就有种、属与个体的关系问题。

所以，托马斯接着说："相对于种的个体是通过受某种量度规定的质料而得到标明的；而相对于属的种则是通过构成性的差（它来自于物的形式）而得到标明。但是，在相对于属的种这种情况下，（对种的）规定或标明并不是通过存在于种的本质中却绝不存在于属的本质中的某种东西来进行的。相反，那总存在于种里，也存在于属里的东西并不是要被规定（为种的）东西。因为如果动物不是人所是的整体，而是人的一部分，那么，它就不能用来述说人，因为没有部分能述说它的整体的。"①如果要把个体从其所属的种中标明（区分）出来，比如，要把作为理性动物的苏格拉底这个个体从作为理性动物的"人"这个种中标明出来，那么，就必须通过标明苏格拉底的质料才能完成。而如果要把种从其所属的属中标明出来，则要通过"构成性的差（区别）"来完成。所谓"构成性的差"也就是构成种之间的差。种的本质是通过使自己与同属（类）中的其他"种"区别开来的差得到标明的（定义）。

不过，托马斯这里要强调的是，把"种"从属中标明（规定）出来的那种东西（本质），既存在于种中，也存在于属中，而不可能只存在于种中而不存在于属中。否则，属就只是种的部分，而不是种的整体。而如果属只是种的部分，比如说，如果"动物"只是"人"的一个部分，那么，"动物"就不能用来述说作为种的"人"，因而不再是"人"的"属"。因为部分从来就不能用来述说整体，或者说，整体不可能由部分说出来。同样，把个体从种中标明出来的东西也并非只存在于个体中而不存在于种中。否则，"种"就成了个体的部分而不再是可用来述说个体的种。

那么，要进一步问的是，在什么情况下，属（概念）或种（概念）是一整体，而在什么情况下它们成了部分？这里我们还是引用托马斯给出的例子来讨论。首先以"物（肉）体"（corpus/ Körper）这个概念为例。作为本体（Substanz）的一种类，如果

---

① 上引《存在者与本质》，第 17 页。

"物体"仅仅被看作是只具有使三维性得到表示的形式的东西,或者说,使三维性得到表示的形式被看作"物体"的"完满"(Vollendung),从而被当作"物体"的全部,那么,"物体"就只是"动物"的一个部分,即质料部分(在这种情况下,"物体"即是汉语的"肉体"),而不是动物的属。因为三维性被当作"物体"的"完满性"也就意味着其他一切形式的完满性都被排除在外,因此,再附加上其他东西,那么它就不再是"物体"。显而易见,相对于这样理解的"物体",灵魂只能是在物体这个词所表示的东西之外却又附着于物(肉)体之上的东西,由此才与物体一起构成了"动物"。也就是说,灵魂与物(肉)体就如部分与部分组合成整体那样组合成动物。

更进一层地说,"动物与人的关系也是如此。因为如果把其他完满性排除掉,而只把动物理解为仅有这样一种完满性的事物,即它因自己身上的原因(力量)而能感性地感知与运动,那么,其他完满性(不管是什么完满性)与动物就处在一种部分与部分的关系中,而不是内在地被包含在动物概念之中的完满性。这样理解的动物就不是属。但是,如果动物被理解为这样一种事物,即它的形式能产生出感官知觉与运动,而不管这是一种什么形式,是只具有五种官能的灵魂,还是既具有五种官能又具有理性的灵魂,那么,动物(这个概念)就是属"①。

作为一个属概念,"动物"具有各种"完满性",不仅具有"能感性地感知与自动"这种完满性,而且还具有"能理性地感知"等其他完满性。如果把其中的某种完满性,比如"因自己身上的能力而能感性地感知与运动"这种完满性,当作"动物"的完满性,因而把其他完满性从"动物"中排除掉,那么,其他完满性与"动物"就处在部分与部分的关系,而不是被包含在"动物"这个概念中。在这种情形下,"动物"就不再是一个"属"的概念,因为在这种情况下,"人"不能作为它的一个种而归在它之下。

因此,如果一个概念是一个属的概念,那么,它必定是一个表示"整体"的概念,或者说,它内在地包含着各种足以构成各个种类物的完满性,而绝不仅仅具有一种完满性。相对于个体,一个种的概念亦复如此,它必定也是表示一个整体。实际上,属、种、差都表示一个整体,只不过是以不同方式罢了。

> 属以不确定的方式表示存在于种中的整体,因为属并不只是标明(表示)质料。差也表示整体,它也不只是表示形式;定义也表示整体,种也是,但是,是以不同方式:属像名称那样表示(标明)整体,而名称就是规定一物中质料所是的东西,而不规定固有的形式。所以,属是从质料取得(名称而表示整体)

---

① 上引《存在者与本质》,第 21 页。

的,虽然它不是质料。……而差则是从某种形式那里取得名称,而不管就其最初意义而言是某种质料的东西。……而定义或种则包括二者,即包括由属这个词所表示的某种质料和由差这个词所表示的某种形式。①

如何理解"属"取名于质料又不只是表示质料,"差"则取名于形式,而"种"则取名于形式与质料?实际上,这是一个遮蔽、隐去与标明、表示的关系问题。一个概念之所以是一个属,它一定隐去、抹掉了各"种"具体事物所固有的"形式",而只关涉到它们的质料在越出它们所属的诸种之外的更广泛的关联中所是的东西。比如说,"动物"作为一个属概念来看,它也就是具有"自己能感知与运动"这种形式的存在物。也就是说,一个存在物之所以能被归在"动物"这个属下,是因为这一存在物具有"自己能感知与运动"这种形式。但是,"自己能感知与运动"之所以能被当作一种"形式"而得"动物"这一宾名,从而使各"种"不同的、但都具有"自己能感知与运动"这种本性的存在物可以统一归在一个共同的概念下,正是因为这一"形式"隐去、遮盖了那些各种不同存在物的不同形式而作为无差别的整体质料存在于这些不同的存在物身上。我们甚至可以这样说,相对于"种",属之所以为属,恰恰是因为以无差别方式存在于诸种里的质料在诸"种"之外的关联中成了形式而得名。所以,它取名于质料又不只是标明质料,它同时标明了种外的形式。在"动物"这一属里,"能自己感知与运动"这一本性之所以不再是诸种里的无差别质料,而成了与植物区别开来的另一类存在物,就在于"能自己感知与运动"这一本性在与植物这一类存在物的比较关联中成了标明另一类存在物的形式。在这个意义上,"动物"不仅仅标明了质料。

我们或许可以说,属以种外的形式标明了无差别地存在于种里的整体质料。而这也就是说,属也以不确定的方式标明了存在于种里的整体。所谓以不确定形式标明了种中的整体,是说属内在地包含着各种形式的种,因而它所标明的整体质料展现为在各种形式的种的质料,而不仅仅展现为某一确定的种的质料。属所以为属,就在于它的形式不仅使它具有一种存在于各个"种"里的完善性(这种完善性以无差别的质料整体存在于各个种里),而且使它具有其他分别存在于所属的各个"种"的形式里的完善性。也就是说,属展现为具有各自形式的各个种的完善性,为各个种的形式所完善。简单说,属所标明的整体质料以被遮蔽的方式具体化在各种可能形式的种中。在这个意义上,属以不确定的方式标明了存在于种中的整体。

如果说"属"是从质料得名,那么,"差"和"种"则是从形式得名。差是同一属下

---

① 上引《存在者与本质》,第23页。

各个"种"之间相互区分的形式。也就是说,使不同的"种"区分开来的是种的形式。属下的诸种拥有从属的角度看是无差别的共同质料,因此,种的不同不能来自质料,而是形式。形式的不同才使那种无差别的质料展现在不同的种里。差就是将同一属下的某个种与其他种区分开来的形式。比如说,"人是有理性的动物",这里,"有理性的"就是把人与牛、羊这些归在"动物"这个属下的其他种类动物区别开来的"形式"。人因有这个形式而被称(定义)为人,并与其他种类动物区别开来。

"差"不仅使种之间区分开来,而且使种与属区分开来。如果说属是以不确定的形式标明了以无差别方式存在于诸种中的质料,从而以不确定的方式标明了存在于诸种中的质料整体,那么,"差"则以确定的形式(如"有理性的")标明了无差别的质料,使无差别质料在确定的形式下显出差别而成为某一具体种类的质料。"差"在使无差别质料在某种形式下成为有差别的质料时,也就标明了一个种的整体。

而定义或种则包含着属所标明的质料与由差所标明的形式。举例来说,"人"这个"种"包含着"动物"这个"属"所标明的质料("自己能感知与运动")与"有理性"这个"差"所标明的形式即"理性"。在"人"这个种里,"自己能感知与运动"这种无差别质料展现为"理性"这种形式下的质料,因而人是理性动物,而不是由理性与动物两部分组成的。理性与"自己能感知与运动"不是作为两个部分而叠加成人这种类存在物,而是"自己能感知与运动"这种质料在"理性"形式下得到标明、表示而给出了人这种类存在物。也就是说,种不是由质料与形式组合而成的第三种存在物,而是让某种质料在某种形式下得到标明、显现的类存在物。因而种表示一个复合整体,它既表示形式,也表示某种形式中的质料。

托马斯要说的是,属、种、差都表示整体,因而可以陈述一切作为复合本体出现的个体。因为一切作为复合本体出现的个体都是一个整体,而不是部分。而这在另一方面也就是说,如果本质是作为部分被表示和理解,那么,属、种、差不适合于表示本质。但是,托马斯不是说,本质就是由定义表示出不的东西吗?而定义不就是属加种差吗?——至少次级定义可以这么看。这里的问题在于本质被表示、标明的方式。

在托马斯看来,复合本体的本质有两种表示方式。一种是作为部分被表示,一种是作为整体被表示。比如,"人"这个词与"人性"这个词都表示人的本质,但是,是以不同方式来表示:"人"这个词把人的本质作为整体来表示,因为它并不排除对质料的表示(标明),而是以不确定的方式内在地包含着对质料的表示。"所以,'人'这个词可以陈述个体。但是,'人性'这个词则把人的本质表示为部分,因为'人性'这个词的意义只包含属人(就其是人而言)的东西,而排除了任何(对质料的)标明(表示)。所以,'人性'一词并不用来陈述个体。"① 在这里,"人性"只表示人之为人的东西,而不表示之外的任何内容。也就是说,"人性"排除了对"人"这个"种"所标明的质料的任何表示,而只表示这个种的本性部分。当人的本质这样被表示的时候,也就是人的本质被作为部分来表示。而在这种情况下,本质不被属、种概念所表示。因此,对于复合本体来说,其本质只有作为整体才能被种、属概念所标明,因而才能在属加种差的次级定义中被给出来。

三、本质与单一本体

以上讨论了复合本体的本质问题。如果说复合本体是包含着形式与质料于自身的本体,那么,单一(einfach)本体则是一种只作为形式而存在的本体。那么,如何理解这种单一本体的本质?这里首先要问的是,有哪类东西能被归为单一的本体?

第一因也即上帝是纯形式,因而是纯粹的单一性(Einfachheit),这是没有问题的。但是,灵魂与精神体是否是单一性本体?在思想史上,有人认为它们不是单一本体,因为它们也是由形式与质料组合而成的。不过,托马斯·阿奎那赞同大多数哲学家的观念,认为灵魂与精神体也是单一本体。阿奎那认为,对此的最好证明就是,这些本体身上存在着超感性的认识能力。正是通过这种超感性的认识能力,一切复合本体的形式才得到认识。但是,只有当形式被从质料及其性质中分离出来而被接受到能进行超感性认识活动的本体里,形式才是现实可认识的。"因此,任何能进行超感性认识活动的本体在根本上一定是摆脱质料的。它既没有作为它自己之部分的质料,也不会是一个被烙在质料上的形式"。② 这意味着,灵魂、精神体这类具有超感性认识能力的本体不可能包含质料,而只能是没有质料的形式本体,因而它们是单一的,而不是复合的。

这里的论证实际上隐含着这样一个预设:一切在感性中被给予的质料都妨碍认识。如果停留在质料上,或者说,束缚于质料上,那么一切都是不可认识的。人的灵魂或精神之所以能够使被联结于质料的形式成为可认识的,正因为灵魂或精神能够把形式从质料中解放出来。认识是一种解放事业。而能进行"解放"活动的本体一定是、也只能是"自由的"、摆脱质料束缚的本体。

不过,在阿奎那看来,灵魂、精神体(如天使)这类本体虽然是纯形式的,而不是

---

① 上引《存在者与本质》,第31页。
② 上引《存在者与本质》,第43页。

形式与质料的组合,但是,它们"却存在着形式与存在(forme et esse/Form und Sein)的组合"①,只不过这种组合并不改变这类本体的单一(纯)性。因为它们的本质或"什么性"永远是形式本身,而与任何其他东西无关。那么,我们如何来理解灵魂、精神体这类本体是形式与存在的组合呢? 在阿奎那视野里,这里实际上存在着一个形式等级世界。

虽然一切单一本体都是没有质料的形式,但是,除了第一因外,其他单一本体并没有充分、完满的单一性(die völlige Einfachheit)。所谓有充分、完满的单一性,也就是说,这一本体的"什么性"即本质就是它的存在本身,而它的存在就是它的本质。这样的本体只能是作为第一因出现的本体。因为就这一本体的本质(形式)就是它的存在而言,它的存在必定就是一种自为持存的存在。因此,就它本身而言,它不接受任何差别物的附加,否则,它就不是自为持存(独立)的存在,而是成了存在与存在之外的形式的组合。所以,作为"其本质(形式)就是其存在,其存在就是其本质"的本体,它必定是具有绝对单一性的本体,因而也必定就是作为第一因的本体。一切其他事物只是通过附加上差或质料而分有、"复制"这一具有绝对单一性的本体,才成为它们自己。也就是说,万物都是来自绝对的单一性本体,它们通过附加差而分有第一因,把第一因复制到自己身上。这就如属下的种是通过附加差(形式)而复制属,或者说,通过附加差,属被复制到它下面的诸种里。② 上帝(第一因)以隐身的方式存在于万物里,就如属以无差别的、不被标明的质料存在于种里一样。

除第一因外,其他一切单一本体都不具有充分的单一性。离第一因越近,单一本体的单一性就越充分,相反,离第一因越远,其单一性就越不充分。所谓没有充分、完满的单一性,也就是说,其他单一本体虽然也是纯形式的存在,但是,它们不像第一因那样是纯粹的现实性,而是仍有非现实的存在——它们仍有可能性有待展开、实现。因此,它们与潜能(potentia/Potentialität)相关联,或者说,它们携带着潜能。这种潜能不属于本体的本质,而是在本质之外,但又属于本体的整体存在。由于这种潜能在本质之外,因此,并不因为它不是现实的而影响、改变本质;同时由于这种潜能属于本体的整体存在,因此,它的非现实性使本体不具备纯粹的现实性。本体不具有充分的单一性,就在于它们的形式总是与潜能的存在相联系。因而,这类本体虽然就其形式而言是现实的,但是就其整体存在而言,又不像第一

---

① 上引《存在者与本质》,第45页。
② 而个体又是通过附加质料而复制它所属的种。"人"这个"种"就像是一幅"人样"白描,附加上颜色、表情、形体线条以及其他细节,就会成为一个分有、复制那个"人样"白描的个体。

因那样是纯粹现实的。

所以,对于灵魂、精神体之类本体来说,所谓形式与存在的组合,并不是指要在形式基础上加上某种东西才使这类本体现实地存在,而仅仅是说,这类本体由于其形式与潜能性存在的组合而不具有纯粹的现实性,或者说,还有待于获得更完满、充分的现实性。对于这类单一本体来说,其形式并不依赖于其存在,相反,其存在倒是依赖于其形式。所以,这类本体虽然是形式与存在的组合,但是,就其本质来说,却不是复合本体,而是单一本体。这种单一本体是形式与存在的组合仅仅表明这种单一本体并不是充分、完满的现实性存在。只有那类其形式与质料相互依赖而不可分离地构成本质的本体才是复合本体。也就是说,只有这样的本体才是复合本体,它的形式离第一因如此之远,以致它的这种形式不能独立于质料而存在,而只能与质料相互依存而构成本体之本质。

这样,我们也就可以发现,复合本体的本质与单一本体的本质的根本区别就在于:"复合本体的本质不只是形式,而是包括形式与质料,而单一本体的本质只是形式。"[①]这一根本区别具体展现为两个区别:第一个区别是,复合本体的本质可能作为整体被表示(标明)出来,也可能作为部分被表示出来——这取决于对质料的表示[②];而单一本体的本质就是它的形式,因此它只能作为整体被表示。因为在单一本体这里,除了形式,不存在任何能承担起形式的东西。第二个区别是,由于复合本体包含着能被表示(标明)的质料,它的本质可以根据对质料的划分而被复制或多样化(multiplicantur /vervielfältigt)。因此,复合本体的本质按种(类)而言是同一的,而按数而言则是不同的。但是,由于单一本体不包含质料,因此,不可能像在复合本体那里那样可以对单一本体的本质进行复制。所以,在单一本体那里,不存在同一种类的许多个体,而是像存在许多不同个体那样,存在许多种(单一本体)。[③]

对于第二个区别,我们可以通过分析一个例子来理解。比如,"人"这个复合物包含着"理性"这个形式与由"能自己感知与行动"(动物)来标明的质料。作为这种复合物,它的本质(定义)只有一种即"理性动物",而没有其他。但是,由"能自己感知与行动"所标明的质料在"人"这里却是具体化为各个不同个体而被诸个体所划分,从而把"理性动物"这个本质复制到诸个体当中。因此,就数量上说,"人"的本质是多——它存在于所有的个体当中,每个个体都担当着"理性动物"这一本质。

---

① 上引《存在者与本质》,第 47 页。

② 参见前面第二小节最后的讨论。当复合本体的质料以不确定方式被表示时,它的本质就作为整体被表示,而当排除了对它的质料的表示时,它的本质就作为部分被表示。

③ 参见上引《存在者与本质》,第 47 页。

也就是说,有许多"理性动物"。所以,复合本体的本质根据对质料的划分、分割而被复制在不同事物上,形成不同种类或不同个体的事物。或者反过来说,不同事物因复制了同一种本质而属同一种类的事物,但是,这些事物又是通过划分或分割质料来复制本质的,它们将因这种划分而成为不同的、有差别的事物。相反,在单一本体那里,由于它是形式的存在,它的形式就是它的本质,因此,它的本质不可能通过分割质料而被复制与多样化。这意味着,不可能存在许多同一种类的单一本体,而只可能存在不同种类的单一本体——它们只因形式不同而相互区分开来,而与对质料的分割无关。也就是说,"在这类本体那里,不存在同一种类中的个体的多样性"[①]。单一本体之间的不同必定是种类(本质)间的区别,而不会仅仅是同一种类中个体间的差异。

单一本体与复合本体在本质方面虽然有如此之不同,但是,如果较之作为第一因或第一者的单一本体来说,它们又是共同属于另一类东西,是另类存在。因为除了作为第一者这种单一本体是一自为持存的存在(ein für sich bestehendes Sein)外,其他一切本体都不是自为持存的,而是通过"附加"上"差"被给出来的。所谓"自为持存的存在"也就是只为自己持存的存在,或者说,只以自己为目的存在,因而是一种绝对单一的独立存在。这意味着,这种单一本体本身不接受任何差别物的附加,否则,它就不是独立而绝对单一的存在,而成了存在与存在之外的形式的组合。相反,其他一切本体,不管是单一本体还是复合本体,都是通过附加上差或质料才给出来的。灵魂、精神体这类单一本体就是通过附加上形式之外的"存在"给出来的,而"人"这个复合本体则是通过在"能自己感知与行动"所标明的质料上附加上"理性"这个差而给出来的。

相应地,由于第一者是自为的存在,因而它的形式就是它的存在,它的存在就是它的形式;或者说,它的本质就是它的存在,它的存在就是它的本质。但是,由于其他本体的存在不同于第一者的存在,它们的本质或什么性也是另外一种东西。因而,也就是说,它们的存在与形式不会是同一个东西。这意味着,它们首先都是形式与存在的组合,其次是形式与质料的组合。这取决于它们离第一者的"远近程度"。虽然如此,在这里,却是形式高于质料,本质优于存在。因为,比如,就第一因以外的单一本体来说,它的形式也就是它的本质或什么性,而它的形式并不依赖于它的存在,相反,它的存在却要依赖它的形式。而且它的形式使它具有现实性,而它的存在恰恰并不都是现实的。而本质优越于存在则体现在,即使我们不知道某物是否现实地存在,我们也能知道某物是什么,即能知道它的本质。阿奎那说:

[①] 上引《存在者与本质》,第59页。

"任何本质或什么性都能被思考,即使人们对它的存在一无所知。"① 任何本质都能被思考、把握,这是托马斯·阿奎那的一个坚定信念。

四、上帝的本质与存在

以上讨论实际上已暗示了本质的三种存在方式。相对于本体被分为复合本体、单一本体与作为第一因的单一本体,本质也以三种不同方式存在。或者也可以说,三种本体以三种不同的方式拥有本质。

不过,较之其他两类本体,作为第一因的单一本体以最为独特的方式拥有其本质:上帝的本质(essentia/Wesen)就是它的存在(esse/Sein)本身,它的存在就是它的本质。"而由此可知,上帝不落在一个属(Gattung)下。因为一切落在属下的东西除了其存在之外必定还拥有什么性(quidditas/Washeit)。属或种的什么性或本性(Natur)就其本性性质言在所属的事物中并不是特殊的,而存在在不同事物中却是不同的。"②

在上帝这里,本质是以直接等同于存在这种方式为上帝所拥有。上帝没有本质以外的存在,也没有存在以外的本质。也就是说,上帝没有作为"什么性(quidditas/Washeit)"或"是什么"的本质。因为上帝的本质直接是它的 esse/Sein/存在,而不是 quidditas/Washeit/"是什么"。这意味着,以这种方式拥有本质的上帝不落在一属下,不归于任何属。因为任何落在某一属下的东西,也就意味着它除了它的存在之外必定拥有作为"什么性"的本质;或者也可以说,它拥有本质之外的存在。属或种的"什么性"(本质)一定被可归在它之下的一切事物所共同拥有,但是,这些事物的存在却是各不相同的。因此,凡是落在某一属下的事物,它的本质与存在是不同的,它的存在"多"于它的本质。

关于上帝不落入任何属下的思想,托马斯·阿奎那在《反异教大全》里有类似的论证:"归在一个属下的东西**就其存在来说**,与归在同一个属下的其他一切事物总是有别的;另一方面,同一个属并不陈述更多(属外)的事物。于是,一切归在同一个属下的事物在属的什么性上必定是一致的,因为属就事物的本质性(Wesenheit)方面陈述一切(属内)事物。因此,落在一属下的每个事物的存在都处

---

① 上引《存在者与本质》,第49页。
② 上引《存在者与本质》,第57页。

在属的本质性之外。而这在上帝那里是不可能的。所以,上帝不落在一个属下。"①

一方面,在同一个属下的事物的存在是相互有别的,牛羊鸟虫虽同属"动物",它们的"存在"却各不相同,它们是作为不同"种类"的事物存在着。但是,另一方面,所有同一属下的事物都可由属来陈述,属也只陈述属下的事物,而不陈述属外的更多事物。这是说,属的什么性(即本质)为属下的一切事物所共有,属下的事物也就是拥有属的什么性的事物。在拥有属的什么性这一点上,属下的所有事物都是一致的。这意味着,属的什么性并不能把属下的事物区分开来。所以,使属下事物作为这一种事物存在而不是作为另一种事物存在的东西是在属的什么性(本质)之外:是属的什么性之外的"种差"使属下事物的存在区别开来。因此,凡是落在属下的事物,其存在与什么性必定不是一个东西:必定在它存在之外拥有什么性,或者在它的什么性之外拥有存在。这里的"什么性"既可以是"属"的本质性(比如作为动物的本质性即是"能自己感知与行动"),也可以是"种"的本质性(比如作为"人"的本质性即是种差"理性")。但是,不管谈的是哪种"什么性",落在属下的任何事物,其"什么性"都与其存在不同——它的存在总要"多"于它的什么性。

因此,同样,如果上帝落在一个属下,那么,也就意味着上帝有作为"什么性"(quiditas/Washeit/是什么)的本质,也即可由定义给出来的本质,因而也就是说,上帝的存在与它的什么性即本质是不一致的。而这是不可能的。因为上帝的本质即是它的存在。因此,上帝不落在属下。

说上帝的本质即是它的存在,那么实际上也就是说,上帝只是存在/esse/Sein,而不是任何的"什么",它没有作为"什么"的本质。但是,这个"存在"并不是一个普遍性的概念。所以,托马斯进一步说:

> 当我们说上帝只是存在时,并不允许陷入这样的错误,即认为上帝是一种普遍的存在(universale esse/das allgemeine Sein),而一切事物就其形式来说都是因这种普遍存在而存在。因为上帝所是的存在具有这样的性质:不能给他构成任何附加,因此,他恰是通过其纯粹性(puritas/Reinheit)而区别于那普遍的存在。②

上帝的存在之所以不是一个普遍概念,正如前面曾说过,是因为上帝的存在是

---

① 托马斯·阿奎那:《反异教大全》第1卷第25章。黑体字为引者所加。实际上,如果把《神学大全》《反异教大全》与《存在者与本质》略加对照,人们就可以发现,两个"大全"里的基本论点与论证的基本特征已在《存在者与本质》里被奠定了下来。

② 上引《存在者与本质》,第57页。

绝对独立而自为持存的存在，因此，它无需任何附加，也不允许任何附加。但是，任何普遍概念都能够附加、允许附加，并且必需附加。因为任何普遍概念本身虽然并不包含附加，但是它也不排除附加；而且更为重要的是，如果普遍概念排除了附加，那么，人们甚至无法合乎逻辑地思考这种普遍概念。因此，任何普遍概念都一定能够且必须接受附加。

上帝的存在不接受任何附加，因而不是普遍概念。这意味着，上帝的存在是一种特殊的存在。托马斯在《反异教大全》里继续论证说："第二种把人们引向迷误的情形是理性的软弱。由于普遍的东西是经由附加而被特殊化/spezifiziert（从而归入一种类）和个体化/individuiert（从而成为一个体），所以，他们认为，上帝的存在（这种存在不可能有任何附加）不是一种特殊的存在，而是为一切事物所共同（拥有）的存在。在这里，他们没有考虑到，凡是共同和普遍的东西如果没有附加就不可能实际存在（existieren），而只能被思考。比如说，如果没有'理性'或'无理性'这样的差，动物就不可能实际存在，虽然能够被思考。虽然普遍的东西没有附加也能被思考，但是并非没有接受附加的能力。因为如果没有差附加到'动物'上，'动物'就不是属，这点对于其他名称也一样。而上帝虽然没有附加，却不仅存在于思想中，而且也存在于物的本性里；的确，不仅没有附加，而且不能接受附加。正是从上帝的存在既不接受一个附加，也不能接受附加这一点而更严格地推出：上帝不是普遍的存在，而是特殊的存在/das besondere Sein。上帝的存在也正由此而区别于所有其他事物，因为没有任何东西能附加给上帝。"[①]

由于人类理性的软弱与不完善，人们在认识上帝的存在问题上会陷入各种迷误。其中一个迷误就是以为上帝的存在不是一种特殊的存在，而是普遍的存在。而他们之所以会这样认为，是因为一切特殊的东西与个体的东西都是从普遍的东西经由附加而特殊化与个体化出来的。但是，上帝是不可能有任何附加的，因此，他们认为，上帝这种不可能有任何附加的存在只能是被一切事物所共同具有的普遍存在。但是，持这种观点的人没有想到，任何一种普遍的东西如果没有附加上差就不可能存在于任何事物当中，因而不可能是时空中的实际存在。"动物"之所以是现实的实际存在，就因为它存在于"人"以及"牛""羊""鸟""虫"这些具体的种类物当中，而这些种类物之所以是实际的存在，则是因为它们存在于各自种类的个体物当中。也就是说，作为一个普遍概念，"动物"是通过附加上诸如"理性"或"无理性"以及其他的差而被落实、复制到特殊乃至个体的事物当中，从而成为具体的实际存在，而不仅仅是"思想"中或想象中的存在。设想，如果对"动物"这个概念不能

---

① 托马斯·阿奎那：《反异教大全》第1卷第26章。

进行任何附加，那么，这不仅意味着它因不能被落实、复制到特殊的事物上而不可能是时空中的实际存在，而且表明这个概念不再是一个属的概念。因为一个概念之所以是一个属的概念，就在于它能够被附加成种的概念。因此，一个不能被附加的概念既不可能是现实的实际存在，也不可能是一个属的概念。这样的概念实际上已不再是具有逻辑功能的概念，而只是臆想或虚构的想象物，就如"飞马""不死鸟"之类的虚构物。如果"动物"不能被附加成诸如牛羊鸟虫人，那么，"动物"就会成为如"飞马"之类的虚构物。严格说来，这类不能被附加的概念只能被想象，而不能被合乎逻辑地思考。

因此，如果认为上帝的存在是一个不可附加的普遍概念，那么这无异于断言上帝不是现实的实际存在，而只是一种虚构物。但是，上帝不仅存在于思想中，而且现实地存在于万物的本性里。

既然上帝既存在于思想中又存在于事物的本性里，却又不是普遍的存在，那么，只有一种可能，那就是：上帝是一种特殊的存在。这也就是说，从"上帝的本质就是其存在"可以逻辑地得知，上帝的存在没有任何附加，也不能够有任何附加，因此，上帝既是一种特殊的存在，也是一种绝对纯粹的存在。

虽然上帝是不允许有任何附加的存在，因而是绝对纯粹的存在；但是，这并不意味着上帝的存在是空洞的、没有完满性的存在。相反，上帝的存在不缺乏任何完满性与优越性，而是拥有一切"属"所具有的完满性。"因此，它被称为绝对的完满者（perfectum / das Vollendete）。"①当然，上帝不可能以被造物的方式拥有各种完善性，而是以优越于万物的方式拥有这些完善性。"因为这些完善性在上帝身上是'一'（unum/eines），而在其他事物那里却各不相同。这是因为所有那些完善性都是按上帝的单一性存在而归属上帝。"②反过来说，上帝是以自身的自足的单一性把一切完满统一于自身。在《神学大全》里，托马斯进一步说：

上帝是**安于自身之中**的存在本身（das **in sich selbst ruhende** Sein selbst）。所以，他必定把存在的一切完满性统一于自身。因为显而易见，如果一个温暖的事物并没有在自身里把温暖的整个完满性实现出来，那么，这意味着这个温暖的事物还没有把温暖的本质充分或完满地接受到自身里。但是，如果温暖是安宁于自身中的存在（而不是某一主体或主词的属性），那么，它就不缺乏温暖的任何可能的完满度。所以，由于上帝是安宁于自身之中的存在本身，因

---

① 上引《存在者与本质》，第57页。
② 上引《存在者与本质》，第59页。

此,他不会缺乏存在的可能的完满性。事物的完满性不是别的,就是存在(esse/Sein)的完满性。事物就其分有(teilhaben)存在的度而言是完满的。因此,上帝不缺乏任何事物的完满性。①

上帝不是别的存在,而是安于自身的存在本身。而这一"存在"之所以安于自身之中,就在于这一存在是绝对完满的,它把存在的一切完满性统一于自身。也就是说,它把一切完满性作为"一个整全"来拥有,没有任何完满性在这个整全之外;而一切事物的存在都因为分有这一整全的完满性存在而获得各自非整全的完满性。因此,不同事物具有不同的完满性,其完满性的度取决于该事物分有那个拥有整全完满性的"存在"的度:它越接近这个"存在",因而更高地分有这个"存在",它也就越完满。

从另一个角度看,这是说,上帝的存在不被用来陈述任何事物,也不能被用来陈述任何事物,它是个绝对"主词(主体)",永远守在主位上。因此,它不会是任何事物的属性,也就是说,上帝的存在不会只是事物的某种完满性。上帝的存在只作为绝对"主词"表明,这一存在包含着存在的一切完满性。否则,它就能够是一个可以被用来陈述事物之完满性或属性的"宾词"。而一切事物之所以都可被作为宾词使用,则表明它们都不具有整全的完满性;或者说,其他事物的非整全的完满性使它们不具备绝对的主位。

因此,我们既可以说,上帝是以"一"的方式拥有完满性,而其他事物则是以"多"的方式拥有完满性,也可以说,上帝是在主位上拥有完满性,而事物则是在宾位上拥有其完满性。上帝拥有完满性的方式实际上也是他拥有其本质的方式。不过,最简单而又最根本地说,上帝是以"其本质即是其存在"的方式拥有本质。这使得上帝的存在与本质不落在属、种之下,因而合理的推论是:上帝的存在与本质不可通过属、种、差来通达。因而也就是说,上帝的本质不是作为可定义的"什么"存在,上帝没有作为这种"什么"的本质。这意味着上帝的存在与本质不是逻辑所能达到的。虽然上帝可能是用逻辑的区分程序来创造世界,但他自己却在逻辑之外。

这也许是这里最值得人们记住的一个结论。但是,对于如何理解上帝的存在问题来说,这个结论意味着什么呢?托马斯·阿奎那对这个结论及其意味自觉到什么程度呢?带着这个问题也许会有助于探究托马斯·阿奎那这只吼叫半生的"哑牛"为什么最后却无声"失语"。

实际上,如果说逻辑学是我们把握世俗真理的可靠途径,因而是我们生活于其

---

① 托马斯·阿奎那:《神学大全》第1集第4题第2条。

中的这个世界的存在-呈现方式,那么,这个构成了这个世界之存在论的逻辑学本身恰恰表明,它所能达到的那个最后的东西却必定来自一个不落在任何属下的东西,因而必定是在逻辑学之外的东西,这就是"存在"本身。如果逻辑所达到的最后东西是"个体"或"这",那么,这个"这"必定只能是"这是**这**"中那个宾位上的"**这**",而不可能是主位上的那个"这"。宾位上的"**这**"实际上应被表述为"当下这样的"或"当下如此这般的",它不仅是由范畴构造出来的,而且也仅仅是范畴构造出来的那样。也就是说,它是个"什么"。所以,宾位上的这个"**这**"既是当下的个体存在,又是概念性的一般存在,因而能被逻辑学所把握。而主位上的"这"则不仅仅是范畴构造出来的那个样子,它还有在范畴之外的存在;被我们的范畴意识所构造-呈现出来的"当下如此这般"只不过是从它的存在中照亮出来、抢夺出来的一个"碎片",所以,它本身不落在任何概念之下。"这是**这**"真正说的是:主位上的"这"有一个逻辑上可通达的因而是可靠的存在形态,即由范畴意识构造-呈现出来的"当下如此这般";而并不表明主位上的"这"与宾位上的"这"是直接等同的。"当下的如此这般"来自于主位上的"这",但并不是它的全部,而只是它的一个碎片。

同样,如果逻辑所达到的最后东西是最普遍的概念,因而也即是最高的属,那么,这也就意味着,它可被差所附加而落实成种直至个体。而这个最普遍的概念可被附加则表明,在这个最高的属外还有别的存在,这个存在不落在最高的属下。因此,这个存在不是逻辑所能"言说"的。

因此,逻辑的最后胜利所达到的至高点恰恰显明逻辑自身的界限。上帝的存在就在这个界限之外。实际上,也只有这样的东西的存在是在逻辑的界限之外,即这种东西的本质即是它的存在,或者说,它没有作为"什么"的那种本质。

与上帝这个最高本体不同,其他一切本体,不管是单一本体还是复合本体,它们的本质与其存在并不是同一的,因而是以不同于上帝的方式拥有各自的本质。首先由于它们拥有作为"什么性"的本质,因而它们的本质不同于其存在,因此,它们必定落在属下而能以属加种差的方式来呈现其本质与存在。①

不过,由于复合本体与质料相关,而其他单一本体与质料无关,因此,它们落入属、种、差的方式也是有别的。换言之,它们的属、种、差是以不同的方式得到理解的。托马斯自己写道:

> 人们必须知道,在(无质料)本体那里与在可感性感知的本体那里,属和差是以不同方式得到理解的。因为在可感性感知的本体那里,属是从存在于一

---

① 参见上引《存在者与本质》,第61页。

个事物里的质料那里取得的,而差则是从存在于这一事物中的形式那里取得的。……人们所谈的这种差,是一种单一的差(differentia simplex /einfacher Unterschied),因为这种差是从作为事物之什么性的那部分取得的,也即从形式那里取得的。但是,由于无质料本体是单一的什么性,在这种情况下,差不是从什么性的部分取得,而是从整体的什么性取得。所以,阿维森纳在《论灵魂》开头就说:"只有其本质是由质料与形式复合的那些种才拥有单一的差。"

同样,在无质料本体那里,属也是从整体本质那里取得的,但是,是以不同(于差)的方式从整体本质那里取得的。一个被分离出来(摆脱了质料)的本体与其他本体在无质料上是一致的,它们之间相互的差就在于完善的程度;而它们完善的度则是根据它们与潜能和纯粹现实性的距离来确定的。①

在复合本体那里,其属名是从它所包含的质料那里取得的,比如在"人"这里,它的属名"动物"是从由"能自己感知与行动"所标明的质料那里取得的;或者说,复合本体是因其所包含的质料而落入一属下。因而,复合本体的属是取自其本质的部分,而不是取自其整体本质。它的种差也一样只是取自其本质的部分,不过,不是从质料,而是从形式。② 所以,复合本体的种差被视为一种"单一的差",它只与本质的形式部分相关。相反,无质料本体的种差恰恰不是从其什么性(本质)的部分获得,而是从整体的什么性获得,所以,是一种整体的差。这意味着,这类无质料本体之间的差一定是整体性的、种类的差,而没有非种类的差。这也就是前面说过的,单一本体不存在同一种类的个体多样性,它们之间的差别一定是种类的差别,而不会只是同一种类里个体间的差别。同样,这种本体的属也是从其"整体本质"那里取得的,不过,是以不同于差的方式获得的:属是取自这类本体就其是无质料本体而言一直伴有的那种东西,比如"精神力"或"理智力"(intellectualitas/Geisthaftigkeit)诸类的东西。这类本体之所以落入一属而被标明出来,就在于它们作为无质料本体而具有"理智力"或"精神力"这类东西。但是,差则不取决于这类东西,而取决于这类本体各自的完善度。这种完善的度则由本体所具有的现实性与潜能的比例度决定。能把无质料本体区别开来的只能是本体的整体本质的不同完善度,也就是它们的形式与那绝对完善者的距离。

虽然复合本体与无质料本体的属、差、种是以不同方式被理解,但就它们都落入属、差而言,它们都是也必定是存在于属、差当中,因而能够以逻辑学的方式存在

---

① 上引《存在者与本质》,第 61-63 页。
② 关于复合本体的属、种差如何分别取自本体的质料与形式,见前面"复合本体与本质"一节的讨论。

与显现。因此，我们可以相信，它们是按逻辑的方式被创造。

五、本质与属性

我们拥有世俗真理，也就是关于复合本体的各种知识。这些知识大都可以以定义的方式被给出来，但是，它们并非都是关于本质的知识。比如，关于"人"，我们拥有这样一些知识："人是理性动物""人的理性是有限的理性""人是有喜怒哀乐情感的存在者""人是有两条腿的动物"……显然，后面三个定义式陈述都与"人"的本质（essentia/Wesen）无关，实际上，它们只是关于人的属性（accidens/Eigenschaft）的知识。

虽然本质一定是可定义的，但并非所有定义都是关乎本质的。事实上，大部分知识是关于属性的知识。那么，这里就有一个问题需要追问：本质与属性是一种什么关系？如果说本质是事物最确定、最核心的部分，那么，属性又是事物的什么呢？本质是可由定义给出来的，而属性也是由定义来展现的。那么，什么样的定义达到的是本质，而另外的定义达到的只是属性？

"由于除非在属性的定义中援引了一个承担者，不然属性就是不可定义的，所以，属性有的是一种不充分（不完满）的定义。这是因为属性没有自为而独立于承担者的存在。"[①]如果说本质是一种自为独立的存在，那么，属性则不是一种独立的存在，而是依附于承担者而存在。因此，属性虽然是由定义来达到的，但是，这个定义必须引入一个承担者或载体，否则对属性的定义就是不可能的。对属性的定义实际上也就是把属性归附到某一承担者。

这里，托马斯·阿奎那区分了两种"存在"：一种是由形式与质料的结合而产生的存在，被托马斯称为"本体的存在"（esse substantiale/ ein substantiales Sein）。本质显然是属于这种本体的存在。而另一种存在，也即当一种属性归到一个承担者（载体）时产生的存在，则被称为"非本体的存在"，这也就是"属性的存在"（esse accidentale/ ein Sein der Eigenschaft）。[②] 如果说形式与质料的结合产生的是独立持存于其存在中的存在者，那么，属性与载体的结合则不产生这样的存在者。因为属性所要归附到上面去的载体本身就已是一个自为而独立的存在者，它的独立自为的存在要先于有待于归附到其身上的一切属性。在这个意义上，本质是存在者的第一存在，而属性则是存在者的第二存在，即以存在者的自为而独立的存在为前

---

① 上引《存在者与本质》，第 67 页。
② 参见上引《存在者与本质》，第 67 页。

提的存在。

由于属性是由形式与质料组合而成的那种存在者的第二存在,因此,属性被区分为伴随在先的形式的属性与伴随在先的质料的属性。属性不是伴随着形式的属性,就是伴随着质料的属性。属性必定是与形式或质料相关的属性。所谓"伴随"形式(或质料)的属性,也就是说,这种属性总是与形式相伴随而依赖于形式,它的产生、出现首先与形式直接相关,因此,在某种程度上可以说是形式的结果。但是这并非说,这种属性一定与质料无关。这里首先要澄清形式与质料的关系类型。在复合本体这里,形式与质料的关系无非两种情形:一种是形式的存在并不依赖于质料,如能进行超感性认识的灵魂;另一种情形则是形式不能独立于质料而存在,如在各种物体本体那里的形式。相对于形式与质料的这两种关系类型,伴随形式的那些属性与质料的关系也分为两种情况,即有些属性与质料没有共性,因为这些属性所伴随的形式不依赖于质料而存在,比如能进行超感性的认识活动这种属性就与肉体质料无关而没有共性;而其他属性与质料却有共同性,比如能感性地感知这种属性就与肉体质料相关而具有共同性。

这说的是伴随形式的属性。与这种属性不同,伴随质料的属性则无一例外地与形式相关,因为质料不可能独立于形式而存在。因此,伴随质料的属性一定与形式有共同性。所以,托马斯说:"不存在与形式没有共同性却伴随着质料的属性。"①

不过,伴随质料的属性既可能是因为质料与种的形式的关系而伴随质料,也可能是因为质料与属的形式的关系而伴随质料。如果是前一种情形,那么,这种属性在排除了种的形式时也随之"消失"或被掩盖。托马斯举了动物中的雄性与雌性为例,雌、雄作为动物的一种属性是以其质料为依据的,但是,却又是在与动物的形式即"能自己感知与行动"的关系中才被标明、显现出来的。所以,当把相对于"物体"而言只是种的动物的形式排除、掩盖掉,那么,雌、雄之分的属性也就被掩盖、删除掉。解除了"动物"的形式,动物也就成为"物体",而物体是没有雌雄的。但是,如果是后一种情形,也即属性是因为质料与属的形式的关系而伴随质料,那么,这种属性在排除了种的形式之后则仍显明于质料中。比如,黑人的"黑"是由质料因素促成的,并且是在与"物体"这个属的形式的关系中被显明出来的,因此与"人"这个种的形式即"理性"或"灵魂"无关,所以,在排除了"灵魂"这个形式之后,"黑"这个属性却仍显明于他们的质料中。

关于属性,托马斯进一步总结说:"由于每一事物都是根据质料而被个体化,

---

① 上引《存在者与本质》,第71页。

而根据形式被归入一个属或一个种,所以,伴随质料的那些属性就是个体的属性。同一个种下的诸个体正是根据这些个体的属性而相互区别开来。但是,伴随形式的那些属性则或者是属的本质属性,或者是种的本质属性。所以,这些属性存在于一切分有属或种之本性的东西里。"①

当然,伴随质料的属性虽然一定是个体的属性,但并非意味着它们只存在于某个个体中。实际上,它们将根据与不同级别的形式的关系而具有相应程度的普遍性。比如上面举的例子,存在于黑人中的"黑"虽是伴随质料的属性,但是它存在于所有的黑人当中。只是同种下的个体间一定是根据伴随质料的属性而区别开来,我们才说,伴随质料的属性是个体的属性。

这里特别要指出的是,在托马斯看来,属性也有属、种、差,不管是伴随着质料的属性,还是伴随形式的属性。但是,由于属性不是质料与形式的组合,所以,在属性这里,属不能从质料取得,差不能从形式取得,即不能像在本体那里的情况那样。那么,从哪里取得呢?托马斯说,属性的最高的属是从存在方式本身那里取得,而差则是从产生属性的那些构成因素的差异性取得。不过,对属性的定义并不援引属性的差,而是属性的载体。②

这实际上是说,对属性的认识以对本体的归类为前提,也即以对本体在属、种、差里的关系的认识为前提。不过,由于属性不是个体的属性就是属或种的属性,因此,对属性的认识最终都有助于对本质的认识。

托马斯·阿奎那在《存在者与本质》里最后想说的是,一切被给予的存在者,不管是作为复合本体还是作为单一本体,都可以落在属、种之下而得到认识。但是,从任一这种知识——如果这种知识具有真理性的话——出发,通过种、属概念的逻辑演绎最后都会达到一个不可越过的界限,而这个界限恰恰表明必有一个不可落入属、种之下的存在者存在,这就是其本质就是其存在本身的存在者。

---

① 上引《存在者与本质》,第 73 页。
② 参见上引《存在者与本质》,第 75 页。

第九章　斯宾诺莎：实体说即主体，人即目的

人们通常以为近代哲学的开端是由笛卡儿确立的；人们还通常认为，近代哲学开始于一个转折，那就是从存在论哲学转向了认识论哲学。但是，这两个人们习以为常的观念都是不准确的，甚至是错误的。实际上，如果说笛卡儿确立了近代哲学的最高原则，也就是作为思维原则的主体原则，那么，斯宾诺莎则确立了近代哲学的逻辑起点，那就是作为绝对的"一"的实体。在这个意义上，我们要说，是笛卡儿与斯宾诺莎一起才构成了近代哲学的完整开端。而在这个开端处，不管是被笛卡儿视为自明的"思维"，还是被斯宾诺莎当作绝对之"一"的实体，都仍然是存在论里讨论的问题。

在近代哲学里，斯宾诺莎第一次以自觉的方式把绝对的"一"当作哲学的逻辑起点：他在追问并规定了实体这个绝对的"一"的基础上，通过确定人及万物与实体即神这个"一"的关系，进一步去规定人和万物的本质，据此最后对人类共同体，也就是政治社会的问题发表看法。可以说，他非常明确地要把实践领域的学说建立在他的第一哲学即实体学说之上。这种"道一以贯之"的努力深刻地影响了后来的德国哲学。所以，这里我们将首先讨论他独特的实体学说，并对这一实体说在实践领域引起

的变化进行分析。

一、作为实体的神与作为神的实体

与亚里士多德很不相同,斯宾诺莎是在被他称为《伦理学》的著作里讨论实体问题。虽然这部分思想通常被后世哲学史专家,包括黑格尔,称作"实体说",但是,《伦理学》讨论这一问题的第一部分的标题,被斯宾诺莎称为"神学"或"论神"。所以,斯宾诺莎的"实体说",实际上也就是他的"神学"。通过对他这部分作品的分析,我们既可以说,他是通过追问与规定"实体"去理解一神教的神-上帝,也可以说他是通过理解一神教的上帝去规定实体——后面这点是我们要特别注意的,因为这是他不同于传统实体说的地方所在。在他这里,第一哲学成了伦理学,而实体的学说,同时也是关于上帝的学说。

从亚里士多德到笛卡儿,对"实体"(Substanz, substance, substantia)有各种理解。在亚里士多德那里,实体有第一实体与第二实体之分,第一实体也就是本原实体,更基础的实体;有时个体物被称为第一实体,但有时概念物,或叫普遍物,被当作第一实体。在亚里士多德的实体说里,由于缺乏存在论区分,存在着许多根本性的矛盾。这一点我们在第八章里已有详细的讨论。而在笛卡儿这里,他在"第三沉"里曾对实体有一个非常明确的说法:"实体就是有能力通过自己去存在(existieren)的事物。"①也就是说,实体就是能独立存在的事物,这样的实体在笛卡儿那里包括思想物与广延物。

就实体是能独立存在的事物而言,这与亚里士多德关于第一实体的思想是一致的。他们还有一致的地方,就是,在他们那里,实体是多,而不是一。也就是说,在传统的实体学说里,有众多实体。

斯宾诺莎实体学说与他们的最大不同就在于他认为,实体只有一个。他以定义、公则、命题、证明、绎理这些几何步骤论证了这一观点,并进而推论出实体的属性,以及一与多的关系。

他给实体定义说:

> 实体,我理解为在自身内并通过自身而被认识的东西。换言之,形成实体的概念,可以无须借助于他物的概念。②

---

① 笛卡儿:《第一哲学沉思集》"第三个沉思",庞景仁译,北京:商务印书馆,1986年,第45页。
② 斯宾诺莎:《伦理学》第一部分定义3,贺麟译,北京:商务印书馆,1997年,第3页。

从这个定义,我们首先可以分析出实体的基本规定。

如果一个东西是一个实体,那么,它首先一定是存在于自身之内,而不存在于任何其他事物之内或之上,否则,它就不可能只通过自身被认识。这意味着,它独立于一切其他事物而存在,且必须始终保持与自身的同一,否则,它就不在自身之内,而可能在另一个事物之内。而这也就等于说,它是不变的。因此,实体必定首先有三个规定:

1. 它是独立存在的;
2. 它是自我同一的;
3. 它是不变的;

但不仅如此,按这个定义,这个实体是在自身之内通过自身被认识的,因此,它首先是通过自己而被自己认识,而不是被它自身之外的他物所认识,否则它就一定不是在自身之内被认识。这意味着,实体是一个能自我认识的思维存在物。

于是,实体也就获得了在传统实体学说中从未有过的一个根本规定,那就是:

4. 实体是能思维的;

这里更重要的还有,按定义,实体是在自己之内认识自己,而认识自己也就是给出关于自己的概念,规定自己的本质。因而,实体的定义在根本上也就是说,实体关于自身的概念,是由它自身给出来的,而不借助于任何他物。而就一物的概念表示的就是这一物的本质而言,这表明实体的本质是由实体自身给出来,而不可能由实体自身之外的他物给出来,否则,它的概念也就不可能是通过实体本身给出来的。因为,如果一个事物的本质不来自自身,而是来自另一个存在物,那么,关于这一事物的概念必定要涉及这一事物的本质所源自的另一个存在物,而不能完全通过这一事物本身给出来,否则这一概念就不是关于这一事物的概念。因此,说形成实体的概念无需借助于其他事物,这在根本上意味着,实体是自己给出自己的本质,自己绽放自己的本质,自己是自己本质的原因。实体的存在(existentia),就是涌出,就是绽放。绽放什么呢?涌出什么呢?就是绽放出自己的本质,给出自己的本质;与此同时,给出自己的本质,绽放出自己的本质,也就是它的存在。这个意义上,实体的存在与它的本质是同一的。换言之,实体的本质必定包含着它的存在。而根据斯宾诺莎对自因的定义①,这也就等于说,实体是自因的。

于是,我们从实体定义中获得了实体的另一个根本规定:

---

① 斯宾诺莎对自因定义道:"自因(causa sui),我理解为这样的东西,它的本质即包含存在,或者它的本性只能设想为存在着。"参见斯宾诺莎:《伦理学》第一部分定义 1,贺麟译,北京:商务印书馆,1997 年,第 3 页。

5. 实体是自因的。

在这五种规定中，独立存在、自我同一与不变性，可以被包括在"自因"这一规定里。因为既然实体是自因的，那么它的存在当然也必定是独立于一切其他事物，并且保持着自身同一，因为如果它发生变异而成为他物，那么，它就不再是自己存在的原因，而是他物存在的原因。一个自因的存在物，必定是一个独立自存、自我同一而不变的事物。因此，实体的五种规定可以归结为两个基本规定：实体是能思维的且实体是自因的。

简单说，在斯宾诺莎这里，实体就是一种能思维的自因存在者，或者说是一种自因的思维者。

现在要进一步追问：这种能思维的自因实体是有限的，还是无限的？是可分的还是不可分的？是一还是多？

为了回答这些问题，斯宾诺莎首先给出了有限、无限、属性、样式、神的定义，以及一些公则：

关于有限的定义即定义 2："凡是可以为同性质的另一事物所限制，就叫自类有限。"①

这是说，有限的东西一定有其他东西与它同性质，并被这同性质的他物所限制。因此，它首先是一种"类（属）存在物"，即它是属于某一"类"（属）或某一"种"的事物，同时它是类存在物中众多中的一个。我们也可以说，有限物也就是有多个同性质的事物。比如，这头牛与那头牛，这个人与那个人等等这些不同类的个体事物，都是有限物。因为它们都被同类的其他存在者所限制。

与之对应的是自类无限者，或叫本类无限者。它也是一种类存在物，但是，它并不受同类事物的限制，因为这一类只有它自己，它是单一成类的东西。比如时间或空间，作为一个种类物，时间只有它自己，不同时间点只是作为类整体的时间的一部分，在这点上它不同于"人"这一有限的类存在，因为具体的这个人或那个人并不是"人"这个类存在的部分，而是拥有"人"这一共同的类性质却又相互分别、互有界限的存在者。所以，时间这类东西是无限的。虽然如此，这种自类无限的东西却否定了其他无限多的属性。比如时间的无限、广延的无限以及数列的无限、原因系列的无限，它们都属于自类或本类的无限，但是，它们除了拥有各自的属性外，却没有（否定了）其他无限多的属性：比如，时间这一无限物就否定了广延、思维等等无限多的属性。因此，自类无限并不是真正的无限。

真正的无限是"绝对无限"。什么是绝对无限？斯宾诺莎是这样说明的：

---

① 斯宾诺莎：《伦理学》第一部分定义 2，贺麟译，北京：商务印书馆，1997 年，第 3 页。

> 绝对无限者的本性中就具备了一切足以表示本质的东西，却并不包含否定。①

这也就是说，绝对无限者是绝对肯定的东西，不否定任何肯定的东西，因为它包含着一切属性、一切类（属）的东西，而不遗漏任何属性。因此，它不仅是没有限制的，而且是绝对圆满—绝对完整的。

那么，实体是自类有限的，还是自类无限的，或者是绝对无限的？在回答这个问题前，必须先分析一下斯宾诺莎关于属性与样式的定义：

> 属性，我理解为由知性看来是构成实体的本质的东西。②
> 样式（modus），我理解为实体的分殊，亦即在他物内通过他物而被认识的东西。③

这里，属性首先是由知性或理智"看出来"的，也就是由知性规定出来的，因而一定是概念性的存在。但是，在属性定义中，更重要的是，凡是这种可由知性规定出来而作为概念物存在的属性，都构成了实体的本质；换句话说，只要是属性，它就一定构成实体的本质。这意味着，实体的本质包含了一切属性，包含了一切类（属）存在物，也即一切概念物。

在斯宾诺莎这里，如果说"属性"是一般存在物或叫普遍存在物，那么，"样式"则是特殊存在物，包括个体物。所以，样式被看作是实体的分殊。所谓分殊，也就是特殊化、具体化的变相，如动物这一类下的人或牛、马、鸡、羊，或者进一步，在"人"这一种类下的张三、李四。所有这些特殊存在物或个体存在物，都不可能在自身之内通过自身被认识，而只能在他物之间内通过他物被认识。比如"人"这一特殊存在者只有被放在更高的"属"（如"动物"）之内才能给出种加属差的定义，从而才能被认识，而张三、李四则只能放在"人"这一特殊存在物内，才能得到认识。

在这里，普遍存在物与特殊存在物的界限其实是不确定的，因为对于"动物"这一类存在来说，"人"是一个特殊存在物，但是，对于张三、李四来说，"人"则是一类存在，也即一普遍存在物。不过，个体存在物与特殊存在物之间的界限则是明确的。这里重要的是，不管是特殊存在物还是个体存在物，就它们都只能在他物之内

---

① 斯宾诺莎：《伦理学》第一部分定义 6 的说明，贺麟译，北京：商务印书馆，1997 年，第 3-4 页。
② 斯宾诺莎：《伦理学》第一部分定义 4，贺麟译，北京：商务印书馆，1997 年，第 3 页。
③ 斯宾诺莎：《伦理学》第一部分定义 5，贺麟译，北京：商务印书馆，1997 年，第 3 页。

并通过他物被认识而言,它们都被当作只是实体的样式,也就是实体的化身。这意味着,世界上的万事万物都只不过是实体的各种角色而已。

显而易见,从对属性定义的分析中,我们可以看到,一切属性都属于实体的本质,也就是说,实体包含着一切属性,因而实体是绝对圆满-绝对完整的;而从对样式定义的分析中,我们则可以看到,这个世界的一切差异性事物,都可以被看作是实体的变相,是实体的不同角色而已。

这意味着,除了实体以外,没有任何其他事物。如果说还有其他事物存在,那么只有一种可能,那就是它是另一个实体。因为如果它不是实体,那么,它或者作为属性也即类存在物而属于实体的本质,或者是作为特殊存在物或个体存在物而属于实体的样式。但是,如果它是另一个实体,那么,它一定具有完全不同于这个实体的属性。因为如果两个实体具有完全相同的属性,那么,它们就不是两个实体,而是同一个实体;而如果它们具有部分相同的属性,那么,也就意味着这两个实体的概念是相互包含的。但是,根据实体定义,"因为每个实体均各个在自身内并通过自身而被认识,因此这一个实体的概念不包含另一个实体的概念"[①]。这也就是说,如果除实体外,还有其他事物,那么这一定是具有完全不同属性的实体。

但是,如果说存在不同的实体,也就是说,实体是多,而不是一,那么也就意味着,实体不是绝对无限的,因为它只包含一些属性,并不包含一切属性,因此它不是绝对完整-绝对圆满的。

这意味着,当且仅当存在着绝对的无限者,实体才是一。换言之,只要存在着绝对无限者,那么,它就是唯一的实体。因为,作为绝对无限者,它包含了所有表示实体本质的属性,是一个具有无限多属性的实体。如果在它之外还有实体,那么也就意味着它并不包含一切属性,因而不是绝对无限者,而只是自类无限者。所以,在绝对无限者之外不可能再有实体,它本身就是唯一的实体。

那么,存在不存在这样的绝对无限者呢?斯宾诺莎首先认为,如果存在这样的绝对无限者,那么它就是神,也只能是神;而如果存在神,那么真正的神也必定是这样的绝对无限者。斯宾诺莎给神-上帝下了这样一个定义:

> 神,我理解为绝对无限的存在,亦即具有无限"多"属性的实体,其中每一属性各表示永恒无限的本质。[②]

[①] 斯宾诺莎:《伦理学》第一部分命题 2 的证明,贺麟译,北京:商务印书馆,1997 年,第 5 页。
[②] 斯宾诺莎:《伦理学》第一部分定义 6,贺麟译,北京:商务印书馆,1997 年,第 3 页。

这里,实际上是从一神论(der Monotheismus)精神出发对神做出的一种理解。从一神论的信仰精神出发,神-上帝一定是一个绝对无限者、一个绝对圆满-绝对完整者。这样的绝对者必然存在吗？在犹太教、基督教与伊斯兰教的教义信条当中,这是毫无疑问的、绝对确然的。对绝对者的这种确信,是一神教最深邃的地方。

但是,对于哲学来说,不仅要觉悟到这绝对者,而且要对它的存在的必然性做出说明与阐释。斯宾诺莎对作为绝对无限者的神的必然存在是这样证明的：

首先,作为绝对无限者,神是实体。因为既然它具有无限多的属性,那么也就没有属性在它之外,所以,神必定是在自身之内并通过自身被认识。所以它一定是实体。

其次,作为实体,神必然存在。假如作为实体的神是不存在的,那么,也就是说,神这一实体的本质不包含存在。但是,存在却必然属于实体的本性。因为实体是自因的,它存在的原因不可能在它自身之外,也就是说,它的存在属于它的本性。所以,神的本质必然包含存在。这是说,作为实体的神必然存在。[①]

既然神-上帝作为实体是必然存在的,那么,也就意味着,实体是一,或者说,神是唯一的实体。

于是,我们也就获得了实体的第三个规定,也是最基本、最独特的规定：实体是独一的神,它是单数,而不是复数。

实际上,当斯宾诺莎在给出属性与样式的定义时,也就隐含着把实体当作唯一、当作单数的证明努力,但是,上面的分析表明,只是通过神这一概念的引入,才完成了这一证明。

在这里,希腊的实体概念终于通过希伯来的神的概念,也即通过绝对完满者概念而成为唯一者,成为绝对的单数,而且提升为自因的思维者,使实体成为"神的实体"。这是西方实体学说史上的一个根本突破：实体成了真正的主体,成了唯一一个绝对的主体。当然,我们也可以反过来说,希伯来的神通过希腊的实体概念而成为哲学中的绝对者,成为绝对的一而成为"实体的神",使一神教最深邃的绝对精神以哲学的方式达到了自觉。我相信,正是在这种意义上,黑格尔说："斯宾诺莎的体系是提高到思想中的泛神论和一神论。"[②]

神与实体的合一,也就是存在与思维的同一。神作为能思维的实体,它的存在是必然的。但它的存在总是思维着的存在,而它思维着也就是它存在着。作为存

[①] 参见斯宾诺莎：《伦理学》第一部分公则7、命题7、命题11等,贺麟译,北京：商务印书馆,1997年,第4、8、9页。

[②] 参见黑格尔：《哲学史讲演录》第四卷,贺麟、王太庆译,北京：商务印书馆,1983年,第101页。

在与思维的同一,神或实体却是一切差异的本原,是一切千差万别的样式物(特殊物)与属性物(普遍物)的源头。因此,这个"绝对的一"既是哲学的起点与归宿,也是哲学的唯一对象。这是斯宾诺莎体系中最伟大、最深邃的地方。从文化史角度说,神与实体的合一,乃是希腊的思想性文化传统与希伯来的宗教性文化传统在哲学中的统一。

但是,由于人们通常没看到,或者不愿看到,斯宾诺莎实体说的一神教精神背景,所以,通常只强调他实体说中哲学的一面,而忽略了其中神学的一面,只强调他以实体去理解神,而忽略了他同时也是以神去理解实体。特别是当他有时也把实体看作"自然"时,带着先入为主偏见的人们更会把他解释为一个无神论者、一个唯物主义哲学家。但是,当他把实体或神当作自然时,他所说的自然并不是"被动的自然",不是那些千差万别的自然物,而是"能动的自然"。而所谓"能动的自然"就是作为自由因而能进行认识与自我认识的神,所有"被动的自然"则只不过是出自于神或神的属性的一切事物。①

在这里,作为"自然"的神倒恰恰是一个绝对的思维主体,同时是万物的源头,却看不到对神的否定,或者将神物质化。这里我们倒可以看到神的唯一性及其泛化——一切万物都不过是神的特殊存在、特殊显现,因此,万物都可归为神。在这个意义上,我们最多只能称其实体论为泛神论,而没有理由称之为无神论。所以,黑格尔曾说,把斯宾诺莎的实体论看作无神论的观点是很愚蠢的。②

二、一与多,或人与神的关系

在获得了实体或神的这些基本规定之后,我们要进一步讨论的是人与实体的关系,也就是人与神的关系问题。对神的基本规定,也就是对神的基本认识。这种认识是我们理解人的存在与归宿,理解人的实然生活和应然生活的基础。

既然神是唯一的实体,那么,也就意味着一切千差万别的事物都不是实体。那么,我们如何理解这些差异物呢?根据斯宾诺莎对属性与样式的定义,一切差异物可以归为两类,一类就是属性物,如广延、思维等普遍物,一类是样式物,诸如日月山川、牛羊草木,以及张三李四等等这些特殊物或个体物。由于从知性(理智)的角度看,一切属性物都构成了实体的本质,因此它们都是永恒的,且是无限的。作为

---

① 参见斯宾诺莎:《伦理学》第一部分命题29,贺麟译,北京:商务印书馆,1997年,第29-30页。在《政治论》里,斯宾诺莎更明确地表明,构成被动自然的"各种自然物借以存在,以及此后借以活动的力量,只可能是神的永恒力量,不可能是其他"(斯宾诺莎:《政治论》,冯炳昆译,北京:商务印书馆,1999年,第10页)。
② 参见黑格尔:《哲学史讲演录》第四卷,贺麟、王太庆译,北京:商务印书馆,1983年,第129页。

实体即神的本质，属性物都是直接出自神的结果，或者说，神是它们的直接原因。因此，属性物与神的关系是最密切的。甚至就一切属性物都构成了神的本质而言，一切属性物都属于神本身的存在，而不是神之外的其他存在物；我们只能说，属性物是实体或神的某个本质方面的永恒显现。就神的本质必然包含存在而言，一切属性物的存在都是必然的。

但是，样式物则不同，虽然一方面"样式不外是神的属性的分殊"①，也即说，不管是特殊物还是个体物，都是神的属性的分殊、变相，在这个意义上，它们都是出于神而存在，神是一切样式物的原因；但是，另一方面，所有样式物都是有限的，因为不管它们是作为类（属）存在物，还是作为个体存在物，都受到具有相同性质的事物的限制。比如，"人"作为类存在，显然不是无限的，因为他要受在同一属（动物）下而具有共同性质的其他动物（诸如牛羊猪狗等）的限制；而作为个体存在的张三李四，其有限性就更是一目了然的。所以，样式物只是神的属性的有限性分殊，而不是无限式分殊。这里，只是就神是其属性的原因而言，神才成为一切特殊物与个体物的原因。换言之，神是样式物的间接原因。

由于神具有诸如思维、广延等等无限多的属性，这些属性既可以单独分殊出样式物，也可以相互组合地分殊出样式物，因此，样式物在数量上显然也是无限的。但是，是否这样分殊或那样分殊，则不是必然的。这意味着，所有的样式物的存在都不是必然的。它们的本质并不必然包含存在。比如，从思维与广延的属性可以组合而分殊（变相）出"人"这一概念，但是有"人"这一概念，并不必然有"人"的存在，更不必然有张三李四这些个人的存在。这就如有"飞马"的概念，却并不必然有飞马的存在一样。

于是，样式物与神或实体的关系首先有两个基本规定：神是样式物的原因；样式物是神的属性的分殊，但一切样式物的存在都不是必然的。因此，样式物一方面是神的角色，体现着神的某方面的属性，另一方面，神并不一定以这个角色出现。

就人是无限样式物之一而言，不管是作为类存在物，还是作为个体存在物，他都是神的一个角色。也就是说，我们每个人都是体现神的永恒属性的一个角色。我们是通过神的属性而与神发生关系。因为神是通过分殊、分化、组合自己的属性而产生出样式物。从另一个角度也可以说，我们是通过对神的属性的分有、分殊，才成为我们自己。

现在我们要问的是，就我们人来说，我们分有了神的什么属性呢？按斯宾诺

---

① 斯宾诺莎：《伦理学》第一部分命题十二五绎理及命题二十八证明，贺麟译，北京：商务印书馆，1997年，第27、28页。

莎,神有无限多的属性,但就我们所知,思维与广延一定属于它的基本属性。我们每个人与一切个体物一样,都分有神的这两个基本属性。斯宾诺莎有时用"心灵"来替换"思维(思想)",把"心灵"看作是能思想(维)的东西。① 因此,在他看来,一切个别物除了具有广延外,也都具有心灵,只是程度不同而已。② 在这里,思想体现为个体物身上的心灵,而广延则体现为个体物的物体性存在。因此,与万物一样,"人是由心灵和身(物)体组成"的③。但是,人的心灵要优越于其他一切个别物的心灵。概括地说,这种优越性体现在两个方面,一方面是人的心灵的对象,也即人自己的身体,要比其他作为个体物的物体完美,一方面是人的心灵拥有更高的主动性。也就是说,人在身心方面都优越于其他一切样式物。

虽然人分有神的两个属性,即思维(心灵)与广延,但是,构成人本质的却是心灵。也就是说,人的本质不是广延这一神的属性的分殊与变相,是神的思维这一属性的分殊才构成了人的本质。"人的本质是由神的属性的某些样式所构成,也即是由思想(维)的样式所构成……由此推知,人的心灵是神的无限理智之一部分。"④ 这里,就神的思维是纯粹的理智而言,神的思维与理智是直接等同的。因此,可以简单说,人的本质在于从神的理智那里所分有的思想-心灵。

不过,虽然人的本质即思维或心灵是从神的理智那里分殊或分有出来的,但是,人的思维却并非纯粹的理智,它有各种样式,包括理智、意志、爱、欲望、激情等⑤。也就是说,人的思想或心灵包括诸如理智、意志、爱、欲望、激情这些活动样式,它们共同构成了人的本质存在。神的心灵也有意志、爱,但意志、爱与理智是一致的,这在人那里是一样的。⑥ 不一样的是,只有人的心灵有欲望与激情。如果说理智才能给出普遍概念,那么,人并不只从基于理智的普遍概念去看待、理解事物,同时也从激情与欲望去感受事物。在斯宾诺莎这里,从表示事物之共同性质的普遍概念去认识事物的方式,被称为理性。⑦ 在这个意义上,人并不只从理性去认识事物。

这里,我们要特别把意志问题提出来讨论,因为它涉及斯宾诺莎对自由与必然的看法。这一看法影响到了后来的黑格尔。

---

① 参见斯宾诺莎:《伦理学》第二部分定义 3,贺麟译,北京:商务印书馆,1997 年,第 44 页。
② 参见斯宾诺莎:《伦理学》第二部分命题 13 附释,贺麟译,北京:商务印书馆,1997 年,第 56 页。
③ 斯宾诺莎:《伦理学》第二部分命题 13 绎理,贺麟译,北京:商务印书馆,1997 年,第 56 页。
④ 斯宾诺莎:《伦理学》第二部分命题 11 的证明及绎理,贺麟译,北京:商务印书馆,1997 年,第 54 页。
⑤ 参见斯宾诺莎:《伦理学》第一部分命题 32,第 31 页,第二部分公则 3,贺麟译,北京:商务印书馆,1997 年,第 45 页。
⑥ 参见斯宾诺莎:《伦理学》第二部分命题 49 绎理,贺麟译,北京:商务印书馆,1997 年,第 89 页。
⑦ 斯宾诺莎:《伦理学》第二部分命题 40 附释 2,贺麟译,北京:商务印书馆,1997 年,第 80 页。

> 我说,意志是一种能力,一种心灵借以肯定或否定什么是真、什么是错误的能力,而不是心灵借以追求一物或避免一物的欲望。①

意志是心灵或思想的一种能力,但它不是简单地欲求这个东西或那个东西,而是包含着对所意愿的东西的真假、是非的判断。也就是说,意志总是通过肯定这个东西为真而意愿这个东西,或者否定那个东西为真而抗拒那个东西。意志总是体现为这个意愿或那个意愿。

但是,我们心灵里的意志之所以意愿这个东西或那个东西,或者说,我们的意志之所以有这个意愿或那个意愿,并不是由我们的意志本身决定的,而是由另外的原因决定的,而这另外的原因又是由其他原因所决定。所以,"在心灵中没有绝对的意志或自由的意志"②。也就是说,心灵或意志不能是自己的行为的自由因。这意味着,在人身上没有自由因,人不能成为自由因。

按斯宾诺莎前面对自由因的定义,实际上,只有实体才是自因的,而人只是样式,而不是实体,所以他当然也就不可能成为自由因。所以,人也就不存在完全由自己的意志决定自己行动这种意义上的自由。在斯宾诺莎看来,人之所以误以为自己的意志是自由的,是"因为人们意识到自己有意志和欲望,便自以为是自由的,但同时对于那些引起意志与欲望的原因,却又茫然不知,甚至未曾梦见过"③。也就是说,人们之所以自以为是自由的,是因为人们意识到了自己行动的意志,而没有认识到这一引发行动的意志本身是另有原因的。换言之,自由只不过意味着对原因的无知。

虽然人没有意志自由或自由意志意义上的自由④,但是,却有另一种自由,那就是按自己本性的必然性存在与行动。在这里,自由就是出自自己的本性之必然性而存在与行动。但是,在斯宾诺莎看来,人要按自己的本性之必然性存在与行动,必须认识这种必然性。否则,这种自由实乃是一种被迫,从而与按本能行动没有区别。在这个意义上,真正的自由必定要基于对必然性的认识。"自由就在于对必然的认识"这个黑格尔学派的重要命题已隐含在斯宾诺莎的自由思想里。

就这种自由来说,人也并不总是处于自由当中,倒经常生活于被奴役状态。因

---

① 斯宾诺莎:《伦理学》第二部分命题48附释,贺麟译,北京:商务印书馆,1997年,第88页。
② 斯宾诺莎:《伦理学》第二部分命题48,贺麟译,北京:商务印书馆,1997年,第87页。
③ 斯宾诺莎:《伦理学》第一部分附录,贺麟译,北京:商务印书馆,1997年,第37页。
④ 这里要指出的是,斯宾诺莎在人有没有自由意志问题上前后并不一致。在《伦理学》里是否定的,但是在后来的《政治论》里却加以肯定:"人也竭力保全自己的存在。如果说在这方面还可以想出人与其他东西之间存在什么区别,那么只能说这是由于我们认为人具有自由意志。"参见斯宾诺莎:《政治论》,冯炳昆译,北京:商务印书馆,1999年,第13页。

为人并不总是按自己本性的必然性行动与生活。人是由身体与心灵构成的,但是,只有心灵中的理性才既具有必然性,又能认识必然性。因为理性的本性在于认识事的必然性,而这种必然性最终都是出于神的本性的必然性。① 这意味着,只有当人按理性生活,他才是自由的。因为只有理性才能认识人自己的本性的必然性而按这种必然性生活;也只有理性才能认识事物的必然性,而理性对一切广延物与思维物的必然性的认识都必定包含着对人的本性的必然性的认识,因为人是由身体即广延物与思维即心灵组成的。但是,就人以及一切事物之必然性乃是出于神的本性的必然性而言,对任何必然性的认识也就是对神的认识。在这个意义上,自由就是对神的认识;或者更确切说,认识神乃是通往自由之路。唯有通过理性去认识必然性,认识神,人才能获得自由。而就一切必然性都是因果必然性而言,自由就在于认识原因,直至认识作为自由因的神或实体。

但是,由于人不只是理性存在者,他同时也是感性-情感的存在者,他同时具有欲望与激情,而且,在斯宾诺莎看来,"人必然常常受制于感情"②。这里,我们要首先问:在斯宾诺莎这里,什么是感情?所谓"感情或情感"也就是我们"身体的感触",在所有感触或情感当中,只有那种我们自己是其原因的情感是主动的情感,其他一切情感都是被动的,也即都是由对象刺激所引起的,所以,"刺激我们的对象有多少种类,它们所引起的情绪便有多少种类"③。也就是说,我们的情感与我们的身体相关,而且主要是由我们之外的事物与力量所激发的。

那么,有理性的我们为什么倒常常受制于情感呢?首先是因为我们都是个体存在物,而"在天地间没有任何个体事物不会被别的更强有力的事物超过"④。这就是说,作为个体存在者,总会有比我们更有力量的事物影响、刺激着我们,并使我们屈从于这种影响。而受外力影响的首先是我们的身体感触,也就是情感。斯宾诺莎给出了几个命题来进一步说明我们为什么常常受制于情感:

> 命题2:只要我们是自然的一部分,是自然中不能离开别的事物而可单独设想的一部分,我们便是被动的。
> 命题3:人借以保持其存在的力量是有限制的,而且无限地为外部的力量

---

① 他在《伦理学》第二部分命题44绎理2写道:"理性的本性就在于认为事物是必然的,不在于认为事物是偶然的。并且理性对事物的这种必然性具有真知识,或者能够认识事物自身。但事物的这种必然性乃是神的永恒本性自身的必然性。"参见斯宾诺莎:《伦理学》,贺麟译,北京:商务印书馆,1997年,第84页。
② 斯宾诺莎:《伦理学》第四部分命题4绎理,贺麟译,北京:商务印书馆,1997年,第174页。
③ 参见斯宾诺莎:《伦理学》第三部分定义3,命题56,贺麟译,北京:商务印书馆,1997年,第98、145页。
④ 斯宾诺莎:《伦理学》第四部分公则,贺麟译,北京:商务印书馆,1997年,第171页。

所超过。

命题4：要一个人不会是自然的一部分，要他不被动地感受变化，反之，要他一切动作都可单独从他自己的本性去理解，且都以他自己为正确的原因，这是不可能的。①

概括地说，这三个命题是要说，我们虽然有思想，有理性，但是，我们终究只是样式物，只是实体或"自然"的分殊物，也即只是自然的一部分，因此，我们不可能是发生在我们身上的所有事情的全部原因，而只能是其中一些事物的部分原因。也就是说，我们不能决定发生在我们身上的所有事情，在这个意义上，我们是被动的，而且是双重被动的：在我们身上发生的有些事情或行动要受自然的其他部分，也即其他样式物的影响，这是其一；我们不可避免地要被动地感受在我们身上发生的变化，也即情感与行为的变化。因为它们有我们之外的其他原因。正因为我们的存在，特别是发生在我们身上的感触（情感）多处在外部力量的影响下，因此总处在变化当中，所以，人"保持其存在"的努力是很困难的，总是无限地被外部力量不断改变。这在根本上意味着，人总是要被动地感受着外物引起的身体上的感触即情感及其变化。所以，人总要陷于受情感的支配。

如果说理性使人能够认识事物与神的必然性，从而使人的心灵成为主动而自主的心灵，那么，各种情感则使人昧于必然性，也即对因果系列一无所知，而只受自然力量的逼迫。由于我们的心灵不是这些情感的原因，或者说不是它们正确（全部、唯一）的原因，所以，也就不认识它们的原因。因此，情感首先意味着盲目与被动，意味着对原因的无知。在这个意义上，受制于情感，也就意味着处于被奴役状态。② 但是，由于样式物，也即对象物是千差万别、纷繁多样的，所以，我们的心灵或思想总是更直接、更经常地受到对象物的刺激而使人们受制于各种激情。这意味着，我们更经常处于被奴役状态。因此，我们需要不断自我解放，自我救赎。

这里，被奴役状态有两种可能。一种是直接的，就是指受制于情感的支配而不知情感的原因，这是受外物的奴役；另一种奴役则是指，由于受情感的盲目支配，以致"每个人总想要别人依照他的意思而生活，赞同他赞同的东西，拒绝他拒绝的东西"③，由此导致的是人与人之间的相互奴役。人们往往受这两种可能的双重奴役。

---

① 斯宾诺莎：《伦理学》第四部分，贺麟译，北京：商务印书馆，1997年，第172-173页。
② 斯宾诺莎：《伦理学》第四部分序言，贺麟译，北京：商务印书馆，1997年，第166页。
③ 斯宾诺莎：《政治论》第一章第五节，冯炳昆译，北京：商务印书馆，1999年，第7页。

在整个斯宾诺莎哲学中,情感(或情欲、激情)本身是消极的力量。如果任由情感的支配,那么,人不仅会处于受外物的奴役状态,而且人与人之间将充满仇恨、嫉妒、恐惧、优越、征服,结果就是相互反对、战争与强制。斯宾诺莎主要用两个命题来说明这一点:

  命题33:只要人们为情欲所激动,则人与人间彼此的本性可相异,只要同是一个人为情欲所激动,则这人的本性前后可以变异而不稳定。
  命题34:只要人们为情欲所激动,他们便可以互相反对。①

这里,情欲与情感、情绪或激情被当作同义词或近义词在使用。

  关于命题33,斯宾诺莎论证说,情绪或情感的本性不是单凭我们的本性就能理解的,而是必须通过外界原因的力量,更确切说是通过外界原因的力量与我们本性的力量相比较,才能确定和理解。因此,有多少种类事物激动我们的情感,也就有多少种类不同的情感,从而人的本性(所具有的性质,比如习惯等)也就有多少种不同而相异。作为个体,如果他受情感支配,那么他的本性必定是变换不定的。这意味着,他的本性不具有自我同一性。

  既然人与人之间的本性是相异的,那么他们的爱好与追求也不可能一样,倒是可能相互反对或相互矛盾。因为在情感支配下,人们为了保存自己的存在而追求的善或好处,只是对自己一个人的善,也就是私善,甚至"他们出于感情而追求的最高善,每每只是一个人可以单独占有之物"②。因为受感情支配下的人们所追求的善,实际上总是与外在有限的样式物相关,因其有限,所以他追求的善不仅是他人所不能共享的,而且是对他人的损害。

  这里我们要问:人人之间的本性相互反对是否是需要克服的?为什么是需要克服的?人人在追求善即好处的过程中相互损害是否是不被允许的?为什么是不被允许的?为什么不可以弱肉强食?

三、人的目的性存在与善恶问题

  在斯宾诺莎这里,这种相互反对之所以需要克服,这种相互损害之所以不允许,全系于一个命题,那就是:

---

  ① 斯宾诺莎:《伦理学》第四部分,贺麟译,北京:商务印书馆,1997年,第192页。
  ② 斯宾诺莎:《伦理学》第四部分命题37附释,贺麟译,北京:商务印书馆,1997年,第197页。

没有一个人努力保持他自己的存在,而其目的是为了别的东西。①

对于个体来说,每个人的存在以及保持这种存在就是目的本身,既不为了任何其他事物,也不为了任何其他人。简单说,每个人的存在都是目的本身。"人是目的"这个在康德哲学中发出了振聋发聩的声音的命题,其实在斯宾诺莎这里就已经被明确表达了出来。不过,这里我们要马上指出的是,与康德不同,斯宾诺莎对这个命题的论证是基于他的"神学"。我们且来分析他对这一命题的论证:

因为一切事物都是以某种方式表示或分有神的本质与力量②,而一切个体物则是以某种形式表示或分有神之属性的样式物③。换言之,每个事物的存在在本质上都是出于对神的分有。因此,每个事物保持自己存在的努力也就是努力保持自己对神的分有,或者说,每个事物保存自身,就是保存对神的分有,因而也就是以某种样式或形式保存神的力量或属性。同时,由于每一事物的本质都是出于神而不是出于任何其他事物,所以,每一事物保持自身存在的努力也只可能出于自身的本质,而不可能出于他物的本质。因此,每一事物竭力保持自己存在的努力都只是出于这一事物的本质决定的,并且必然只是出于这一事物的本质自身,而不是出于他物本质④。这意味着,每个事物只是为了自己保持自己的存在。因而每个人的存在正如每个事物一样都是自己的目的。这里,每个人的存在之所以是目的本身,在根本上乃是因为每个人的存在都是对唯一之神的力量或属性的分有,或者说,都是神本身的一种角色存在,而神作为唯一的实体,它的存在当然只会是它自己的目的。所以,每个人的存在就是目的本身,实际上也等于说,每个人的存在就是以神为目的,因为每个人的存在就是神的某种存在。

这里显而易见的是,如果不基于斯宾诺莎的"神学","人的存在就是其目的本身"这一命题就无法得到论证。从这里,我们可以看到,康德在这个命题上的突破及其现代性意义不在于这一命题本身,而在于把这一命题置于全新的基础上,即人的自由之上。如果说斯宾诺莎关于实体即是主体、自由乃是对必然的认为等思想直接影响了黑格尔,那么他关于每个人的存在就是其目的本身的思想则显然直接影响了康德。

现在,既然每个人的存在都是目的本身,因此,只要承认他人与自己同类,那么,任何人都没有理由为了自己存在的好处(即他的善)而损害他人的存在,甚至把

---

① 斯宾诺莎:《伦理学》第四部分命题 25,贺麟译,北京:商务印书馆,1997 年,第 187 页。
② 斯宾诺莎:参见《伦理学》第一部分命题 36 的证明,贺麟译,北京:商务印书馆,1997 年,第 36 页。
③ 斯宾诺莎:参见《伦理学》第三部分命题 6,贺麟译,北京:商务印书馆,1997 年,第 105 页。
④ 斯宾诺莎:参见《伦理学》第四部分命题 25 的证明,贺麟译,北京:商务印书馆,1997 年,第 188 页。

他人的存在仅仅当作工具或手段来为自己的利益服务。显而易见的是,从理性出发,我们能够且必然会把他人看作是与自己同类的存在。这意味着,出于理性,我们没有理由——也就是我们不应当——为了自己的善(好处)而损害他人。

现在的问题是,如何才能克服相互反对而避免相互损害?避免相互损害的根本在于摆脱情感的支配而避免陷于本性的相互反对,换言之,在于使人们的本性相互符合,相互一致。但是,斯宾诺莎看来,"唯有遵循理性的指导而生活,人们的本性才会必然地永远地相符合"①。因为只有遵循理性的指导,我们为保存自己的存在这一目的而追求的善(也就是利益或好处)才是必然的善,并且是人人共同的、人人可同等享有的善,这就是理解神-上帝-实体。

只要遵循理性的指导,也只有遵循理性的指导,人们追求的最高的善就是"理解神"。因为理性的本质就在于理解,理性的全部功能就是去理解,而理性能理解的最高之善就是神。② 遵循理性的指导将引导我们共同致力于理解神,也即致力于理解各种因果必然性,直至理解作为样式物的我们的共同的、唯一的来源,即作为自由因的神。因为理解了各种因果必然性(尽管不是全部必然性),理解了神是我们的共同来源,我们才能够共同而主动地遵循此种必然性来保存自己的存在,能够共同从唯一的神这一自由因来理解我们的存在,从而使人们的本性相互符合,而不是相互反对。

人们的本性相互符合在根本上意味着,每个人依此本性行事,将符合人的共同本性而有益于所有的人。因此,如果唯有遵循理性指导才能使人们的本性相互符合,那么,也就唯有遵循理性生活,人们才能做出有益于自己,同时有益于每个人的事情来,也就是说,每个人在保持自己的存在时,也有益于他人自保。在这个意义上,只要遵循理性生活,人人将相互有益。

对于每个个体的目的即保持自己的存在而言,两个人友好合作总要比一个人单独应对更有力量,而与所有他人友好合作则具有最大的力量。但是,就只有在理性指导下人们的本性才能相互符合而相互有益来说,人们也只有在理性指导下才能与他人建立起友谊与合作。在这个意义上,也可以说,遵循理性的指导,才能以最大的力量来保持自己的存在,从而最有利于每个个体实现保存自己的目的。

这里,有趣与特殊的是,理性指导的生活也就是理解神的生活,因此,神,或理解神,也就成了我们人类个体之间建立友谊与合作的前提,我们能够相互扶持,而不损人利己的前提。神通过必然性而成了我们每个人之间的尺度,成了我们维护

---

① 斯宾诺莎:《伦理学》第四部分命题35,贺麟译,北京:商务印书馆,1997年,第194页。
② 参见斯宾诺莎:《伦理学》第四部分命题26、28,贺麟译,北京:商务印书馆,1997年,第188、189页。

共同人性的基础。这是犹太一神教精神，也即人-神关系的核心信念在哲学中的表达。

这里我们还要指出的是，如果遵循理性指导的生活既是最有利于每个个体保持其存在的生活，同时也是理解神的生活，那么，这也就意味着，对于每个个人来说，理解神，知神，或追求神的知识，与最大限度地实现个体目的即保持自己存在，是一个统一的事件、一个统一的过程。人们越遵循理性，也就越能保持其自身的存在，同时也越能理解神，越能知神。实现个体目的与知神成了统一的事件。

现在，有一个急迫的问题需要讨论，那就是，我们是否能摆脱情感的支配而遵循理性的指导呢？斯宾诺莎的回答当然是肯定的。那么，如何能够呢？

根据他在论述情感的起源与性质时的定义，情感可分为两大类，一类是被动的情感，一类是主动的情感。所谓主动情感，也就是我们自己就是它的"正确原因"的情感，相应地，被动的情感也就是我们是其"不正确原因"的情感[①]。这里，"正确的原因"也就是准确的原因或全部的原因，而"不正确的原因"则是不准确的原因，更确切说，只是部分的原因。主动情感就是我们自己是其全部原因的那种情感，它必是起因于我们的理性本身，因为在我们思想-心灵中，理性是最有力量的，唯有它能够成为某种情感的全部原因。因此，对于这种主动情感，我们也完全能够加以调整与控制。因此，对于我们这种样式物来说，真正要面对的是如何摆脱被动情感的支配。

摆脱情感的支配，并不是、也无需消灭情感，而只需能够控制情感。在斯宾诺莎这里，一种情感只有通过另一种相反且较强的情感才能被消灭或克除。[②] 所以，摆脱情感奴役的方向不在消灭情感，而在"知"情感，通过认识情感而使之成为可调控的情感。

在斯宾诺莎看来，"一个被动的情感只要我们对它形成清楚明晰的观念时，便立即停止其为一个被动的情感"[③]。由于我们不是发生在我们身上的被动情感的全部原因，所以，对于这种被动情感，我们只有含混不清的观念。但是，我们一旦认识、理解清楚它的全部原因，从而形成关于这一情感的清晰观念，那么，我们也就能够调节、控制这一情感。也就是说，我们虽然不是被动情感的全部原因，但是我们却能够认识、理解它的全部原因，或者至少能弄清楚它的主要原因，并且能据此调理这种情感。

---

① 参见斯宾诺莎：《伦理学》第三部分定义 1 至定义 3，贺麟译，北京：商务印书馆，1997 年，第 97-98 页。
② 斯宾诺莎：《伦理学》第四部分命题 7，贺麟译，北京：商务印书馆，1997 年，第 174 页。
③ 斯宾诺莎：《伦理学》第五部分命题 3，贺麟译，北京：商务印书馆，1997 年，第 240 页。

> 所以，我们对于情感的理解愈多，则我们愈能控制情感，而心灵感受情感的痛苦也愈少。①

只要我们能够对被动情感形成一个清楚明晰的观念，就能中止它的被动性，从而中止它对我们的支配。但是，我们是否能够对所有被动情感都形成清楚明晰的观念呢？斯宾诺莎用另一个命题做了肯定的回答："对于身体的任何感触，我们没有不能形成某种清楚明晰的观念的。……由此可以推知，没有一个情感，我们对它不能形成一个清楚明晰的概念。"②

在斯宾诺莎这里，一切情感都不过是我们身体上的某种感触。而任何感触就像任何事物一样，实际上都是有原因的，这些原因都是我们的心灵所能理解或认识的。因为根据前面的实体学说（神学），心灵或理性所能理解的最高东西就是神，也就是作为自由因的绝对无限存在者。既然我们的心灵能理解自由因，也即第一因，那么，它当然也能洞察所有其他原因。所以，对于任何情感，我们都能形成一个清楚明晰的观念。而这也就是说，我们能够通过中止一切被动情感的被动性来调控一切情感，因而能够摆脱一切情感的支配与奴役。

能够从被动情感的支配中摆脱出来，这在根本上意味着，我们能够遵循理性的命令而生活，也就是能够最大限度地去实现每个个人的最高目的——保持与维护自己的存在，同时也就是能够走上知神的道路。如果说保持与维护自己的存在是每个人的目的本身，那么，我们也可以说，知神（去理解神）是每个人的使命。因为知神的道路就是理性的道路，因而也就是实现每个个人的最高目的的道路。

基于上面有关人的目的性存在的思想，斯宾诺莎引发了几个重要伦理概念的变化。

首先是善与恶。在斯宾诺莎这里，善恶其实不再是伦理学里的一级概念，也即不再是从善恶概念推演出其他伦理概念或伦理定理，相反，善恶是建立在目的概念基础上的，它们首先与每个个人的存在的目的性相关。

既然每个人自己就是他存在的目的本身，那么，在斯宾诺莎看来，所谓善就是我们确知其对我们的存在有用的东西，或者说就是对我们的存在的保持与维护有用的东西③；而恶则是妨碍或不利于保持我们存在的东西。

根据这个定义，最高的善也就是最有利于保持我们存在的东西。那么，这东西

---

① 斯宾诺莎：《伦理学》第五部分命题 3 绎理，贺麟译，北京：商务印书馆，1997 年，第 241 页。
② 斯宾诺莎：《伦理学》第五部分命题 4 及绎理，贺麟译，北京：商务印书馆，1997 年，第 241 页。
③ 参见斯宾诺莎：《伦理学》第四部分定义 1 与命题 8 证明，贺麟译，北京：商务印书馆，1997 年，第 170、176 页。

是什么呢？就是理解神-实体。因为正如前面的分析表明，遵循理性指导的生活也就是理解神的生活，正是这种生活使我们能够在共同本性基础之上相互团结合作，从而最有利于保持我们每个个人的存在。在这个意义上，最高的善就是理解神。在这里，最高的善，也就是最高的目的。这并不否定我们每个人保持其存在就是其存在本身的目的。因为理解神的生活，实际上也就是最能保持自己的存在的生活。

斯宾诺莎引起变化的另一对重要概念是"德性"与"幸福"。在斯宾诺莎这里，德性乃是一种力量，人的德性就是人身上一种能按其本性的法则去行动的力量①，这里，实际上也就是能按理性所理解与认识的那些必然法则行动的力量。而这些理性所能认识的必然性法则，也就是理性法则，或理性命令。所以，德性实际上不是别的，就是能按理性命令行事的力量。而我们知道，人正是通过遵循理性命令来努力保持自己的存在，也只有通过遵循理性的命令才能真正最好地保持自己的存在。

因此，"德性的基础即在于保持自我存在的努力，而一个人的幸福即在于他能够保持他自己的存在"②。

实际上，我们也可以替斯宾诺莎说，德性就是按理性行事的力量，因而也就是一种"保持自我存在"的力量。人越有按理性行事的力量，也就越有德性。而这也就意味着他越能保持自己的存在，因而，他也就越幸福，因为幸福就在于能够保持自己的存在。

但是，前面的讨论表明，越能按理性行事，一定也就是越能摆脱情感的支配，而这意味着越能对情感形成清楚明晰的概念，简单说，就是越能清楚明晰地了解、认识自己和他人的情感。否则，就不可能摆脱情感的支配。而"凡是清楚明晰地了解他自己和他的情感的人，必定爱神，而且愈了解他自己和他的感情，那么他便愈爱神"③。因为一方面对自己的任何了解、洞察都必定伴随着愉快，另一方面对自己情感形成清楚明晰的概念，也就是对自己情感的原因的认识，而对任何原因的认识都是对神的认识与接近，因为神是一切原因的最后原因。这种伴随着愉快而对神的接近和认识就是对神的爱。这意味着，依理性命令行事，必定爱神。

现在，如果幸福在于能够保存自己的存在，那么，越能保存自己的存在也就越幸福。而最有益于保存我们自己存在的，就是依理性命令行事，也就是爱神。于是，我们发现，幸福就在于爱神。这正如我们前面指出过的那样，实现保持自己的

---

① 参见斯宾诺莎：《伦理学》第四部分定义8，第171页，命题18附释，贺麟译，北京：商务印书馆，1997年，第183页。
② 斯宾诺莎：《伦理学》第四部分命题18附释，贺麟译，北京：商务印书馆，1997年，第183页。
③ 斯宾诺莎：《伦理学》第五部分命题15，贺麟译，北京：商务印书馆，1997年，第249页。

存在这一目的与知神是同一事件、同一过程。

不仅如此,如果如前所说,德性就在于依理性行事的力量,而按理性行事在实质上就是爱神,所以,作为依理性行事的力量,德性也就是爱神的量度。

因此,在斯宾诺莎这里,幸福甚至直接就是德性本身,而不是德性的酬偿。也就是说,我们并不是因为克制了情欲-情感,才享有了幸福,倒是因为我们享有了幸福(爱神而最大限度地保持了自己的存在),所以我们能够克制情欲[①]。这既取消了幸福与德性之间的界限,也完全颠覆了传统伦理学在幸福与德性之间通常设置的酬偿关系。

斯宾诺莎的实体学在实践领域的贯彻并不只体现于引起了一些重要的伦理概念及其关系的变化,而且体现在他对政治社会领域的讨论——在那里,"实在说来,政治的真正目的是自由"[②]。

[①] 参见斯宾诺莎:《伦理学》第五部分命题42,贺麟译,北京:商务印书馆,1997年,第266页。
[②] 斯宾诺莎:《神学政治论》第二十章,温锡增译,北京:商务印书馆,1996年,第272页。

第十章　笛卡儿的"普遍怀疑"与存在论的重新奠基

人们通常以为近代哲学有认识论与存在论之分,但是,实际上,彻底的认识论必定同时是一种存在论。即使在被视为开始了近代哲学由存在论向认识论转向的培根那里,他的"新工具"实际上也隐含着一种存在论承诺;而笛卡儿的"第一哲学沉思"既是努力为一切知识寻找可靠性基础,也是试图通达"绝对确定的存在",以至我们可以说,笛卡儿通过其普遍怀疑而把存在论奠定在新的基础之上。

现象学家昆丁·劳尔在阐释胡塞尔的现象学时写道:"在胡塞尔看来,绝对确定的存在(the being of which one is absolutely certain)与绝对的存在(absolute being)是完全同一的,因为在他看来,其他一切绝对都毫无意义。而绝对确定的存在也就是没有任何可怀疑的存在;但是,对于胡塞尔而言,只有一切可能的怀疑之源被消除掉,怀疑才会被消除掉。正如前面所说,他认为,通过把知识中所有那些以某种方式被思考却与意识无关的要素消除掉,这个怀疑之源也就被消除掉。因此,如果有一种绝对的存在,那么它必定就是在意识中的存在。"[①]实际

[①] Cf. Quentin Lauer: *The Triumph of Subjectivity*, New York: Fordham University Press, 1958, pp. 67-68.

上这意味着,只有意识中合理的、因而不可置疑的存在才是真实的存在。因此,在胡塞尔现象学里,甚至不是通过阐明认识与实在(reality)的一致性来确保认识的可靠性,而是通过阐明实在是认识的对象来确保实在的可靠性。所以,昆丁·劳尔把作为一种"认识论"的现象学视为一种"关于存在的理论"。

这一评论同样适合于对笛卡儿在《第一哲学沉思集》里的工作。因为在这里,"我思"本身不仅成为绝对确然的第一存在,而且成为担保一切事物乃至最高存在者之存在的真实性与可靠性的源泉。追问真实、确然的存在及其意义的存在论工作被奠定在"我思"这一"内在"而可亲证的基础上。此后哲学存在论的差别不在于其基础的不同,而在于对"我思"这一基础的理解的不同。就此而言,康德哲学直至胡塞尔与海德格尔的现象学,都可以视为笛卡儿确立的新存在论工作的继续。

实际上,当"我思"作为一切怀疑的终点而被确立为绝对确然的第一存在时,笛卡儿也就真正开始了近代哲学为存在论奠定新的基础的工作。而普遍怀疑之所以能够成为第一哲学的"方法",乃是因为它是通达绝对可靠的第一存在的唯一可靠途径。因此,这里我们首先有必要对普遍怀疑的步骤进行分析,以便呈现他的"第一哲学沉思"如何为存在论奠定新的基础。

一、从"怀疑"到"我思"

什么东西是真实可靠的存在?什么东西是真正可靠的真理?

在常识里,我们周围的事物和经历过的事物都是真实的存在,比如,我们眼前的课桌、教室是真实存在的;毫无疑问,我摆动的胳膊、我摇晃的脑袋、我走动的双腿一定是真实存在的。

在一些宗教文化里,比如在基督教世界里,上帝的存在被当作最真实、最确切无疑的常识;而在中国传统的民间宗教与祖宗崇拜里,鬼魂的存在就跟我们父母的存在一样真实。

至于真理,在常识里,"水是会流动的""$A=A$""$2+3=5$"等是确定无疑的。

这些被视为真实的存在与真理,甚至得到了各门科学的支持,它们有的甚至构成了科学的基础,有科学不以"$A=A$"这一同一律为基础吗?

但是,它们,以上这些,真的真实可靠吗?如果我们仅仅停留于常识与科学,那么上面这些事实、事物以及真理,就都是真实可靠的。但是,如果我们停留于常识与科学,那么,虽然上面那些事实、事物与真理是真实可靠的,我们的生活世界却依然没有统一的基点。因为我们周遭的任何事物或事实本身虽在常识里是真实的,但是,它们却都是变化的,且是相对的——这也是真实的;而任何科学真理,虽都有效而是可靠的,但是,任何科学真理的有效性都只限于各自的领域,而不可能对所有的事物领域有效。化学知识不可能被用来解释物理现象,而物理学命题不能被用来解释动物的行为机制。所以,我们不能从任何事物或科学那里找到构成我们生活世界的统一基点。没有统一的基点,虽然这个世界中的事物是真实,科学知识是真理,但是,整个世界却依然是漂浮而杂乱的,因而是不可靠的。

所以,如果我们的整个生活世界要是真实可靠的,就不能停留于常识与科学。换言之,我们生活世界的可靠性不奠基于常识与科学之上。笛卡儿之所以能够成为整个近代哲学的起点,首先就在于他能够突破常识与知识。他越过了常识与科学。在他看来,如果我们要找到这个世界的绝对的可靠事物,那么,任何事物只要有一点可疑,那么它就是不可靠的,就必须被排除出去。但是,从哲学角度看,对周遭世界的一切事物的存在,我们都可取一种普遍怀疑的态度。为什么一切事物的存在都是可疑的?可疑在什么地方?

首先是我们周围一切事物的存在,比如我们上面所举例子中那些眼前的课桌、板凳、教室、他人等这些事物的存在,它们的真实性存在并没有常识里那么可靠,相反,它们是很值得怀疑的。因为我们是从感官或通过感官得到它们,感知它们的存在。但是,感官有时是会骗人的:我们不仅会把大的看成小的,比如把太阳看成我们看到的那样大,还可能把虚幻的看成真实的,比如海市蜃楼,或幻觉中的人物与事件。既然感官欺骗过我们,那么凡是通过感官给予我们的事物,其真实性就是可疑的,不值得信任的。① 我们现在看到的课桌、板凳、教室、他人等等在常识里被当作确实可靠的,是如此这般的,但是,它们很可能也是按我们看太阳那样被看小了,或者也可能是一种持续得更久的一种海市蜃楼,甚至可能是我们幻觉中的一种存在。只要不能排除任何一种可能,这些看起来确然的事物就是可疑的。

但是,我们要问,难道我们感官感受到的我们自己也是可疑的吗?笛卡儿举例说:比如我在这里,坐在炉火边,穿着睡袍,两只手拿着一张纸,低垂着脑袋,被炉火烤热的身体以及诸如此类。难道我能否认这两只手、这个耷拉的脑袋和发热的身体是属于我的吗?笛卡儿认为,的确如此!至少我们可以对此表示怀疑。②

首先,我们不能确定,我们现在是否处在疯癫状态。我们知道,疯癫的人永远不会知道、也不会承认自己处在疯癫状态而别人也不可能让我们确信或知道我们是处在正常状态当中,因为我们遇到的别人也很可能与我们一样处在疯癫状态,这

---

① 笛卡儿在《第一哲学沉思集》里写道:"为了小心谨慎起见,对于一经骗过我们的东西就决不完全加以信任。"参见笛卡儿:《第一哲学沉思集》,庞景仁译,北京:商务印书馆,1996年,第15页。
② 参见笛卡儿:《第一哲学沉思集》,庞景仁译,北京:商务印书馆,1996年,第15页。

个时候如果有人向我们指出,我们是在不正常状态,我们反而会以为他才是疯子。这里,疯癫与正常只不过是少数人与多数人的关系问题,是两个相互定义的世界。所以,虽然我现在觉得自己穿着睡袍坐在火炉边,但是,我很可能实际上是穿着破衣烂衫坐在马路旁。我们很可能像一些疯子那样,实际上是光棍汉,却自以为妻妾成群;实际上身无分文,却感觉自己腰缠万贯;也很可能以为自己穿金戴银地走在时尚大街上,而实际上是一丝不挂地走在闹市里。至于这双拿着纸笔的手以及耷拉着的脑袋、发热的身体,也很可能是我在疯癫中想象出来的,而实际上我没有什么脑袋、手臂和身体。这就如一些疯子以为自己拥有三头六臂,或者身上长着能飞翔的翅膀,而实际上根本没那回事。

显然,如果我们不能绝对确定我们不是在疯癫当中,那么,我们所看到的一切事物,所以为的一切真理,就都是值得怀疑的,包括我们所看到、所感受到的我们自己的身体。

当然,这样的怀疑有些极端。虽然我们都处在疯癫状态的确不是不可能,但是,我们生活的共同体的秩序这一标志,多少向我们表明,我们总还是有常态的一面,至少表明我们疯得还不够厉害。所以,根据我们可能处于疯癫状态这一设想去怀疑一切,还不是最可靠的,也就是说,以这种理由进行的怀疑本身是值得怀疑的。

不过,虽然我们并不一定处在疯癫当中,但是,我们却完全可能处在睡梦当中。我们在做梦,这是绝对可能的。而在梦里,会出现各种子虚乌有的事情,甚至我们会做着疯子在醒着时所做的一切事情,也是绝对可能的。笛卡儿举例说:

有很多次我就清晰地梦见自己穿着睡袍坐在火炉边思考,而实际我却一丝不挂地躺在我的被窝里。①

我们也可能真切地梦见自己周游世界,饱览各种风光胜景,遇到许多奇闻趣事,像《镜花缘》里所描述的那样,造访了女儿国、君子国、小人国、两面国。而卢生的"黄粱美梦",则完全可能是我们每个人都会有的梦。卢生枕上吕洞宾给他的枕头之后,马上做起了一生享尽荣华富贵的人生梦:先是娶了一位美貌的富家小姐,过起了阔绰的生活,第二年又高中了进士,然后官运一路亨通,直至当了十年的宰相,最后被封为燕国公,且儿孙满堂,并都高官厚禄。在经历了近六十年荣华富贵的仕途之后,于八十岁高龄寿终正寝。他死的时候,也是他醒来的时候。梦里一生,原来却只不过是店家煮一顿小米饭的工夫。谁能说我们每个人经过十多年的努力,过关斩将,考进了大学,现在坐在教室里听哲学课,并且憧憬着美好的未来,不是一段黄粱美梦呢?人们可能会以弄疼自己的胳膊来验证自己是否在做梦。

---

① 笛卡儿:《第一哲学沉思集》,庞景仁译,北京:商务印书馆,1996年,第16页。

但是，即便你觉得胳膊疼，也不能证明你不是在做梦！因为我们也曾在梦中梦见自己通过掐胳膊来证明自己不在梦中。谁也不能告诉你这一次掐胳膊就一定能证明你不是在做梦。如果说疯癫与非疯癫之间还有一点标志可辨认，那么，梦与非梦之间，却并没有什么标志可供确认。

既然我们难以确定我们是否在梦中，那么，对于我们所看到、所遇到的一切事物，对于我们所亲历的一切事件以及事件中的人与物，也就是可疑的，它们的真实性是不可信任的。这意味着，我们日常生活世界里的一切事物的真实性是不可靠的。换言之，日常生活世界里的万事万物的真实性并不可信，至少不能太把它们当真！

至此，世界的万事万物都已被置于怀疑当中，因为它们都可能是梦中之物。但是，如果怀疑就此停止，那么在笛卡儿看来，这种怀疑仍是不彻底的：我们仍要承认诸如 2＋3＝5、A＝A 等这类命题是不可怀疑的真理。因为不管是在梦里还是在清醒中，都是 2＋3＝5，A＝A。① 因此，如果对此不能再加怀疑，那么，这在根本上意味着我们的世界与生活是奠定在数学与形式逻辑之上。逻辑与数学成了我们整个生活世界唯一可靠的基础。但是，情况并非如此。因为我们仍会问，也必定会问，为什么 2 加 3 会等于 5？A 如何等于 A？这是谁规定的？它们是如何给予我们的？所以，需要进一步怀疑，这也是最后一步怀疑。

我们可以合理地设想，我们除了可能受感官与梦幻的欺骗外，还可能受到一种外在力量的欺骗，比如受上帝的欺骗。上帝可能压根就没有创造天地、万物与时间、地点，只是把我们像我们现在这样造出来，让我们看到、摸到其实根本不存在的天地万物，同时故意让我们在 2 加 3 这样简单的事情上出错。当然，在基督教信仰背景里，人们会说，上帝是全能全善的，他是绝对不可能欺骗我们的。但是，在笛卡儿看来，即便如此，谁也不能担保，我们不受其他可能的外在力量的欺骗，比如受到拥有强大力量的魔鬼或妖怪的欺骗②。也就是说，我们并非不可以设想，我们的整个生活一直处在受一种强大外力的欺骗当中；至少这是一种无法排除的可能性。

既然我们完全可能处在这种强大外力的欺骗当中，那么，不仅我们看到的万事万物，包括我们自己的胳膊、脑袋、双腿以及整个身体，都可能是不真实的，而且诸如 2＋3＝5，A＝A 等这些数学与逻辑真理，也可能是不真实的，因而都是不可信任的。这意味着，我们可以怀疑这世界的一切东西：不仅天地万物是可疑的，空间、时间以及我们自己的身体，也都是可疑的，最后，连同清醒与睡梦里的一切真理也

---

① 参见笛卡儿：《第一哲学沉思集》，庞景仁译，北京：商务印书馆，1996 年，第 18 页。
② 参见笛卡儿：《第一哲学沉思集》，庞景仁译，北京：商务印书馆，1996 年，第 20 页。

都是可疑的。

于是,在这种普遍怀疑下,原本在常识与经验看来是牢固可靠的整个世界晃动了起来,最后瓦解为一个漂浮的海洋,我们在其中看不到一个能立定脚跟的地方,抓不到任何一个可靠的支点。笛卡儿就这样把我们所有人都抛入了一个没有岸边的大洋里。不过,正当我们在惊恐挣扎时,他指给了我们一个绝对可靠的立脚点,一个"定海神针",那就是"我思"这一"自我"。

不管是由于感官的欺骗、梦幻的欺骗,还是魔鬼的欺骗使我们不得不怀疑一切事物的存在,但是,有一个东西是一定存在的,那就是"被欺骗着的我"。如果连"我"都不存在,那么也就不存在欺骗与被欺骗。也就是说,虽然我因被欺骗而可以怀疑一切事物的真实存在,但是,我却不能怀疑被骗的我自己的真实存在。相反,正因为我被骗、我怀疑,所以,我一定存在。这就是说,我怀疑一切的真实性,但是,我怀疑着,我思想着,这一点是千真万确的,不可怀疑的。

于是,从我怀疑,最终达到的是一个不可怀疑的终点,那就是"思想着的我"。这个"我"是这个漂浮的世界里唯一一个稳固的支点,唯一一个能让这个漂浮的世界沉稳下来的支点。

笛卡儿是从"怀疑一切"出发确立不可再怀疑的"我思"。怀疑一切被笛卡儿视为哲学的第一要义,但是,这并非要把哲学保持在没有尽头的怀疑中,相反,这只是试图通过普遍怀疑来排除一切成见,以便"为我们铺平一条最适当的道路,为我们的精神摆脱感官,并最后使我们对后来认为是真的(wahr)东西绝不能再怀疑"①。这里,普遍怀疑并不是目的,而是达到不可再怀疑的事物的一条道路或方法。其实,这条道路,也可以说是一条还原的道路,排除的道路,破执的道路。通过这条道路,我们找到了这个世界可靠的支点,在这个宇宙里立定了脚跟,也可以说,我们为天地确立了中心。从此,我们可以以这个中心来确定这个世界的秩序,来审视天地间的一切。在这个意义上,"我思"成了"第一存在"。

二、"我思"的存在论结构及问题

但是,我们仍要进一步追问,我们又如何理解这个"我思"?这个被当作最可靠存在的"思想着的我"具有什么样的面貌?

---

① 笛卡儿:《第一哲学沉思集》,庞景仁译,北京:商务印书馆,1996年,第10页。

笛卡儿从"我思"本身的结构角度把它区分为想象、意志与理智。① 但是，从他把普遍怀疑规定为摆脱感性感官而言，能够作为不可再被怀疑的那个"我思"必定是一种摆脱了一切感性事物的思维活动或精神存在。因此，想象（Einbildung）显然被从笛卡儿的绝对"我思"中排除出去。因为想象虽然也是一种思维活动，但它并非只取决于我的精神本质，而是也与感性事物相联系。这是想象与纯粹理智的一个根本区别。②

于是，在思维中就剩下意志与理智。意志和理智都可以摆脱感性事物，因而，它们共同构成了普遍怀疑的剩余物，即绝对的我思。也就是说，在笛卡儿这里，普遍怀疑最后确立起来的就是理智活动与意志选择（决断）。

但是，在绝对可靠的"我思"里，理智与意志并非具有同等的地位，因为只有理智本身及其给出的一切事物才是真实可靠的，而意志则不然，虽然意志本身是真实可靠的，但是它给出或涉及的一切事物并非都是真实可靠的。在笛卡儿这里，作为一种不同于感性感官的理智，它的活动实际上就是一种纯粹概念的思维活动。理智作为这样一种超感性的能力，在笛卡儿心目中它是不会欺骗我们的，不会使我们犯错或迷误（irren）。所以，只要在理智中被认识、领会得清楚明晰的事物，都是真实可靠的。"我曾详细证明过，一切我认识（erkennen）得清楚明晰的东西都是真的（wahr），即使我没有证明过，只要是被思考、领会得清楚明晰的东西，我就不能不承认它们是真的，这是我的精神本性。"③

这里，在理智中被清晰明了地呈现、把握的事物之所以必定是真实的，实际上有两个条件：①理智本身是绝对真实可靠的，这一点与意志无异；②理智是超感性的能力，它的活动乃是一种纯粹的概念活动，这一点与意志区分开来。

意志虽然与理智一样，它本身是可靠的，但是，意志却不仅会涉及超感性事物，也会指向、追求各种感性事物；它不仅会涉及理智能清晰认识的事物，也会指向理智不能清晰认识的事物。而当意志指向理智不能或没有清晰认识的事物时，就可能给我们带来错误或迷乱。意志超出理智的清晰对象之外甚至被笛卡儿看作就是一切错误与迷乱的根源："我的种种错误、迷乱是从哪里产生的呢？是从这里产生的：由于意志比理智宽广得多（它可触及任何事物），而我并没有把意志限制在理智的界限内，而是让它伸及我不理解的东西上。于是，意志在这时（对这些我所不

---

① 笛卡儿还从产生观念的角度把思维区分为表象活动（给出事物的影像，如想起一个人，或想起上帝等）、情感活动（害怕、恐惧）、意志活动（想要、希望）、判断活动（肯定、否定）四种类型。参见笛卡儿：《第一哲学沉思集》"第三个沉思"，庞景仁译，北京：商务印书馆，1996年，第36、37页。
② 参见笛卡儿：《第一哲学沉思集》"第六个沉思"，庞景仁译，北京：商务印书馆，1996年，第77页。
③ 笛卡儿：《第一哲学沉思集》"第五个沉思"，庞景仁译，北京：商务印书馆，1996年，第69页。

理解的东西)采用无决断、无所谓(unentschieden)的态度,所以,它很容易离开真(的东西)和善(的东西),从而使我迷误和犯罪(irren und sündigen)。"①

这里,事物的真假、善恶,或者说,真假、善恶的事物,只有在理智中才能得到清晰明了的认识。对于在理智中得到清晰理解与认识的事物,意志在指向、涉及这些事物时,会根据它们在理智里呈现出来的真假、善恶进行正确的选择:把真的、善的当作真的、善的来追求,把假的、恶的当作假的、恶的来拒斥;但是,当意志在涉及那些在理智里没有或不能被清晰认识的事物时,意志在指向、追求这些事物时,则不管其真假、善恶,对其真假、善恶持无所谓之态度,由此必然会把我们引向错误乃至犯罪。这意味着,意志本身虽是绝对可靠的,但我们并不能单凭意志去确定它所涉及的事物的真实性与可靠性。所以,虽然意志与理智共同构成了绝对的"我思",但是,只有理智能确定事物存在的真实性与可靠性。在这个意义上,理智是"我思"的核心与基础。这是笛卡儿的"我思"的一个最为重要的存在论特征。

实际上,这里隐含着一个来自希腊而至笛卡儿仍没有突破的观念,那就是:只有在理智及其概念中,才能确定真假与善恶。不仅真假是由理智来认识的,而且善恶也是由理智来确定的。所以,在笛卡儿这里,就其是"我思"的构成部分而言,意志与"我思"联系了起来,也即与人的本质存在联系了起来。但是,就意志不能独立地规定行动及其善恶而言,它仍必须服从于理智而低于理智。笛卡儿在第四个沉思里十分明确地表达过这一点:

> 我对事物身上"什么是真的"这一问题把握得不够清楚、明晰的情况下,如果我(在意志上)放弃对它做出判断,那么我就做得恰当,并且不犯错误。但是,如果我对它做出某种肯定或否定,那么,我就是在不恰当地使用我的自由。(在这种不恰当地使用自由的情况下),如果我肯定了虚假的一面,那么,我显然是出错了;即使我肯定了真实的那一面,那也只是偶然碰对了,我并不由此而避免过错。因为自然的洞见告诉我,理智的认识必定总是先于意志的决定。②

某物是否是真的,也即某物是否真实存在,首先是由理智来认识、把握的事情,而与意志无关。只有当理智对事物的真假有了清晰明了的认识,才允许意志进一

---

① 笛卡儿:《第一哲学沉思集》"第四个沉思",庞景仁译,北京:商务印书馆,1996年,第61页。
② 笛卡儿:《第一哲学沉思集》,庞景仁译,北京:商务印书馆,1996年,第62-63页。

步对事物做出选择性的决断。这意味着理智在先,意志在后,理智的认识是意志正确决断的基础或前提。任何试图摆脱理智限制而让意志去对理智认识不到或者尚没有清晰认识的事物做出选择性决断的努力,都是对自由意志的误用或滥用。对意志的这种滥用让我们陷入了错误、虚假乃至恶。因此,要避免错误,就必须防止滥用意志之自由。用笛卡儿自己的话说就是:"如果我把意志限制在认识之内,让意志只对理智清晰明了地表象(vorstellen)给它的事物下判断,那么,显然我就不会犯错误。"①这等于说,为了维护真理,必须限制意志自由。

这里,我们看到,意志自由与真理问题被联系了起来,虽然还只是从消极的角度去思考这种联系,但在西方哲学史上这是走向突破的重要一步。相应地,作为普遍怀疑的剩余物,意志与理智一起构成了"第一存在"而成了人的存在论本质,这里,意志被坚定地"加入"到人的本质中——这也是西方哲学走向另一个突破的重要一步。这两方面的推进为康德真正实现两个突破做好了时代准备。

不过,与我们着重讨论相关的是,在这里,当理智被确立为最真实可靠的"第一存在"时,存在论也就被奠定在一个新的基础之上,这就是我们这种存在者向来所属且不可被怀疑的理智活动之上。就这种理智活动总是伴随着我们的意志而言,它是主观性的或主体性的活动,总是"我的活动";但是,更重要的是,就其是不可再怀疑的存在而言,这种理智活动则是"最客观的活动",对于任何一个"我"而言,它都是一种不可怀疑与否定的活动。不仅如此,这种看似主观性的活动不仅是最客观的存在,而且是一切事物之客观性存在或一切事物存在之客观性的唯一源泉。如果一个事物的存在具有客观性,那么它的这种客观性不在于它独立于理智行为,而在于它能在理智活动中清晰地被给予,也即能作为理智的清晰对象被给予。也就是说,一个存在物的客观性首先是由它能成为理智的清晰对象来担保的。

这里要问的是,何谓成为理智的清晰对象?成为理智的清晰对象,也就是能被理智清晰、确然地认识的对象。那么,何谓理智的清晰、确然的认识?就理智行为是一种超感性的概念活动而言,理智的认识必定是一种以概念进行理解、规定与推演的把握活动。因此,所谓能被理智确然地认识的对象,无非就是能够被理智活动以概念的方式清晰、必然(非如此不可)地理解、规定或推理出来的对象,简单说,就是能够被理智行为以概念的方式清晰而必然地给出来的事物。

我们都知道,作为两点之间最短距离的"直线",还有,其内角和等于180度的"纯粹三角形"等几何学对象,虽然我们在感性世界里找不到它们,我们也画不出直

---

① 笛卡儿:《第一哲学沉思集》,庞景仁译,北京:商务印书馆,1996年,第65页。

线和纯粹三角形,但是,我们却不会怀疑它们存在的客观性,相反,我们确信它们客观地存在着。我们凭什么确信它们存在?就凭它们在理智行为中能够必然而清晰地被给予。简单说,能够在理智行为中合理(必然)地被给出来的事物,就是在理智中清晰明了的事物,因而也就是具有客观实在性的事物。

实际上,我们通常有两种方式来确定事物存在的客观实在性,一种是日常经验的方式,就是通过感官知觉来确定,比如通过视觉感官或触觉感官来确定眼前这张书桌的客观实在性。当这张书桌对我的感性感官具有某种感官量度时,比如它在我视觉里呈现出一定的形状、亮度时,或者在我触觉里呈现出一定的阻碍、光滑(粗糙)度时,我就会确定这张书桌是客观实在的。由于感性感官与我们的日常生活息息相关,因此,我们在日常生活中通常且首先就以这种方式来确定事物存在的客观实在性;更由于科学研究通常是以感官以及作为感官延伸的实验所触及的事物为其对象,所以,基于科学知识的有效性,人们也就把这种通过感官确定客观实在性的方式当作最可靠的方式,甚至是唯一方式,而掩盖乃至否定另一种方式,那就是通过理智来确定客观实在性的方式。但是,我们上面所举例的三角形与直线等几何学对象的存在及其属性的客观实在性是也只能是通过理智行为来确定,而无法通过感性感官来确定。

实际上,我们甚至可以把通过感性感官去确定客观实在性的方式当作理智确定方式的一种特例,因为如果没有理智的参与,我们根本不可能在感官感觉中确定事物的客观实在性。首先这是因为正如前面在讨论笛卡儿的普遍怀疑时指出的那样,如果没有理智活动,我们无法确定感官感觉及其事物是否在梦中;其次,某物在感官感觉中的量度要被确定为这一物的感觉量度,而不是他物的感觉量度,必须以这一事物被规定为这一事物为前提,而这必须借助于理智的概念行为才是可能的。在这里,如果我们把事物在感官感觉中的量度当作理智确定一事物的客观实在性的"理由",那么,日常确定客观实在性的方式便可以被视为理智确定方式的一种特例:在这种特例里,理智是通过感觉量度的清晰性来确定事物存在之真实性与可靠性。

三、我思与在场形而上学

笛卡儿通过普遍怀疑确立了"我思"这第一存在,而就"我思"以理智行为为其核心而言,他实际上也就把理智确立为一切事物存在之客观实在性的唯一合性源泉，以致作为最高存在者的上帝的客观实在性即其存在之真实性也要由理智来证明①。简单说，一切存在者必须与"我思"共同出场，才能获得存在的真实性与合法性。这是笛卡儿哲学最核心的精神。

这里，隐含着两个基本原则："我思"作为一切事物真实存在的合法性源泉，实际上也是一切事物真实存在的尺度。简单说，"我思"成了万物存在与不存在的尺度。而就笛卡儿对"我"的面貌即"我思"的规定来看，"我思"实际上就是一种以理智概念进行规定与算计-演算的活动。这意味着，"我思"是人类的一种功能活动，因此，以"我思"为尺度，也就意味着以"人类"自身为尺度。在这意义上，"我思原则"是一个人类自我中心论原则。

"我思"原则实际上同时也是一种维护"有"而否定"无"的原则。因为一切能与"我思"共同出场的事物，必定是能被规定为某种什么的东西，因而必定是"有"，而不可能是"无"，因为"无"不可规定。"无"乃是对一切"有"的否定，也就是对一切现场原因与现场物的否定；"无"是一个深渊，一个黑洞，准确说，一个不出场的整体，因为它永远不可能被作为概念性活动的"我思"带到现场，永远不可能被"我思"照亮。如果说"我思"是一个现场维护者而照亮着"现在"，那么，"无"则永远隐没在过去与未来之中而无法被"我思"所完全穿越。概念性的"我思"只能以在场的方式掩盖着过去与未来的不在场性存在。如果哲学以这种"我思"为出发点而停留于这种"我思"，那么这在根本上意味着，哲学专注于一个永恒的现-在，专注于在场，却不可避免地错过了缺席的那个整体，也即那个永远的不在场者。在这个意义上，我们说，笛卡儿通过普遍怀疑而确立与维护的乃是一种"在场存在论"，或者说，是一种"在场形而上学"。不过，这种在场存在论在古希腊哲学就有其传统，因为当苏格拉底-柏拉图试图通过哲学去漂洗人的灵魂，以便能够接近理念并最终与理念本身共在时，他们实际上已经把真实的存在，从而把真理当作能够完全在场地被给予的东西。笛卡儿的突破只在于他把这种在场存在论明确地奠定在一个人类专属的在场性活动之上，并因此把人类借以承担着这种在场存在论的具体角色揭示了出来——概念性的理智行为者。

实际上，这种存在论导致了人类的一个迷执，那就是把全部生活都投放到在场性世界而遗失或掩盖了不在场性维度。于是，以为存在、生活只有连续，而没有中断，也不会中断。因此，历史与逻辑、生活与计算-算计变成一个统一的东西。所以，概念与逻辑成了哲学的核心，虽然它们从来就不是生活的核心。

---

① 参见笛卡儿：《第一哲学沉思集》"第三个沉思"，庞景仁译，北京：商务印书馆，1996年，第34-54页。

第十一章 "纯粹理性批判"与存在论问题

康德的批判哲学开始于他从形而上学(也即传统的第一哲学)的独断论中醒悟过来,因此,在康德哲学研究中一直面临着如何理解他的整个批判哲学与形而上学的关系问题,首先面临的就是"纯粹理性批判"与形而上学的关系问题:它对传统形而上学的批判是对形而上学本身的否定,还是为形而上学真正成为一门科学扫清了道路?如果是后者,那么也就意味着,"纯粹理性批判"所要解决的课题,也就是形而上学本身所要面对的任务。

这一问题实际上关系到在什么层面上去理解康德的批判哲学。

康德对传统形而上学的强有力批判使一些研究者信心十足地把批判哲学理解为哲学彻底摆脱形而上学本身的一种努力,在此基础上,批判哲学被视为实现了西方哲学由存在(本体)论向认识论的划时代转变。于是,哲学真正要关心的似乎不再是有关存在这样的第一哲学问题,而是有关认识的问题。为认识辩护,为一切知识提供基础是批判哲学的根本任务。因此,整个批判哲学被理解为一种认识论哲学也就是顺理成章的事情。作为这种认识论哲学,康德哲学的最伟大贡献就是他颠倒了认识活动中的主-客体的关系,从而强调了人在认识活动中的能动性或主动性,突出了人在万物中的特殊地位。这是我们从一系列有关康德哲学的研究作品中经常能遇到的一种解读。

但是,实际上,康德对传统形而上学的批判恰恰是为了把形而上学作为一门真正的科学来建立,而绝不是要放弃形而上学。在康德心目中,形而上学是不可放弃、不可否定的,因为它是出自人的理性本身。

> 形而上学虽然迄今还处于尝试当中,但是出于人类的理性本性,它仍是不可缺少的一门科学;在形而上学里也包含着先验综合知识(synthetische Erkenntnisse a priori)。①

形而上学走过了千年历程,虽然一直处于暗中摸索,而没有能像数学、自然科学(广义物理学——physik)那样取得长足进展,后者以它们能提供出确实可靠的知识这一事实本身向人们表明,它们是各门有能力处理各自领域的科学;虽然如此,我们并不能否定形而上学的实际存在及其必然(要)性(Notwendigkeit)。因为在康德看来,有另外一种事实表明了形而上学的这种实际存在,这就是:人类理性受自身的推动而总是不可阻挡地热衷于诸如开端、自由、不朽、上帝等不是理性的经验运用所能解决的一系列问题。

因此,"(形而上学)这种某种意义上的知识却也必须被视为被给予的,而且即使不是作为科学实际存在着,它作为天性(形而上学天性),形而上学也实际存在着"②。

作为理性存在者,人是形而上学动物。只要他活着,他就会去思想经验之外的问题,并且给出相应的"知识"。不仅形而上学家如此,其实每个人或多或少都要给自己提供这种"知识",在这个意义上,每个人身上都有某种形而上学。尽管传统形而上学给出的这类"知识"体系总是陷入相互对立当中,但是,对于接受它们的人们来说,这种"知识"与自然科学知识一样在他们的生活世界中也具有现实的效力。

不过,如果形而上学要真正获得它所追求的普遍性,它就必须摆脱"个人的色彩",摆脱仅仅作为人类的一种本性而存在,而必须作为一门真正的科学存在。形而上学无休止的争讼几乎使自己成了人类理性的角斗场,这表明,形而上学尚没有

---

① 康德:《纯粹理性批判》B18;Kant, Immanuel., *Kritik der reinen Vernunft*. Hrsg. von Raymund Schmidt, Hamburg: Felix Meiner, 1956, S. 50.
② 康德:《纯粹理性批判》B21;Kant, Immanuel., *Kritik der reinen Vernunft*. Hrsg. von Raymund Schmidt, Hamburg: Felix Meiner, 1956, S. 53.

成为一门科学,还缺乏普遍性,因而不能像数学或自然科学那样,对任何人(不管接受还是不接受它)都是有现实效力的。

这里需要澄清,什么是形而上学?又是什么原因导致形而上学陷于毫无结果的长期论争,以致形而上学不得不一再走回头路?康德的回答是:

> 纯粹理性本身所不可避免的课题(die Aufgaben)是上帝、自由和不朽。而为解决(Auflösung)这类课题所做的一切准备以及以解决这类课题为最终目的的科学,就是形而上学,它最初的方法程序(Verfahren)是独断式(dogmatisch)的,也即说,在没有对理性是否有能力承担起此伟大任务进行预先审察之前,就贸然行事。[①]

在这里,形而上学实际上被分为两部分:一部分是构成形而上学最终目的的超越(Transzendenz)部分,这部分要对上帝、自由、不朽这类超越性事物做出思考和理解;另一部分是构成形而上学之准备性知识的超验(transzendental)部分,它将为确实可靠地思考超越性事物提供准备与前提。超越经验界限是形而上学的根本事务,它是人的理性之本性所在。

一、作为"基础形而上学"的"纯粹理性批判"

但是,形而上学却一直以独断的方法程序处理这一事务。在康德看来,这正是形而上学一直未能有所前进的根本原因。传统形而上学的独断方式就独断在它的方法程序(Verfahren):它在没有对理性本身是否有能力去认识经验之外的事物进行分析、审查之前,就贸然去构造这类事物的知识体系。由于缺乏这种先行的批判考察,传统形而上学未能区分出理性本身的两种不同运用,这就是康德所说的理性的"经验(理论)运用"与"实践运用"。

理性的这两种不同运用实质上也就是理性的两种不同存在方式,或说是理性(人)的两种不同身份。如果说在理性的经验运用中,是理性(人)存在于与对象的关系中,因而它是以"主体"的角色出现,那么,在理性的实践运用中,理性则存在于与自己自身以及他者自身的关系中,也即存在于与自在存在者(Seiende an sich)的关系中,在这里,理性是以自由自在(an sich)的存在者身份出现。在"经验运用"

---

① 康德:《纯粹理性批判》B7; Kant, Immanuel., *Kritik der reinen Vernunft*. Hrsg. von Raymund Schmidt, Hamburg: Felix Meiner, 1956, S. 42.

中，理性通过它的超验(transzendental)概念与原理建立起一个现象－对象世界，因此，它使人是这个世界的规定者、立法者，也就是这个世界的主体；而在"实践运用"中，理性只对人本身下命令，让人只按自己的理性的决断行动生活，因此，在理性的实践运用中，人是一个自我立法者、一个自由而自在的"生活者"。这个生活者也有一个世界，不过，这首先不是一个合规律性的现象世界，而是一个合目的性的生活世界，因此，他首先不是这个"生活世界"的立法者，而是这个世界的发现者、欣赏者。

理性的两种不同运用使人承担着不同角色，并开显出不同世界。传统形而上学最大的失误就在于混淆了这两种不同运用，从而混淆了两个不同世界，具体说，就是把理性用以构造经验世界的那些超验概念与原理也运用于自在的"生活世界"，试图给出关于自在世界的知识。当形而上学这样做时，它一方面实际上把人仅仅当作进行认识活动的主体这种角色来塑造，另一方面则把自在世界或世界本身变成了经验(现象)世界来认识，把自在世界也当作知识的对象。这导致了两个相互联系的结果。

一个就是表面看似扩大了思辨理性或知性(Verstand)的认识领域，而实际上却缩小了整个理性的运用领域，因为它实际上以理性的经验运用排挤掉了理性的实践运用，用我们上面的话说，也就是取消了理性作为自在存在者存在的存在方式。但是，只有当理性自在地存在，也即守护在自己的位置上存在，它才是自由的，才是自由理性(意志)，只是作为这种自由理性的存在者，人才是自由的，才保持为人。人是否保持为人，也即是否守护在人自己的位置上，取决于是否维护理性的自在存在方式。因此，当传统形而上学因混淆理性的两种运用而取消了理性的自在存在方式时，也就意味着形而上学的历史是一部人类失位的历史：人在哲学里失去了自由存在者的身份，因此，人的自由存在从未作为根本问题进入哲学的视野。在康德所批判的传统形而上学中，人唯一合法的身份就是拥有一个对象世界的主体，而人的超越性的天位身份，即自由存在者、合目的性世界的发现者与守护者，则完全被掩盖和忽视。实际上，这是以人的舞台角色取代了人在"生活世界"里的本相身份。

因此，这里想附带指出的是，当有研究者从主体的能动性角度去解读康德哲学，并试图在"生产实践"的基础上建立所谓"主体哲学"时，实际上一开始就完全错失了康德哲学的基本精神，并且退回到了传统形而上学的旨趣中，这种"主体(实践)哲学"努力从康德哲学寻求支持，以证明自己对主体能动性的强调的合理性，而最终目的则要使人的尊严与价值因这种能动性而得到确立。显然，这也正是一切旧形而上学的基本路向。康德哲学的变革性及其意义恰恰就在于使人的尊严、权利与人的主体角色脱钩，而只与人的自由存在相关：因为只是人的自由存在确保了人的存在的绝对尊严与绝对权利。我们这里之所以特别提及"主体哲学"对康德哲学的解读，不仅因为这种解读错失了康德哲学的精神，而且因为这种解读虽然试图在一种特殊哲学形态中确立起人的尊严与价值，但是，由于它退回到前康德哲学中，以至于它实际上恰恰阻碍了现代中国人对人本身的绝对尊严与绝对权利的意识。在西方近代启蒙运动中，对人的绝对尊严与绝对权利的意识是以对自由的意识为前提的。正是启蒙哲学使人的自由存在得到普遍觉醒，人的个体尊严与个人权利才成为不可让渡而具有神圣不可侵犯的绝对性。在这个意义上，以"生产实践"为基础的"主体哲学"不仅是非启蒙的，而且是反启蒙的。因为它千方百计瓦解康德哲学(也是一切真正的启蒙哲学)努力要确立起来的人的本相身份，即人的自由存在。在这个意义上，这种主体哲学恰恰属于前康德时代的哲学。

形而上学误用理性带来的另一个结果就是使形而上学在解决自己的基本问题时陷入了自相矛盾当中，从而耽误了自己成为一门真正科学的可能性。这种误用就体现在把那些具有构造功能而只适用于经验领域的知性法则运用于经验之外的理念领域。

> 如果我们在使用知性法则时，不只是把我们的理性运用于经验的对象，而是冒险地把这些知性法则扩张到经验的界限之外，那么就会产生假合理的命题。这些假合理的命题既不能希望得到经验的证实，也不害怕经验的反驳。其中每一个命题不仅本身不矛盾，而且在理性本性中有其必然性条件；但不幸的是，反命题也同样是有效的，而且就它本身这一方面的主张来说，它也有其必然性根据。①

具体而言，关于绝对总体(die absolute Totalitä)的四个宇宙论理念以及神、自由、灵魂不朽这些理念(die Idee)是理性分别在经验运用和实践运用中必然要给出的结果，否则理性的这两种运用就是不可理解的。也就是说，这些理念是理性能够理解自己的两种运用的前提。比如，当我们把因果性这一知性范畴运用于一现象，从而把这一现象纳入一因果关系时，对于理性来说，这之所以是可靠的，必有一个前提，即存在一个不再以其他原因为其原因的第一因，即自由因。"没有这种超验

---

① 康德：《纯粹理性批判》A421, B449；Kant, Immanuel., *Kritik der reinen Vernunft*. Hrsg. von Raymund Schmidt, Hamburg: Felix Meiner, 1956, S. 449.

的自由,在自然流程中,现象的原因系列永远是不完整的。"①而现象的原因系列如果是不完整的,那么也就意味着现象之间的因果性关系不是绝对必然的。但是,我们之所以能够把任何一个现象纳入因果关系中来认识,恰恰预设了现象之间有必然的因果性关系。而现象之间的必然性因果关系必须以现象的原因系列是一个完整的系列为前提,即必须以绝对从自身出发的第一因作为开始的原因关系为前提。在这里,自由因构成了理性有理由把知性法则运用于现象(经验)的前提。

显而易见,这些理念虽然是在理性的运用中要求给出的,但绝对不是这种运用的产物,它们恰是超出了这种运用才能构成这种运用的前提。实际上,我们毋宁说,它们是理性在这种运用过程中(不管是经验运用还是实践运用)越出这种运用而直接领会、洞见到的超越性对象。因此,它们都是经验之外的存在。在这个意义上,它们都是自在之物,即在自己位置上(an sich)的存在者。它们不在感性经验中,因而不是现实(wirklich)的存在,但它们却必然存在于理性里,存在于理性越出经验的领会里。

这种(宇宙论)理念虽然构成了理性把知性法则运用于经验的前提,但是它们恰恰是不可用知性法则去认识、去把握的。因为知性法则只适应于经验现象,而这些理念却在经验之外,它们不是经验中的对象。如果理性为了扩展知识而把知性法则用于这些理念,那么,理性不可避免地要陷入康德所谓的"二律背反"这种矛盾冲突中。《纯粹理性批判》给出的四个宇宙论理念的四组二律背反就是具体展示了理性把知性范畴运用于这些理念而导致的矛盾冲突。比如,当我们把"世界"当作现象系列的绝对综合时,世界就是一个在经验(现象)之外的理念。如果我们用时空、质量等概念去把握这个"世界",试图给出关于这个世界的知识,那么,就马上陷入"世界在时间上既是有开始的,又是没有开始的,在空间上既是有界限的,又是没有界限的"这样的正-反对立中。

形而上学的根本任务是超出经验之外,追问上帝(神)、自由和不朽这些根本问题。但是,如何超出经验之外?又如何去追问上帝、自由这些根本问题?上面的分析表明,显然不能通过把知性法则扩展到经验之外的领域来完成形而上学的任务。这种扩展使形而上学陷入的矛盾冲突表明,理性对知性法则的运用是有界限的,或者说,理性的经验运用是有界限的。因此,为了使形而上学摆脱长期陷入其中的那种自相矛盾,以使形而上学成为一门可靠的科学,必须首先澄清理性的经验运用的界限。而这也就是说,必须首先对理性本身进行批判考察。因此,在康德这里,"纯

---

① 康德:《纯粹理性批判》A446,B474;Kant, Immanuel., *Kritik der reinen Vernunft*. Hrsg. von Raymund Schmidt,Hamburg: Felix Meiner, 1956, S. 462.

粹理性批判"对理性所做的分析、审查是形而上学本身的一项任务,它构成了形而上学的准备性知识部分。也就是说,"纯粹理性批判"实际上是要作为一门科学出现的形而上学的基础。任何形而上学,只要它要成为一门科学,它就必须以"纯粹理性批判"的工作为基础。

因此,在康德心目中,"纯粹理性批判"是形而上学的"导论"(Prolegomena)。不过,我们并不能在著作的导论这种意义上去理解《纯粹理性批判》在形而上学中的导论地位。一本书的导论可以不是书的正文的组成部分,甚至可以在全书写完之后再回过头来写。但是,作为形而上学的导论,"纯粹理性批判"本身就是形而上学的一个部分,而且是形而上学要作为科学出现必须首先完成的部分。所以,"纯粹理性批判"虽然是形而上学的准备性部分,但正是这个准备性部分保证了形而上学能够作为一门科学出现。在这个意义上,形而上学的准备性部分也就是它的基础部分。因此,当康德把"纯粹理性批判"当作一门科学进行系统的严格论述时[①],也就意味着他已在努力把形而上学的基础当作一门科学来建立。

所以,《纯粹理性批判》虽然对传统形而上学进行了最为彻底的批判,但这种批判恰恰是为了使形而上学成为一门科学奠定基础。在这个意义上,我们甚至可以把"纯粹理性批判"当作"基础形而上学",因为任何可能的形而上学都必须建立在这种理性批判之上。

二、先验综合知识如何可能

如果我们的确可以把"纯粹理性批判"当作"基础形而上学",那么,基础形而上学面临的任务首先就是回答:"先验综合判断是如何可能的"(wie sind die synthetische Urteile a priori möglich)。因为"作为科学的形而上学是如何可能的"(这正是纯粹理性批判要解决的)这一问题就如"纯粹数学是如何可能的"和"纯粹自然科学是如何可能的"这两个问题一样,它们的解决取决于"先验综合判断是如何可能的"这一问题的解决。换句话说,这一问题的解决才包含着对这三个问题的彻底解决。[②]

[①] 康德在《任何一种能够作为科学出现的未来形而上学导论》中明确地写道:"因为在能够设想使形而上学出现前,或者甚至在抱有这样一种渺茫希望之前,《纯粹理性批判》必须全面地被建立为系统的、最详尽的科学才是可能的。"参见康德:《任何一种能够作为科学出现的未来形而上学导论》,庞景仁译,北京:商务印书馆,1990年,第11页。

[②] 康德:《纯粹理性批判》B20;Kant, Immanuel., *Kritik der reinen Vernunft*. Hrsg. von Raymund Schmidt, Hamburg: Felix Meiner, 1956, S. 52.

因此,"形而上学的成败,因而它的存在便完全取决于对这一问题的解决"①。形而上学能不能成功地作为一门科学出现,从而有没有权利存在,关键就在于它能不能解决"先验综合判断是如何可能的"这一问题。

不过,对这一问题的解决,对于形而上学来说,与对于纯粹自然科学和纯粹数学来说,具有不同层次的意义。纯粹数学和纯粹自然科学并不存在可能不可能的问题,它们以其长足的进展直接表明了它们的事实存在——它们是能够存在的。因此,问"它们是如何可能的"并不包含追问"它们是否可能"。就它们来说,恰恰是它们已事实存在,我们才去问"它们是如何可能的"。它们存在,这是一个经验事实。对于这种事实的存在,追问其如何可能,在根本上只是追问它们的起源(Ursprung)或根据(Grund)。它们的起源保证了它们是它们所是的科学。但是,一门科学之所以是科学,首先在于它提供的知识具有普遍必然性。这种普遍必然性显然不可能来自经验,因为经验本身并不具有普遍必然性,它必须在获得这种普遍必然性之后才能构成"知识",否则,它就只是不值得信赖的"常识"或主观习惯。因此,科学的普遍必然性只能来自先验的或验前(a priori)的原理(基础命题);而且这先验原理(先验命题)必须是综合的,而不是分析的。因为分析原理是从概念中直接分析出来的,并不涉及概念之外的经验,它对自身之外的经验事物无所作为(Verhalten),因此,不可能依靠分析原理来构成新知识。任何一门想要不断提供出新的具有普遍必然性的知识的科学,只能依赖于先验的综合原理(判断)。也就是说,数学或自然科学之所以是一门能够不断提供出可靠知识的科学,其全部根据就在于它们把先验综合命题作为它们的基础与原理。先验综合命题因其是"先验-验前的"而超越了一切经验主观性的限制,从而保证了普遍必然性;另一方面,它虽然是"先验的",却又是对经验事物有所规定,使经验事物按这种规定被经验(erfahren)到,因此,它又是综合的,能对经验事物有所作为。正是这种能够对经验事物有所作为的先验综合命题(知识)使科学能够不断提供出新的、具有普遍必然性的知识,也即使一门科学能够是一门科学。在这个意义上,先验综合判断(命题)是一切科学的基础,只有建立在这种先验综合判断基础上,科学才是可能的。因此,对于数学和自然科学来说,追问"先验综合判断如何可能"也就是追问它们的基础,对这一问题的解决就是奠定它们的基础,或者更确切说,是在超验(transzendental)的概念与原理的基础上把它们的基础展现出来。

---

① 参见康德:《任何一种能够作为科学出现的未来形而上学导论》,庞景仁译,北京:商务印书馆,1990年,第 33 页。另参见康德:《纯粹理性批判》B19;Kant, Immanuel., *Kritik der reinen Vernunft*. Hrsg. von Raymund Schmidt, Hamburg: Felix Meiner, 1956, S. 51.

不过,这一问题是否解决,并不影响数学或自然科学的存在与进步。在康德之前,形而上学甚至没有意识到这一问题,但数学与自然科学在每个世纪都有自己新的成就。而在康德提出并解决了这一问题之后,我们也看不出这与数学或自然科学的加速进步有什么直接关系。该问题的解决对于它们的意义仅仅在于:由于它们的普遍必然性的基础得到了认识与觉悟,科学的可信任性和可寄托性也就随之得到了确立。因此,人们对于科学的维护与推动就不仅仅出于兴趣或理性的本性,而是出于自觉的精神。如果说,科学是存在者(事物)存在(显现)的方式,那么,对科学的基础的认识,即对"先验综合判断如何可能"这一问题的解决,也就意味着科学是存在者(万物)的一种必然存在方式,虽然并非唯一的存在方式。因此,我们可以给科学这种存在方式以信任。就此而言,解决"先验综合判断如何可能"这个问题与其说是为知识辩护,不如说是为存在者之存在方式辩护。换言之,"先验综合判断如何可能"的问题与其说是认识论问题,不如说是一个存在论问题。这一点从这一问题的解决对于形而上学之意义可以看得更清楚。

三、作为存在论问题的先验综合判断

对于形而上学来说,"先验综合判断如何可能"这一问题的解决并非仅仅具有奠定其基础的意义,而且关系到形而上学本身能不能存在。数学与自然科学都是事实上已存在的科学,它们没有能不能存在的问题,但形而上学则不同,虽然人类迄今没有停止过建立一门作为科学的形而上学的努力,但它总是陷入自相矛盾当中这一现状表明,它能不能是一门科学,有没有这样一门科学,尚是一个问题。

"形而上学"(Metaphysik)最初讨论的就是一些"自然"(physis 即广义的"物理现象")背后的问题,或者更确切说,都是与"自然"有关系却又都超出(meta)"自然"的问题,比如,存在者作为(这个)存在者存在的根据问题、原因问题、形式与质料问题等等。因此,从一开始,形而上学的"对象"就是超出"自然"之外的东西,所以,形而上学也就是"超物理(自然)学"。用康德哲学语言说,形而上学的任务就是要超出经验界限之外。这表明,康德理解的形而上学与形而上学的本义是一脉相承的。现在的问题是,这种超出经验之外的科学是否是可能的?而这个问题也就是康德认为不能随便搪塞的这样一个问题:

> 是否有一种独立不依于经验,甚至独立不依于一切感官印象的知识?我们可以把这种知识称为先验知识(Erkenntnisse a priori),以区别于经验知识(Die empirische Erkenntnisse)——这种经验知识有其后验(a posteriori)的根

据,即其根据在经验(Erfahrung)中。①

也就是说,形而上学是否可能,是否有权利作为一门科学取决于是否必然存在一种绝对独立于一切经验的先验知识。根据康德的划分,一切知识或判断可分为分析的和综合的。显然,一切分析的知识都是先验的,这种分析的知识的存在是无可怀疑的,它们构成了逻辑学的对象。因此,如果先验知识只是分析的知识,那么,也就无需形而上学这门学问。于是,正如前面已经指出那样,"形而上学是否可能"最终取决于"先验综合知识(判断)是否可能以及如何可能"。纯粹数学和纯粹自然科学能够提供出具有普遍性与必然性的知识这一经验事实表明,的确存在着一种先验综合知识。因为正是这种先验知识一方面是独立于一切经验,因而具有必然性和普遍性,一方面又对经验事物有所规定,因而是综合的。它能被运用于经验事物,才能使以这种知识为基础的数学或自然科学能够获得新的具有普遍必然性的知识。

数学或自然科学的存在及其发展这一经验事实虽然表明了存在这样的先验综合知识,但是,并没有告诉我们这种先验综合知识的存在是必然的。也就是说,在这里,先验综合知识本身是必然的,但是,是否存在这种知识却并非必然的。因为经验事实无法给出根据以说明事物只能这样而不可能别样②,它同样也无法说明先验综合知识只能这样存在而不能有别样存在的理由。因此,如果我们停留在经验事实上去确认先验综合知识的存在,那么,我们也就没有必然的理由去建立形而上学。因为既然先验综合知识的存在不是必然的,那么以之为对象的形而上学当然也就没有存在的必然性。

要确定先验综合知识存在的必然性,显然只有通过追问"先验综合知识(判断)如何可能"这一问题才能实现。这一问题的解答不仅将确认先验综合知识的存在,而且将给出这种知识存在的必然性根据。因此,对于形而上学来说,"先验综合判断如何可能"这一问题的解决不只是具有奠定其基础的意义,而且更重要的是将确立形而上学存在的必然性根据。或者更确切说,这一问题的解决既是奠定形而上学的基础,同时,也是确立其存在的必然性根据。

纯粹数学与纯粹自然科学不断取得进步这一经验事实足以表明它们是可能的,它们能够作为一门科学存在。但形而上学没有这样的事实来证明它是可能的,

---

① 康德:《纯粹理性批判》B2;Kant, Immanuel., *Kritik der reinen Vernunft*. Hrsg. von Raymund Schmidt, Hamburg: Felix Meiner, 1956, SS. 38-39.

② 参见康德《纯粹理性批判》A2,B3;See. Kant, Immanuel., *Kritik der reinen Vernunft*. Hrsg. von Raymund Schmidt, Hamburg: Felix Meiner, 1956, SS. 37, 39.

即使有这样的事实，它也不能依赖经验来解决自己是否可能的问题。因为形而上学本身要求超出经验之外，而对于超出一切经验之外的东西来说，只有找到其存在的必然性，我们才能说，它是可能的，它能够存在。也即说，形而上学是否可能的问题最终必须落实到它如何可能的问题。在"如何可能"（wie ist es möghlich）这种追问（Fragen）中，所问的（Gefragte）才涉及存在的根据。我们只有给出形而上学存在的必然性根据，才能确定它是可能的，它能够作为一门科学存在。因此，"先验综合判断如何可能"这一问题的解决首先关乎形而上学的存在问题。如果说这一问题对于数学与自然科学来说，只涉及它们的基础，那么，对于形而上学来说则既涉及其基础又涉及其存在。我们也可以说，对于形而上学这种超出一切经验之外的学问来说，它的基础问题同时也就是其（有无必然性根据的）存在的问题。

"纯粹理性批判"之所以是基础形而上学，从消极角度说，是因为这种批判澄清了理性能力的两种运用及其界限，从而使形而上学避免重蹈陷于自相矛盾的覆辙，我们前面对此已作了论述；从积极角度说，则是因为这种批判将揭示出作为一切科学的基础的先验综合知识（判断）及其基础，并对这种知识的范围做出规定，从而为形而上学作为一门科学存在提供必然性根据。当纯粹理性批判澄清出先验综合知识并规定了其范围时，它本身也就构成了作为科学的形而上学的一部分。

不过，把形而上学作为一门科学确立下来，是否意味着从此我们可以获得一种新的知识呢？换一个问法就是，"先验综合知识如何可能"仅仅是一个知（认）识论（Erkenntnistheorie）的问题吗？

追问纯粹数学或纯粹自然科学如何可能，我们发现了它们的基础：先验综合知识；追问先验综合知识如何可能，我们发现了它们的超验（transzendental）根源，它们能够涉及、关联到时空中的经验事物，但它们本身却不来源于经验，而是来源于超验理性与超验直观，它们独立于一切经验事物而存在于超验领域。也就是说，先验综合知识是人这种存在者的一种超验存在方式。因此，人之有这种知识，并不仅仅意味着人对经验中的他物有所知（wissen），而且首先意味着人的一种存在（状态）：这种知（Wissen）是一种纯粹先验的"预知"（vor-wissen）或"先知"——先于经验而知，借用海德格尔的存在论解释学术语说，就是一种"前理解"（Vor-verstandes）或前领会。人向来且不得不是置身于这种先知或前领会当中，人的存在是"有"先知的存在。这种"有"并不是在"人有物理学知识"意义上的有："人有物理学知识"并不具有必然性（虽然物理学知识本身具有必然性），迄今还有许多人连起码的物理学常识都不具备，这并不影响他们的存在；但是，不管意识到还是没意识到，人不可能没有先验综合知识这种"先-预知"，只要他作为人这种存在者存在，他就被赋予这种"先-预知"，被抛入这种"先-预知"。因此，人有"先-预知"是纯粹先验的,是绝对必然的。在这个意义上,我们甚至不能说"人拥有先-预知",而只能说"先-预知拥(据)有人",人存在于"先-预知"当中,而不是"先-预知"构成人的存在的一个部分,或者只作为一个部分而附着于人的存在上。

更进一步说,"先-预知"也并不仅仅是人这种存在者的存在方式,而且同时也是一切被给予物的存在方式,因而也是一切经验事物存在的方式。我们首先只有在时间与空间这两种超验的感性形式中,才能与现实(wirklish)他物相遇,才能与现实他物打交道或关联到现实事物。但是,在康德这里,我们在时空中只显明有物存在,有物按时空形式被给予,但并不显明是什么东西(Was ist das?)被给予。如果我们停留于时空,那么,我们就只有直观(Anschauung),事物则只是时空关系物,只以时空形式存在。要把按时空形式存在的现象事物做成经验对象,或者说,事物要在时空中显现其自身同一性或其本质,就必须让这些现象物与我们不得不置身其中的"预知"发生关联,让它们按这种预知形式展开。否则,我们只有感性(直观)的现象物,而没有可获得同一性的对象物。对象物必须有其自身同一性规定,才是一对象事物,才是某种什么(etwas)。但是如果没有质、量、关系、实体等这些超验范畴(意识)的规定活动或展现活动(aus-sagen),感性时空中的现象事物就不可能获得质量等方面的规定,不可能被展现、陈述为有质量规定的自身同一物,因而不可能是有本质的存在,也即不可能是对象事物。

因此,感性时空中的任何存在物,只有当它按"预知方式"显现出来,它才能作为经验对象或经验事物存在。这也就是说,先验综合知识不仅是人这种存在者的存在方式,而且是一切经验事物的存在方式。这意味着,先验综合知识并不是众多知识中的一种知识,而首先是一种有超验根据的存在方式。因此,"先验综合知识(判断)如何可能"首先就不是一个认识论(Erkenntnistheorie)的问题,而是一个有关存在者如何存在的存在论(Ontologie)问题。

在这个意义上,我们说,"先验综合知识如何可能"作为形而上学的问题,同时也是存在论问题。这意味着,作为基础形而上学的"纯粹理性批判"首先就不是一种认识论哲学。海德格尔在阐释《纯粹理性批判》时断然地说:"纯粹理性批判与'认识论'毫无关系。"① 整个纯粹理性批判被他视为是为存在论确立内在可能性。这是海德格尔在确立其基础存在论时,对康德哲学做出的一种阐释。就这种阐释提供了一种能够更深入地理解和揭示康德哲学之历史性意义的视野而言,这种阐释无疑具有学理上的根据。

---

① Martin Herdegger, *Kant und das Problem der Metaphysik*, Gesamtausgabe, Band 3, Frankfurt am Main: Vittorio Klostemann, 1991, S. 17.

第十二章　时间问题(上)：奥古斯丁对时间观的变革

在希腊思想视野里，时间与感性、运动、变化相关，但是，第一哲学所追问与探究的对象却是"超感性"从而是"超时间的"。因此，时间问题在亚里士多德那里不属于第一哲学问题，而属于物理学问题。当时间被定位为物理学问题时，也就意味着，时间被理解为一种在人自身之外的存在物。但是，当奥古斯丁把时间内在化为人的一种思想活动之后，时间问题开始上升为存在论的问题，不过，这一点到康德的感性论变革才得到最初的表达；而在海德格尔哲学，时间问题不仅是存在论问题，而且是基础存在论的问题[①]。所以，接下来，我们将分两章来讨论时间问题。

一、物理时间及其给基督教世界带来的冲击

奥古斯丁在西方思想史上具有多方面的开创性意义，他对希腊时间观的变革就是其中重要的一个方面。由于时间只是作为被造物的人类的思想的伸展、持续，而不再是支配整个世界运

[①] 有关时间问题如何在海德格尔哲学这里成为基础存在论问题，可参见作者《时间与永恒：论海德格尔哲学中的时间问题》一书，江苏人民出版社，2012年增订版。

动的物理之流,因而"无中创(生)有"的创世活动与创世图景也就成为可理解的,从而彻底改变了古希腊人关于不能从无中创有的创世观念。这种新的创世观念改变了希腊人规定的宇宙论图景:最高的神不只是一个只给出形式以整理、规范质料的设计师,而是一个能从无中直接给出形式与质料结合在一起的万事万物的造物主。也就是说,建立在新的时间观基础之上的宇宙论图景能够且必须为真正的造物主留下位置。实际上,时间观的每次变革都会带来宇宙观甚至存在论的变革。

如果从时间的概念史来看,那么可以发现,从亚里士多德经奥古斯丁到康德,这是一个时间逐渐内在化的过程,同时也是对现象世界的理解发生转变的过程。

在古希腊,时间被理解为一种"物理时间":时间是一种特殊的现成存在者,它是运动、变化的原因,而运动则是理解时间的条件。亚里士多德在《物理学》里把"时间是什么"的问题看作是"时间是运动的什么"的问题,最后则把时间定义为"计算前后运动得到的所计之数"①。这一时间定义有两方面内容。一方面,时间是一种可由运动得到测量的东西,另一方面,时间贯穿并展示着一切运动。这种时间观实际上在亚里士多德之前就已确定了的。赫拉克里特说过一句很晦涩的话:"时间是一个玩游戏的儿童,儿童掌握着王权。"在他之前的泰利斯也说过另一句同样晦涩的话:"时间是最智慧的,因为它发现一切。"——时间是一个游戏进行者,所以,它虽然不能创造游戏中的一切,但是它却把游戏中的一切逐渐展现出来;万物就是游戏中的万物,它们只在游戏中才展现出来,因而时间才发现一切,才掌握着王权而是最智慧的。在整个古希腊世界,时间就是这样一种物理时间:它是一种引起万物展现与消失的特殊的物理存在者,即一种自在的物理之流。直到牛顿的绝对时空,还是如此。不过,这中间有一个例外性的怀疑与突破,这就是奥古斯丁对时间的思考。

奥古斯丁是一个基督教神学家,他为什么要重新思考时间?因为希腊的时间观给基督教信仰带来了严重的冲击,首先是给现象世界的真实性与上帝的自由存在带来了冲击。

实际上,物理时间观在古希腊就已带来现象世界即物理世界的统一的崩溃。在巴门尼德,特别是在苏格拉底之前,"哲学家"们都是从现象-自然里寻找始基,也即现象世界本身的统一性。但是,由于整个现象世界都是在时间中展现出来的,因此,即使是始基本身也是变化的,因为它也是在时间当中。这使整个现象世界在时间之河里摇晃起来,陷入了变化无常的严重不确定中。赫拉克里特把这种不确定性表述为"既存在又不存在"。但是,哲学追问始基,恰恰是为了获得确定性存在,

---

① 亚里士多德:《物理学》219a,219b,张竹明译,北京:商务印书馆,1982年,第124-125页。

也就是通常所谓"真理"或"真实";而一个陷于"既存在又不存在"这种摇晃中的世界如何会是真实的呢?这就是"现象世界"的存在危机。所以,从巴门尼德开始,希腊哲学开始了另一番努力。这就是放弃现象世界,从思想寻求本质与确定性,而把时间与现象界一起排除在本质世界之外。本质是超现象(physis)的,是在现象之后(meta)的。所以,有关本质的学说叫 Meta-physik,即形而上学。本质或真实存在由于不在时间中,因而是非时间的。形而上学要追问与维护的存在一定是非时间性的,因而是永恒的。

那么,这个不真实的现象世界与真实的本质世界有什么样的关系呢?怎么会有不真实的现象世界呢?这个问题直到苏格拉底和柏拉图才得到思考与回答。现象世界之所以不真实,就在于它只是真实世界的摹本或影像。这意味着在时间中的世界是一个摹本世界。如果说时间中的万事万物是对真实万物的模仿,那么时间则是对永恒的模仿。在这个意义上,整个现象世界是一个非真实的世界。

但是,对于基督教徒来说,现象世界也是真实的,因为它来自于唯一的造物主。而我们所坚信的造物主是不可能欺骗我们的。虽然他所创造的这个现象世界可能是临时的,但它一定是真实的。而如果被希腊人否定了的这个现象世界是真实的,那么它的时间是否也是真实的呢?如果这种时间是真实的,那么它与上帝又是一种什么关系?面对古希腊时间观,作为基督教徒,奥古斯丁首先面临的就是如何"拯救现象界"的问题。

而尤其严重的是,如果时间的确是一个特殊的自在之流,那么,上帝是否在时间中?如果上帝在时间中,那么,人们就要问:"上帝在创造天地万物之前做些什么呢?如果闲着无所事事,何不常无所为,犹如他以后停止工作一样?"①而且如果上帝在时间中,他甚至就要受时间的支配,因而不是自由的。因为,如果上帝在时间中,那么,上帝是要么在时间流中的某个点上,要么是贯穿于整个时间流之中。如果是在某个时间点上,那么上帝已成过去,因为他正是在那个点上创造了世界;如果上帝是贯穿于整个时间流,那么他显然受时间的支配,因为他只能随时间流那样贯穿于时间流之中。因此,如果时间是自在之流且上帝也在时间中,那么,人们既无法理解上帝的创世行为,也无法理解上帝的绝对自由。

但是,如果假定上帝不在这种作为自在之流的时间中,情况又将如何呢?上帝是全知全能的,他当然知道时间中要发生的一切。但是,如果上帝不在时间之流中,上帝又是如何知道时间中发生的一切?奥古斯丁也疑虑不解地问:"你难道是

---

① 奥古斯丁:《忏悔录》卷十一,第 10 节,周士良译,北京:商务印书馆,1981 年,第 239 页。

随着时间才看到时间中发生的事情?"①上帝不在时间中,他当然不是随时间才看到其中发生的一切。那么,只有一种可能,这就是上帝是在无时间的意愿中料知时间中发生的一切。这意味着上帝的意愿里有时间秩序。但是,没有时间的意愿如何会有时间秩序呢?这是自相矛盾的。因此,作为自在之流的时间与作为唯一造物主的上帝是不相容的。

这意味着,物理时间观不仅动摇了现象世界,而且动摇了上帝这一绝对的自由意志。因此,希腊人的物理时间观给基督教徒带来了深刻的困惑:要么上帝存在及其创造的世界值得怀疑,要么物理时间观需要重新审视。这个困惑促使了作为虔诚教徒的奥古斯丁对物理时间观提出了质疑,这种质疑具有根本性的意义,因为他首先是对时间被作为一种"什么"来理解的怀疑:"时间究竟是什么?没人问我,我倒清楚,有人问我,我想证明,便茫然不解了。"②

二、时间的内在化

在"时间是什么"这种追问中,已隐含着把时间当作一种现成而自在的东西来理解。因为"是什么"这种追问方式只是针对既定或现成的存在者的发问,也只适合于这类存在者。因此,以这种方式对任何存在着的东西进行追问,都意味着把这种存在着的东西当作现成或既定的存在者。所以,在奥古斯丁的茫然中,在根本上透露的是对被作为"什么"的时间的怀疑。时间是"什么"?对于希腊人来说,时间的确就是一种"什么"——时间就是一种现成的、自在的物理之流。对此,希腊人并不觉得有什么困惑与怀疑,因为他们可以通过对本质世界的诉求而把时间与整个现象世界排除在可靠而真实的本质世界之外。但是,对于奥古斯丁来说,作为"什么"的时间则会带来一系列严重问题。因此,他从根本上质疑作为"什么"的时间。

如果时间并不是什么现成的物理之流而在我们之外自在地存在着,那么,它又存在于什么地方呢?或者说,如果时间不是作为"什么"存在,那么它又是如何存在呢?对于"时间是什么"感到茫然不解的奥古斯丁对这个问题给予了十分明确而坚定的回答:"时间存在于我们心中,别处找不到";时间不是"什么","时间不过是伸展,但是什么东西的伸展呢?我不知道。但如不是思想的伸展,则更奇怪了。"③

时间只是"我们的思想的伸展或延伸",因此,时间实际上只存在于我们的思想

---

① 奥古斯丁:《忏悔录》卷十一,第1节,周士良译,北京:商务印书馆,1981年,第231页。
② 奥古斯丁:《忏悔录》卷十一,第14节,周士良译,北京:商务印书馆,1981年,第242页。
③ 奥古斯丁:《忏悔录》卷十一,第20、26节,周士良译,北京:商务印书馆,1981年,第247、253页。

中。这是奥古斯丁在时间问题上给出的一个突破千年定见也将穿越千年历史的大胆解答。

既然时间只是思想的延伸,而不是自在的物理之流,因而也就没有流逝了的纯粹过去和尚未到来的将来。在奥古斯丁看来,把时间截然划分为过去、现在和将来是不恰当的,因为与现在没有关联的过去或将来都是不存在的。他分析说:"如果过去和将来都存在,我愿意知道它们在哪里。假如目前为我还不可能(知道它们在哪里),那么我至少知道它们不论在哪里,绝不是过去和将来,而是现在。因为如作为将来而在那里,则尚未存在,如作为过去(在那里),则已不存在。为此,它们不论在哪里,不论是怎样,只能是现在。"①也就是说,如果过去和将来存在,那么,它们一定与现在相关联,或者是作为某种方式的现在而存在。在这个意义上,"说时间分过去、现在和将来三类是不确当的。或许说:时间分过去的现在、现在的现在和将来的现在三类,比较确当。"②换言之,过去和将来都是以现在的方式存在着。当我们说过去或将来时,实际上是在说过去的现在与将来的现在。

那么如何理解过去是"过去的现在",将来是"将来的现在"呢?它们又在什么地方?奥古斯丁举例分析说:

> 譬如我的童年已不存在,属于不存在的过去时间;而童年的影像,在我讲述之时,浮现于我现在的回忆中,因为还存在我记忆之中。
>
> 至于预言将来,是否也有同样情况呢?是否事物虽则尚未存在,而它们的影像已经存在而呈现出来?……我知道一点:我们往往预先计划将来的行动,计划属于现在,计划的行动既是将来,尚未存在;我们着手时,开始进行我所计划的行动,这时行动出现,不是将来,而是现在了。……人们所谓预见将来,不是指尚未存在的将来事物,可能是看到已经存在的原因或征兆。③

我的童年当然就是我的过去,更远一些说,我的民族(国家)史也就是我所属的家族的过去,当然也是构成我的源头的过去。但是,我的童年显然已不存在,否则我就还只是个孩子,可是我实际上已年届不惑。而构成我的民族史之内容的事件也已消失在久远的岁月里,不然的话,我的先人们仍会生活在战火连绵的动荡中。我的童年虽已不存在了,但是,这并非意味着我没有了童年,我永远有童年——我

---

① 奥古斯丁:《忏悔录》卷十一,第18节,周士良译,北京:商务印书馆,1981年,第245页。
② 奥古斯丁:《忏悔录》卷十一,第20节,周士良译,北京:商务印书馆,1981年,第247页。
③ 奥古斯丁:《忏悔录》卷十一,第18节,周士良译,北京:商务印书馆,1981年,第245-246页。

的童年永远是我的童年,我的童年永远萦绕在我心头。也就是说,只要我在着,我就有过去,或者说,我的过去就在着。如何在着?奥古斯丁这里说,过去(比如我的童年)是作为"影像"存在于"记忆"。过去的事实或事件已不再存在,但是,它们作为某种表象或概念存在于人们的记忆中。这里我们可以把这种表象或概念统称为观念。过去是以观念的方式存在于人们的记忆中。我有童年,说的是我的童年世界、童年历程被我转换成一种观念形态保存在我的记忆中,我由此保持与童年世界里的他人他物的某种关联,并借此理解自己的来历与身份,乃至自己的未来。因此,我的童年和青年所发生的一切事件虽然都已烟消云散,都已"死亡",但是,我的整个童年和青年却作为一种观念形态借助于记忆而延伸到我的现在(中年),并与我的现在和将来息息相关。在这个意义上,我们也许可以说,作为事件或事实的过去已经死亡,但是,作为观念形态的过去却活在记忆中,活在现在和将来。这就是奥古斯丁所说的"过去的现在"。

同样,将来的事物或事件尚未存在,但是,我们却能预见将来,或者更确切说,我们每个人都能打开一个将来,因而我们每个人都有自己的将来。我们因能预见、打开将来而有将来。但是,我们如何预见、打开将来呢?我们立足于现在的观念立场与事实场境,展望或设想以后可能出现的事物与事件,筹划自己可能的行动,并推想自己可能的生活。这些就是我们打开的将来。当然,我们也可以悬搁一切观念立场与事实场境,只从当下的"纯粹思想"出发,也必能打开、预期某种可能性。所谓将来,也就是我们在纯粹思想或观念立场中打开与预期的可能性:可能的事物、可能的行动、可能的生活。虽然这些事物、行动和生活尚未成为事实摆在眼前,但是它们作为可能性被预期而被打开在我们当下的思想-意识中。奥古斯丁所谓的"将来的现在"也就是这种在现在的思想-意识中打开的可能性。简单说,将来不是作为现成的东西摆在人们的面前,而是作为可能性存在于人们的思想-意识中,或者更具体说,是作为在预期或期望这种思想意识中打开的可能性存在着。

而所谓"现在"又是什么呢?按奥古斯丁的思路,这个"现在"不可能是别的,只能是当下的思想-意识,他笼统地称为"直接的感觉"。因此,过去和将来都以现在的方式存在着,而不是与现在截然分离的。在这个意义上,过去、现在、将来都存在于我们的思想中:"过去事物的现在便是记忆,现在事物的现在便是直接感觉,将来事物的现在便是期望。"①实际上,这等于说,时间就展现为记忆、当下的意识和期望。时间以这三种思想-意识来而展开自己、伸展自己和融合自己。所谓"时间就是思想的伸展",也就是说,整体时间就是在当下的意识(现在)中联系起来的记

---

① 奥古斯丁:《忏悔录》卷十一,第20节,周士良译,北京:商务印书馆,1981年,第247页。

忆与期望。但是,这并非意味着,时间是一个"意识流",毋宁说,时间是一个意识视野:在这个视野里,人们不仅可以看到当下的事物,而且能理解过去了的事物,同时还能看到将来的可能性。

于是,时间就这样由一种外在的物理之流被内在化为一种"思想的伸展"。对于这种内在时间而言,它首要的一个基本特征就是,它不再是可以被分割为三段的线性之流,而是不可分割地统一于现在的视野性存在。一切事物都是在这个视野里显示它们各自的来历与种种可能性;也只有在这个视野里,事物才显示出它是有来历(源头)的,并且有超出其当下现成性的其他可能性,因而是一个整体的存在者,而不仅仅是一个现成的存在者。也就是说,由于这种内在时间的过去、现在与将来不可分割地统一于一体,在时间中的事物才是一个整体的存在,即不仅当下存在着,它同时有来历且有尚未到来的其他可能性。

与这个基本特征相应,内在的视野性时间具有另一个基本特征,这就是它有"长"与"短",因而是可理解、可度量的。

虽然作为物理之流的线性时间历来被视为可计算、可度量的时间,但是,奥古斯丁经过缜密的分析后却发现,它恰恰是不可度量的。因为将来尚未存在,无从度量,过去已不存在,也同样无法度量。那么,现在呢?"现在没有长度,亦无从度量。"① 因此,如果时间的确是一种外在的物理之流,那么,它就是不可度量的。但是,人们在日常生活中却总在度量时间:地球自转一周,人们会说,过去了 24 小时或一天一夜;根据马或汽车的奔驰速度,人们测算从罗马到米兰需要多少时间;虽然我现在饥肠辘辘,但我还得忍耐 20 分钟,因为做好一顿午餐需要这么长时间。这是怎么回事呢?人们这里所度量的是时间还是运动?当然是时间,是事物在运动中的时间。因为人们正是通过度量事物在运动中的时间来调整、安排自己的生活与行动。否则,人们无需去关注、度量运动的速度与规律。这里更为根本的问题是:人们如何能够度量时间?实际上,正是这个问题进一步把奥古斯丁引向了内在时间观。

我们是什么地方度量时间呢?奥古斯丁问:是在空间里吗?与其说是在空间里度量时间,不如说是借助于空间来度量时间。但是,即便承认我们是借助于空间来度量时间,空间的大小与时间的长短也没有关系,而只与人们对空间的规定有关系。因为人们既可以用地球自转一周来表示一昼夜,也可以用人工钟表的时针转动两周来表示 24 小时。虽然地球自转一周的空间与钟表时针转动两周的空间的差距是如此之大,以致相对于前者,后者几乎可以被忽略不计。但是,人们却把这

---

① 奥古斯丁:《忏悔录》卷十一,第 21 节,周士良译,北京:商务印书馆,1981 年,第 248 页。

两个在大小上如此不相称的空间用来表示同样的时间。所以,如果说人们是借空间来度量时间,那么显然是以人们对空间的规定为前提。人们以什么样的空间来度量时间取决于人们对空间的规定,而与空间本身没有关系。如果不对空间进行先行规定,空间与度量时间就没有关系。这意味着,我们不可能在空间中度量时间。对空间进行先行规定的那种规定活动所在的地方才应是我们度量时间的地方。这个地方只能是我们的思想,奥古斯丁也称为心灵。他得出结论说:

> 我的心灵啊,我是在你里面度量时间。……事物经过时,在你里面留下印象,事物过去而印象留着,我是度量现在的印象而不是度量促起印象而已经过去的实质;我度量时间的时候,是在度量印象。为此,或印象即是时间,或我所度量的并非时间。①

我们是在心灵(思想)里度量时间,也只有在心灵里才能度量时间。因此,所度量的东西必定是存在于心灵里的东西。这就是印象。通过记忆,印象被保留而伸展;通过注意,印象被维持而伸展;通过期望,从印象预知将到来的可能性。

那么,我们如何理解这种内在时间的量度或"长短"呢?按一般的理解,过去已不存在,将来尚未存在,它们如何有长短呢?

实际上,当奥古斯丁把时间理解为一种内在时间,即时间是心灵的伸展时,过去也就并非不存在了,而是以记忆方式存在于现在;将来也不是尚未存在,而是以期望方式作为可能性存在着。但是,奥古斯丁并没有明确意识到这一点,他是这样解释时间的"长短":

> ……由于人的思想工作有三个阶段,即:期望,注意与记忆。所期望的东西,通过注意,进入记忆。谁否定将来尚未存在?但对将来的期望已经存在心中。谁否定过去已不存在?但过去的记忆还存在心中。谁否定现在没有长度,只是疾驰而去的点滴?但注意能持续下去,将来通过注意走向过去。因此,并非将来时间长,将来尚未存在,所谓将来长是对将来的长期等待;并非过去时间长,过去已不存在,所谓过去长是对过去的长期回忆。②

这里,我们可以看到奥古斯丁对时间观变革的艰难与犹豫:一方面,他力图突

---

① 奥古斯丁:《忏悔录》卷十一,第27节,周士良译,北京:商务印书馆,1981年,第254-255页。
② 奥古斯丁:《忏悔录》卷十一,第28节,周士良译,北京:商务印书馆,1981年,第255-256页。

破希腊的物理时间观,否定时间是一种外在的物理之流或运动之流,而把时间看作是思想的伸展而存在于心灵里;于是,时间虽然分过去、现在和将来,但是,它们都存在于当下的思想-意识里,因为不管是作为过去的存在方式的记忆,还是作为将来之存在方式的期望,都是以当下活生生的思想-意识为前提,就此而言,它们都以自己的方式在当下(现在)存在着,而绝不是尚未存在或已不存在;同时,就时间是"思想的伸展"而言,不管是作为过去的记忆,或者作为将来的期望,还是作为现在的注意,它们都是一种持续或伸展,而决不再是一种疾驰而逝的点滴。但是,另一方面,奥古斯丁又仍深陷希腊人的物理时间观之中,以至于固执地坚持以为过去已不存在,将来尚未存在,而现在则只是疾驰而去的点滴。如此一来,时间本身是没有量度的,因而是不可度量的;我们有关时间的长短或量度,只不过是我们思想意识中的一种"感觉",与时间本身无关。显然,这与奥古斯丁自己的主张相矛盾。因为既然时间只不过是思想的伸展或持续,那么,这种伸展或持续就是有量度,有长短的,因而是可度量的。也就是说,时间的长短是时间本身所固有的量度,而不是附加上去的。这一观点在《忏悔录》里当然是明确的和自觉的,虽然经常与奥古斯丁的犹豫缠绕在一起。

实际上,正因为时间被内在化为"思想的伸展、持续",时间才获得了两个基本特征:过去、现在、将来不可分割的整体性与时间本身的可度量性。也可以说,时间的这两个基本特征因时间观的这种变革才成为可理解的。时间的可度量性才使借助于空间度量时间成为可能的,并且由此才产生出所谓"度量的时间"或"测量的时间"。至于人们为什么会借助于空间来度量作为"思想之伸展"的"可度量的时间",从而产生出"测量的时间",这是一个更隐晦的时间存在论问题,它仍深深躲藏着奥古斯丁的洞察。

三、时间与运动关系的颠倒

不过,奥古斯丁已从根本上完成了时间观的变革。这种变革首先使时间与运动的关系发生了倒转:不再是运动是理解时间的前提,而是时间是理解运动的前提。当时间被理解为自在的物理之流时,这种时间只有通过运动才能显现给我们,因而才能被我们所理解和认识。因此,运动是我们理解或认识时间的前提。所以,物理时间总是"运动的什么",比如,是"运动的所计之数",甚至就是运动本身。[①]

[①] 参见奥古斯丁:《忏悔录》卷十一,第 23 节,周士良译,北京:商务印书馆,1981 年,第 249、251 页。

对于物理时间来说，离开运动，它就无法得到理解。相反，对于内在时间来说，运动与变化离开了时间则无法被理解。因为所谓运动或变化，也就是一事物处于不同状态，比如汽车由 A 地运行到 B 地，西红柿由绿变红等。但是，只有当我们在内在时间（思想-意识）中意识到从 A 地到 B 地是同一辆汽车的持续存在，从绿色到红色则是同一个西红柿的持续存在，我们才能理解与判定汽车发生了运动，西红柿发生了变化。如果没有这种持续意识，因而也就是说没有内在时间，那么，在 A 地与在 B 地的可能是不同的汽车，而在绿色状态中的西红柿与在红色状态中的西红柿则会是两个不同的西红柿；这样一来，我们也就不能确定，汽车是否发生了运动，西红柿是否发生了变化。所以，作为"思想-意识之伸展、持续"的内在时间是理解、认识一切变化、运动的前提；没有内在时间，甚至也就无所谓变化与运动。这与在物理时间观下的情形正好相反。

而对于奥古斯丁自己来说，他完成的时间观变革使他能够化解物理时间观给基督教神学带来的诸多困惑。既然时间在本质上是我们的思想-意识的伸展、持续，那么，这也就意味着，时间与我们一样是被造的，至少可以说，时间是随我们被造才开始。我们作为被造物存在，才有了时间。因此，在我们被造之前不存在时间。所以，上帝不在时间之中。而且，既然时间是随我们被造才开始，那么，在我们还没有被造时，也就没有时间。既然没有时间，也就没有"之前"与"之后"，所以，也就没有理由问上帝在创造世界之前做什么。

既然上帝在创造时间之前没有时间，那么，上帝就是超时间的，他不在时间中，因而他是绝对自由的。因此，上帝是在时间之外创造了时间中的一切，并且是从无中创有。因为一切"有"的东西也就是能在时间中显现的东西；虽然这个天地世界是在上帝创造人类及其思想-意识之前创造的，但它们却能在内在时间中显现出来，因而是"有"。但是，除了这个世界外，也就没有任何更多的东西能在时间中显现出来，这意味着，除了上帝所创造的这个世界外，就是无。所以，我们可以说，也只能说，上帝是从无中创有。

上帝不在时间中，他当然也不会是在时间中知道时间中发生的一切，虽然他的确知道一切在时间中发生的事物。所谓时间中发生的一切事物，在根本上说也就是能在思想-意识的持续、伸展中显现出来的一切。而人的思想-意识就像一切被造物一样是完全为上帝所知的；对于上帝来说，人的思想-意识是完全透明的。上帝因料知人的思想-意识而料知时间中的一切事物。所以，上帝是超时间的，但他却知道时间中发生的一切。

奥古斯丁的内在时间观不仅捍卫了上帝的超时间的绝对自由、全知全能以及关于上帝无中创有的基督教创世图景，而且也使捍卫现象世界的真实性成为可能。

因为既然上帝的确就是超时间的，并且是全知全能全善的，那么，他创造的世界也必定是真的，不会因为它是变化的而是假的。在内在时间观下，一切变化或运动都是在思想-意识的伸展、持续中显现出来的；离开了思想-意识，也就无所谓变化与运动。因此，如果人们的思想-意识是真实的、不可怀疑的，那么，在其中显现出来的一切变化与运动也不会是梦幻或假相，而必定也是一个真实的世界。

时间的内在化虽然化解了奥古斯丁和基督教神学的一系列困惑，但是将时间内在化这种努力在哲学上一直没有得到认真的对待。在奥古斯丁之后将近一千四百多年，康德才在哲学上认真回应奥古斯丁的时间观变革。如果说奥古斯丁是为了捍卫上帝的绝对自由而把时间内在化，那么，康德则是为了捍卫人的自由而将时间内在化。实际上，在康德之后，时间的内在化问题总是被自觉地与人的自由问题、现象世界的真实（真理）问题以及历史的可能性问题联系起来加以追问。所以，奥古斯丁进行的时间观变革引起了康德之后所有试图认真对待时间问题的大哲学家的认真对待。他对时间观的变革有如他在伦理学领域完成的转折，在整个西方思想史具有影响深远的开创性意义。

第十三章　时间问题（下）：康德对感性论的变革

康德在感性领域进行的变革可以看作是对奥古斯丁开始的时间观变革的直接回应。在西方哲学史上，自巴门尼德始，人的感性存在几乎像是人的一条多余的尾巴，一直让许多哲学家深感累赘和羞耻。因为好像正是人的感性存在使人陷于"洞穴"般晦暗不明的梦幻世界，以致使人远离了真理，远离了"现（真）实的存在"。因此，就像时间一直被排除在真实的本质世界之外一样，对于现实的存在来说，感性存在更多的是一种否定性或消极性的因素，因而是需要被克服和排除掉的东西。也就是说，我们是在摆脱了感性存在或者克服了感性存在的干扰之后，才能达到真理或真正现实的存在，就如我们必须摆脱时间与变化，才能达到可靠的本质世界一样。因此，在西方传统的形而上学里，真理不在时间中，真正的现实存在与感性无关。

然而，在康德哲学里，这一传统发生了根本性的变化：真正现实的东西恰恰必定存在于感性里，感性甚至成了一切存在者的现实存在的尺度——只有能在感性里给予的东西才是真正现实的东西，更具体地说，只有在作为感性直观形式的时间与空间里的东西才是现实的；而一切不能在感性时间里给予的东西除非是必然的（如理性理念），就一定是虚假的，非现实的。感性在哲学中的地位的这种变化与康德在感性论里完成的变革相关。而从根本上说，康德对感性论的变革体现在两个方面，即感性的超验化与时-空的观念化。本章将从这两个方面来讨论康德对感性论的变革以及这种变革的意义所在。

一、感性的超验化

康德把讨论感性（die Sinnlichkeit）的那部分学说称为 die transzendentale Ästhetik（超验感性论）。在沃尔夫学派以及一般用法中，Ästhetik 就指美学。属沃尔夫学派的鲍姆嘉登试图从感性出发建立一门关于审美判断（Geschmacksurteil）的学说，也就是关于美（das Schön）的评判规则的学说，并用 Ästhetik 去命名这种学说。

但是，康德认为这种努力是不会有结果的。因为感性虽然包含着一些先验（a priori）原理，但是从感性出发却不可能给出有关审美判断的先验原理，至多只能给出有关这种判断（也即有关美的判断）的经验规则。也就是说，根据感性确立起来的任何规则都不能先验而普遍有效地指导我们做出审美判断。一个东西美不美，我们不能单从感性出发做出评判。虽然从感性出发能得到一些有助于做出审美判断的经验规则，但是，这绝对不意味着单凭这些经验规则就能对一个东西美不美做出判断。这些经验规则是否的确有助于人们做出审美判断，也即是否正确，最终取决于它们是否与我们的判断力做出的审美判断相一致。①

因此，要在感性基础上建立一门关于美的感性科学（Ästhetik）是不可能的。这一主张当然也与康德对美的理解相关。在康德看来，美并不仅仅是感性的，它同时是合目的性（Zweckmäβigkeit）的。也就是说，美一定在感性中，但又不仅仅是感性的。一个东西之所以是美的，并不是因为它在感性中，而是因为它具有无目的的合目的性。所以，单从感性出发不可能给出有关美的评判的先验原理。

但是，这并不意味着感性不包含任何先验原理。这里，首先要问，什么是感性？康德是这样回答的："以被对象刺激的方式获取表象的能力（感受性）叫感性。所以，借助于感性，对象被给予我们，而感性只给我们提供直观（的东西）（Anschauungen）；直观（的东西）则是通过知性得到思考，并且由知性产生概念。……当我们受对象

---

① 康德在评论试图建立起一门关于美的评判规则的科学时说："由于这样所思考的（关于美的评判的）规则或标准就其最高来源而言只是经验的，所以，它们绝不可能被用作我们的审美判断必须遵循的某种先验法则，倒不如说，我们的审美（鉴赏）判断是那些评判规则的正确性的真正试金石。"康德：《纯粹理性批判》A21. Kant, Immanuel., *Kritik der reinen Vernunft.* Hrsg. von Raymund Schmidt, Hamburg: Felix Meiner, 1956, S. 64.

刺激时,对象作用于表象能力的结果(Wirkung)就是感觉(Empfindung)。由感觉而关联到对象的直观叫经验的直观。经验直观的未被规定的对象就是现象。"①这里,康德把感性理解为一种接受对象给予我们的表象能力,或者说是让对象直接向我们显现的能力,并且由此出发理解感觉、直观和现象这些感性论的基本概念。

在康德之前,人们通常是以感觉说明感性,好像人的感性存在是以人的感觉为前提的。但是,感觉是不确定的,因而,通过感觉给出来的感性世界被视为不可靠的、非现实的世界。但是,问题是,人的感觉又是如何可能的?这个问题使康德发现,感觉虽然是直接的,但也是有条件的,这个条件恰恰就是感性,因为感觉只不过是对象作用于感性这种表象能力的结果。所以,康德进行的"哥白尼式革命"首先是在感性论里颠倒了感觉与感性的关系:不是用感觉说明感性,而是用感性说明感觉。也就是说,是人的感性使人的感觉成为可能的,而不是相反。

感性通过感觉而完成直观活动,也即给出直观,康德把在这种直观中尚未规定的对象称为"现象"。因此,可以进而说,感性使直观和现象成为可能的。那么,感性如何使感觉、直观和现象成为可能的呢?或者问,感性这种表象能力包含着哪些足以使感觉和现象成为可能的要素?首先是,我们如何分析出这些感性要素?康德回答说:"在超验感性论里,我们首先是这样把感性分离出来,即把知性通过其概念所思考的一切东西排除掉,从而只剩下经验直观;接着是从经验直观中分离出一切感觉的东西,从而只剩下纯粹直观和现象的单纯形式,也即感性能先验地提供的唯一的东西。在这个研究中将发现,只存在作为先验认识原理的两种纯粹的感性直观形式,即空间和时间。"②也就是说,我们可以这样找到感性的先验要素:从一任何关于对象的知识中排除掉知性概念(正是这些知性概念使关于对象的知识具有普遍性和客观性),就剩下经验直观,再从经验直观中排除掉来自对象刺激的感觉内容,就会发现只剩下两个不可再排除的纯粹感性直观形式,这就是空间和时间。

因此,是时间和空间这两个由感性先验提供出来的纯粹直观形式使感觉、直观成为可能的。人的感觉之所以是人的感觉,就在于它是在时间和空间中的感觉,因而总是有时序和方位的感觉。换言之,人的感觉必定同时包含着定时意识与定位意识。这是人的感觉与其他动物的感觉的根本区别所在。人没有像其他动物那样的单纯本能的感觉,人的一切本能冲动必须在时间(和空间)这种感性表象形式中

---

① 康德:《纯粹理性批判》A19-20,B33-34。Kant, Immanuel., *Kritik der reinen Vernunft*. Hrsg. von Raymund Schmidt, Hamburg: Felix Meiner, 1956, SS. 63-64.
② 康德:《纯粹理性批判》A22,B36。Kant, Immanuel., *Kritik der reinen Vernunft*. Hrsg. von Raymund Schmidt, Hamburg: Felix Meiner, 1956, S. 65.

被表象或觉识,才能成为人的感觉。人因有时间这种感性形式,他必定总是打开了一个有过去、现在和未来的视界,并且总是且不得不在这个时间视界里感觉、直观一切。因此,人的任何感觉必定是有时间维度的感觉,也就是说,它必定处在与过去的某种联系中,同时也必定打开某种可能性(未来)。我"饿了"这种感觉,一方面指示着诸如"我工作很长时间了"或"我很久没吃饭了"等这类延续性事物,另一方面又揭示着诸如"该吃饭了""得放下手头的活了"或"看看饭馆开门没有"等等一类可能性事件。饥饿是一种生理状态,它要成为"我"的感觉而被给予我(ich bekomme Hunger),必须进入时间形式而处在时序中。人没有单纯本能的、无时序的"饥饿感"。

所以,人与其他动物的区别并不是始于知性或理性,而是一开始从感性就区别开来。我把人的那种非本能的感性存在称为"有境界的存在"。借用康德的概念说,人的这种"境界的存在"就是一种"超验(transzendental)的存在"。在这个意义上,人的境界(超验)存在并不是在后天的修炼中才达到的,而是只要作为人存在,他就是且不得不是在那种境界中打开生活与世界。人不得不在自己的境界中生活。

于是,"感性(因而时间与空间)如何使感觉、直观和现象世界成为可能的"这个问题也可以看作是"感性如何使人的存在是一种境界(超验)的存在"。因此,当康德通过对时间与空间的阐明来回答前个问题时,他实际上也就是在回答感性如何是超验的,因而人如何是一种超验(境界)的存在:由于感性所包含的直观形式时间和空间是超验的,因而人是也只能是在其超验的感性直观中开显其生活和现象世界。在这个意义上,康德对时空的阐明就是在完成将感性超验化的工作。

康德对时空的阐明分形而上学的阐明与超验的阐明。所谓"形而上学阐明"也就是把所阐明的概念揭示为先验被给予的(a priori gegeben)[①]。但是对时间和空间的形而上学阐明不仅要揭示它们是先验被给予的,而且要说明它们是作为感性直观的形式被给予的。这里我们只限于分析对时间的阐明,因为在康德这里,时间具有更根本的地位。康德分五个条款完成对时间的形而上学阐明。[②]

第一条至第三条款是论证时间的先验性:时间不是从任何经验活动中引申、概括出来的概念,相反,它倒是一切经验活动的前提。因为一切经验活动要么是对同时性事物的经验,要么是对相续性事物的经验,而不可能是对既不在同时中又不

---

① 康德:《纯粹理性批判》B38。Kant, Immanuel., *Kritik der reinen Vernunft*. Hrsg. von Raymund Schmidt, Hamburg: Felix Meiner, 1956, S. 66.

② 康德:《纯粹理性批判》A30-31,B46-48。Kant, Immanuel., *Kritik der reinen Vernunft*. Hrsg. von Raymund Schmidt, Hamburg: Felix Meiner, 1956, SS. 73-75.

在相续中的事物的经验。但是,如果我们的心灵本身没有时间表象作为先验的基础,我们就无法知觉、经验到同时存在和相续存在。一切能够通过感觉而被给予我们的感性事物也即现象不是同时性存在,就是相续性存在。因此,一切现象物必须以先验的时间表象为前提。我们可以想象从时间中排除掉一切现象,却不能想象没有时间的现象。这表明,时间是一切现象物存在的在先的必要前提。时间是先验的,但它不是先验的概念,而是先验的直观形式。这是第三、第四条款所要阐明的。

康德之所以把揭示时间和空间的先验性的阐明称为形而上学阐明,是因为这种阐明所展示出来的时-空的先验性在根本上表明,如果没有时间和空间作为两种感性表象形式在先地给予我们,就不会有任何事物通过我们的感官而呈现为现象事物。因此,时-空的这种先验性意味着时空是在一切向我们显现的现象事物之前而构成了现象界即"自然"(physis)的前提和基础。而所谓"形而上学"(Metaphysik),就其传统的基本意思言,就是要超出、越出(meta-)"自然"(physis),为自然(现象)寻找根据或基础。所以,当康德在把时空阐释为现象界存在——向我们显现——的先验条件时,他也就是在形而上学层面上理解时空问题。因此,他把对时空的这种阐释称为形而上学阐明。

但是,时间和空间(感性)不仅是先验的,而且是超验的。所以,对时空的超验阐明构成了完成感性超验化工作的第二个步骤。康德说:"所谓超验阐明,我理解为把一个概念解释为这样一种原理:其他先验综合知识的可能性能够从这一原理得到理解。"① 对时空的超验阐明就是把时空阐释为其他先验综合知识之所以可能的必要条件。康德通过阐明空间如何使作为先验综合知识的几何学判断成为可能的,来完成对空间的超验阐明。对时间的阐明则涉及关于时间关系与关于运动、变化的先验综合判断。

正如我们有关于空间关系的先验综合知识即几何学一样,我们也有关于时间关系的先验综合知识,比如"不同时间是相续存在,而不是同时存在"。但是,这类先验综合知识既不可能来自经验,也不可能来自概念分析,而只能来自时间表象本身。这是被康德归在时间的形而上学阐明下的第三条款,但它实际上是对时间的超验阐明。不过,康德认为光有第三条款还不够,所以他补充说:"这里我要补充的是,变化(Veränderung)概念以及与此概念相联系的运动(位置变化)概念只有通过时间表象,并且也只有在时间表象中,才是可能的。也就是说,如果这种(时间)

---

① 康德:《纯粹理性批判》B40。Kant, Immanuel., *Kritik der reinen Vernunft*. Hrsg. von Raymund Schmidt, Hamburg: Felix Meiner, 1956, SS. 68-69.

表象不是先验的内在直观,那么,就没有概念(不管它是什么概念)能使变化的可能性成为可理解的……这样,我们的时间概念也就解释了可由普遍运动学说加以展示的那类先验综合知识的可能性。"①也就是说,时间不仅是关于时间关系的那类先验综合知识的前提,而且也是关于对象之运动、变化的先验综合知识的前提。因为如果没有时间表象,那么我们就无法理解运动和变化。这意味着,运动、变化是以时间表象为前提的,或者更确切说,时间意识是变化意识与运动意识的前提。

那么,对时空的这种超验阐明对时空本身意味着什么呢?或者问:时空构成先验综合知识的可能性条件对时空本身意味什么呢?意味着时空是一种超验性存在。但是,又如何理解这种超验性呢?先验综合知识是独立的(不依赖于对象)和普遍必然的。因此,作为它们之可能性的前提,时空这两种感性直观形式也必定是独立的和普遍的。因为本身没有独立性与普遍性的东西如何能成为独立的和普遍必然的知识的前提呢?因此,对时空的超验阐明在根本上意味着时空的超验性就在于它们的独立性与普遍性。对时空的形而上学阐明显示了时空的先验性,但是,就传统意义而言,先验的东西并不一定具有普遍性,也不一定独立于经验事物。因此,康德要进一步通过超验阐明来显示时空的超验性即普遍性与独立性。在这个意义上,形而上学阐明与超验阐明是康德完成感性超验化的两个步骤:感性时空首先是先验的,进而才可能是超验的。因其是先验的,它们是一切能被给予我们的现象事物的前提,因其是超验的,它们一方面能够让一切现象事物在普遍性中存在,或者说能够让现象事物在普遍性形式中给予我们,另一方面又独立于一切现象事物,也即"超出"一切经验事物。

因此,人的感性虽然是直接的,却又是普遍的和独立的。从"主体"的角度说,感性的这种普遍性与独立性使人的感觉不是本能的当下的场境反应,直观不是单纯的肉眼的看,而是一种普遍的感觉和普遍的看。说人的感觉是一种普遍的感觉,并非说所有人对同一个事物的感觉都是一样的,而是说每个人虽然会有每个人的感觉,但是由于每个人的感觉同样都是在普遍而独立的感性形式中完成的,因此,一个人的不同于他人的感觉也能被他人所理解。感性的超验性使得每个个体的感觉与直观能传达给他人,并且在这种传达中得到理解和保留而进入历史。人的感觉与经验直观能够成为历史,而其他动物的感觉和看则只是当下的场境反应,而没有历史。这是人的感性的超验性存在的一个根本所在。不过,从"对象"的角度说,感性的超验性同样也使被给予我们的一切事物能够以普遍性的形式和关系存在-

---

① 康德:《纯粹理性批判》B48。Kant, Immanuel., *Kritik der reinen Vernunft*. Hrsg. von Raymund Schmidt, Hamburg: Felix Meiner, 1956, S. 75.

开显,从而能够进入历史而"有"历史。但是,一切能够进入历史而"有"历史的事物都必定是在超验性形式中给予我们的事物。也就是说,只有在超验性形式中给予我们的对象才有历史,在自己位置上的自在物本身没有历史。

实际上,康德通过形而上学阐明和超验阐明完成对感性的超验化这一工作在根本上也是奠定这样一种存在论的工作:一切能被给予我们的事物是也只能是存在于时间和空间这种普遍而独立的感性形式中,也只有存在于这种感性形式中的事物对我们而言才是真正现实的存在者。换言之,一切现实的存在者必定是以普遍性的形式与关系存在、显现,从而是有历史的存在。因此,感性(首先是时间)成了一切现实的存在者存在的尺度。何为现实(Wirklichkeit)?现实就是对超验的感性形式造成的"效果"(Wirkung)。简单说,能对时间造成效果的东西就是现实的东西。现实的东西不是某种由少数人高高在上地指令或设定为必须接受的东西,而是能在没有任何概念偏见的感性时间中给予我们的东西,也就是由超验感性所看出、理解的东西。相反,凡是不能在感性时空中给予我们的东西,不管它看起来有多重要(比如上帝),都不是现实的存在。这是康德在感性论里完成的一个重大变革,实际上也是一个存在论变革。它包含着对希腊传统的两大转变:形而上学的阐明使时间和空间进入了形而上学而成了形而上学问题,而不像在希腊传统里那样,是"物理学"的问题;而超验阐明则使时间成了运动、变化的前提,而不再像由亚里士多德总结并加以巩固的希腊传统那样,把运动、变化当作理解时间的前提。这些变革,特别是时间进入了形而上学,对于西方哲学来说具有深远的意义,我们将在最后一节进一步讨论这些意义。

二、时间的观念化

对时空的形而上学阐明和超验阐明在完成了时空的超验化的同时,也完成了时空的观念化。如果说康德是通过将时空超验化完成感性的超验化,那么,他在将时空超验化的同时也把时空观念化。因此,我们有必要进一步通过讨论时空的观念性存在来展示康德的感性论变革。

时空是超验的,同时也是观念的。康德把时空的这种观念性存在称为"超验的观念性"(die transzendentale Idealität)。所以,康德有时也把他的超验感性论称为"超验观念论"(der transzendentale Idealismus)[①]。时空是观念的、思想的,但又不

[①] 康德:《纯粹理性批判》A491,B519。Kant, Immanuel., *Kritik der reinen Vernunft*. Hrsg. von Raymund Schmidt, Hamburg: Felix Meiner, 1956, SS. 491-492.

是主观随意的,不是臆想或梦幻。那么,如何理解时空的观念性存在呢?我们将通过讨论传统时间观及其困境来讨论这个问题。不过,在这之前,我们将首先澄清在康德哲学中时间对空间的优先性,以便通过阐明时间的观念性来理解空间以及整个现象世界的观念性。

时间和空间都是感性的直观形式,但是,它们在整个感性论中并不是同等重要的,时间具有更根本的地位。因为空间只是外在现象(die äuβere Erscheinung)的条件,却不是内在现象(die innere Erscheinung)的条件,而时间则是一切现象的条件。康德自己说:"时间是一切现象一般的先验形式条件。空间作为一切外在直观的纯粹形式只是外在现象的先验条件。但是,由于一切表象,不管它们是否有外在事物(die äuβere Dinge)作为其对象,它们本身作为心灵(Gemüt)的规定状态,都属于内在状态,而这种内在状态总是处在内在直观的形式条件下,因而是属于时间的,所以,时间是一切现象一般的一个先验条件:它是内在现象的直接条件,因而也是外在现象的间接条件。"[①]时间与我们的"心灵"处于一种直接关系中:时间是心灵的直接显现形式。心灵的状态显现于时间中,而时间中的显现也就是心灵的状态。因此,一切外在现象,也即首先通过空间这种表象能力给予的表象,也必须再通过时间这种表象形式才能为心灵所意识而成为心灵的某种状态,从而才成为心灵的表象,也即才成为我们的现象。在这个意义上,外在现象不仅要通过空间,而且必须通过时间,才能真正给予我们,才能成为我们的对象。没有外在现象能够只有空间关系,而没有时间关系,因为虽然存在没有空间关系的时间表象,却不可能存在没有时间规定的空间表象。这意味着一切现象,也即一切感性对象,都必然存在于时间中。这就是时间的优先性所在。因此,时间的观念性将规定着整个现象界的观念性。

所谓时间的观念性,也就是说,时间只是我们自己向来所是的那种"主体"的一种表象形式或显现形式,因此,它就像观念(Idee)一样,只存在于主体,是由主体给出来的,而不是独立于主体的某种自存者(das Subsistierende)或者依附于现实存在者的某种客观属性。在进一步理解时空的这种观念性存在之前,我们有必要首先讨论一下传统时空观。

我们知道,在西方哲学史上,时间和空间有两种存在形态:时空是一种自在的自存者,它们独立于其他存在者,却又是其他存在者的条件;或者,时空是一种依存者(das Inhärierende),它们虽然独立于我们的主体,却依附于能给予我们的现实

---

① 康德:《纯粹理性批判》A34,B50。Kant, Immanuel., *Kritik der reinen Vernunft*. Hrsg. von Raymund Schmidt, Hamburg: Felix Meiner, 1956, S. 77.

事物而构成现实事物的属性,因此,就像现实事物的一切独立于我们的超验存在的其他属性只能是经验的一样,时空这种属性也只是经验的,时空关系只是一种经验的关系。如果说自存时空是一种"超越的"自在时空,那么,依存时空则是一种经验的属性时空。但是,这两种时空就其存在而言都具有绝对实在性(die absolute Realität),也就是说,它们一方面完全独立于我们的超验性存在,另一方面则或者构成了物自身的条件,或者构成了事物的属性而归属事物。

但是,"那些主张时间和空间具有绝对实在性的人们,不管是把它们视为自存者,还是依存者,他们必定与经验原则本身相冲突"①。也就是说,自存时空观与依存时空观都会陷入困境。

如果取依存时空观,那么,时空虽然独立于经验,却与一切现实物一样,只能在经验中给予我们。这意味着我们所能拥有的现实时空只能是经验的时空关系。而这样一来,就不得不否定有关空间的几何学命题和有关时间的命题的普遍性与必然性。因为既然时空只是在经验中给予我们的现实事物的属性,那么,有关时空的一切命题和概念也只能是经验的。而这显然与我们拥有普遍有效且必然可靠的数学命题与时间命题这一事实相矛盾。也就是说,如果肯定依存时空,那么,就得取消一切数学命题的普遍性与可靠性;而如果数学命题是普遍的和可靠的,那么,依存时空观就是成问题的。

就西方哲学史来说,自存时空观占据着更重要的地位,而它带来的冲突与困境也更为严峻。首先它承认存在两个永恒而无限的自在自存的非物(Undinge),它们存在着,但它们却不是现实的,因为现实的东西必须能够在我们的经验活动中给出来,但是,作为无限而永恒的自存者,时空无法在经验中给予我们。可是,这种本身不是现实的存在者却是一切现实的存在者的条件而包含着一切现实的东西。问题是,这是怎么可能的呢?现实的东西又如何存在于非现实的东西里呢?在这个困境之外,自存时空观还面临另一个问题。这就是:非现象界的存在者,或者说不能在经验中给予我们的存在者,是否存在于时间中?显然没有理由把本体界存在者排除在作为自存者的时间之外。于是,一神教信仰中的上帝也存在于时间中,"因为作为一切在场(Dasein)的条件,时间和空间也必定是上帝在场的条件"②。这意味着,如果时间(和空间)是自存的而具有绝对实在性,那么,必定动摇作为绝对自由的上帝的存在。

---

① 康德:《纯粹理性批判》A39,B56。Kant, Immanuel., *Kritik der reinen Vernunft*. Hrsg. von Raymund Schmidt,Hamburg: Felix Meiner, 1956, S. 81.

② 康德:《纯粹理性批判》B71。Kant, Immanuel., *Kritik der reinen Vernunft*. Hrsg. von Raymund Schmidt,Hamburg: Felix Meiner, 1956, S. 92.

这是自存时间观给基督教世界带来的一个严峻问题。为了"拯救"上帝,奥古斯丁对自存时间观做出了反思,并且对"何为时间"给出了革命性的回答:时间就是思想的延伸。因而时间是一种思想性、观念性的存在。但是,又是一种什么样的观念性存在呢?是概念性的观念存在吗?康德对此才给予了明确回答:时间是观念性存在,但不是作为概念的观念性存在,而是作为感性直观形式的观念性存在。

但是,我们又如何理解时间的这种观念性存在呢?首先是如何理解它的实在性(Realität)?如果时间的这种观念性存在没有实在性,那么,时间就无法与梦幻或臆想区分开来。如果有,那么,观念时(空)间的实在性如何与自存时间以及依存时间的实在性区分开来?如果说自存时间和依存时间都具有绝对实在性,那么,在康德看来,观念时(空)间就只具有经验实在性:

> 我们的主张因此要说明的是时间的经验实在性,也即时间在涉及所有能被给予我们感官的对象时的客观有效性(die objektive Gültigkeit)。由于我们的直观总是感性的,因此,没有一个不在时间条件下给予的对象能在经验中被给予。相比之下,我们要反对时间对绝对实在性的一切要求,也即反对时间离开我们的感性直观形式而作为物的条件或属性而附属于物;属于自在物的那些属性从来就不能由感官给予我们。这就是时间的超验观念性,根据这种超验观念性,如果人们脱离了感性直观的主观条件,那么,时间就是无,它既不能以自存的方式,也不能以依存的方式被归属给予我们的直观没有关系的自在对象本身。①

也就是说,时间的观念性就在于它是作为感性直观形式而存在于我们的感性当中,就如各种观念一样只存在于"主体"中;在"主体"之外,更准确说,在感性之外,没有时间。但是,时间的这种观念性存在同时是超验的,它不是关于这个或那个感性对象的经验观念,而是超出了一切"在后"给予的经验观念,并且是一切经验观念的先验前提。因此,时间这种观念性存在对于一切能够给予我们的经验观念或表象都是普遍必然的。所以,它是一种超验的观念性存在。作为超验的观念性存在,时间不再具有独立于"人"而自存或依存于物的那种绝对的实在性,但它仍有其实在性,这就是它对于我们的一切感性对象都是客观有效的。所谓"客观有效性",也就是一种普遍有效性:时间这种存在于感性中的直观形式或表象形式对所

---

① 康德:《纯粹理性批判》A36, B52。Kant, Immanuel., *Kritik der reinen Vernunft*. Hrsg. von Raymund Schmidt, Hamburg: Felix Meiner, 1956, SS. 78-79.

有能被给予我们而成为我们的感性对象的事物都是有效的,而不只是对在"主体"的某种特定条件下给出来的事物有效。就经验活动(Erfahren)总是从感性开始,而感性活动也就是获得对象的经验活动而言,观念性时间对一切感性对象的客观有效性,也就是对一切经验对象的普遍有效性。也就是说,观念性时(空)间的实在性就体现在它对所有能被给予的经验事物都是普遍有效的;而对经验事物的普遍有效性则确证着时间的实在性:只有通过时间,我们才能经验到一切可被经验的事物。在这个意义上,时间的实在性是一种经验实在性。

因此,在这里,时间的观念性有两个相互联系的内涵,即超验性与经验实在性。因其超验性,使时间这种观念性存在与一切经验的观念区分开来,保证了时间对经验的独立性与普遍有效性。而其经验实在性则使之与一切主观的梦幻区分开来——后者因与感性对象是否给予我们无关,因而是假的,而不是真的;也与理性观(理)念区分开来——后者虽然是必然的,但是却与能否经验到一切能被经验到的事物无关,因而不是现实的。换言之,相对于主观梦幻,时间因是一切感性对象给予我们的前提而具有不可置疑的真实性;而相对于理性理念,时间因使每个经验对象能够被给予我们而具有现实性。任何一个经验(感性)对象都是也只能是通过时间这种感性表象形式才能给予我们。所谓被给予我们,也就是在我们的感性表象形式即时间中造成"效果",对象的现实性存在就是它在时间中造成的这种效果性存在;凡是不能在时间这种表象形式中造成效果的东西都不能被视为现实的。而任何对象的现实性存在——能给我们造成效果而给予我们,则确证着时间的现实性,因为只有通过时间这种感性直观形式或表象形式,对象才能给予我们。所以,我们也可以说,时间的经验实在性,也就是它的现实性。

从时间的超验观念性看,对于我们来说,只有经验事物,也即能够通过感性给予我们的事物,才具有现实的实在性。因为只有对时间这种心灵的接受形式或感受形式发生作用而进入时间的事物,才是我们所经验的事物,因而,我们才能直接与之打交道并进而把握住它们;凡是不能在时间中给予我们的存在者,我们虽然能思想它,却不能直观到它,也不能用概念真正把握住它,也就是说,不能把它当前化为对象来与之打交道。所以,观念性时间以及时间中的经验事物才具有真正现实的实在性。相反,一切非观念性的时间以及离开观念性时间的事物,都不具有现实的实在性。

时间的观念化实际上也是通过形而上学阐明与超验阐明完成的。这里之所以单独提出来讨论,是因为如果从整个西方哲学史来看,那么,时间的这种观念化同样具有变革性突破,因而它构成了康德对感性论变革的重要一面。

三、康德对感性论变革的意义

康德对感性论的变革,特别是感性的超验化与时间的观念化,不管是对康德哲学本身,还是对西方哲学的发展都具有重要的意义。

如果说奥古斯丁将时间思想化是为了拯救上帝的绝对自由的存在,那么,康德对时间的观念化则使他能够捍卫人的意志自由,从而捍卫人的绝对尊严与绝对权利。因为设若时间仍然是牛顿意义上的自存的物理学时间,那么,与万物一样,人的存在不过是时间这个不息之流里的一朵微不足道的浪花,这里,没有人的意志自由的余地,一切都按"先来后到的秩序"产生着和流逝着。因此,人的存在连同他的希望或未来都将不可避免地在时间流里被流失掉。没有自由,也就没有绝对的希望,因而没有永恒。但是,当康德把时间观念化为人的感性直观形式或表象能力,他也就把人从时间中"抢救"出来:时间的观念化使时间不是作为一个客体而是现实的,而是作为把我自己当作客体来看待的表象方式而是现实的。① 因此,时间不再是人的整个存在的条件,而只是人的能被表象的存在的条件;而人的存在并不仅仅只是他能被表象的存在,他要比他能被表象的存在"大"和"多",这就是人的纯粹理性或自由意志。就人的能被表象的存在,也即他的感性存在及其现象世界,是以时间为条件而言,人在感性存在和现象世界里是不自由的,但是,就人的理性或意志不在时间中而言,人则是自由的。

因此,我们可以说,康德通过感性论在为现象世界奠定基础的同时,实际上也在为自由存在和自在存在留下余地,使捍卫人的自由成为可能的。从存在论角度看,康德的超验感性论一方面奠定了一切存在者之现象存在的根据,另一方面也揭示了一切存在者的存在并不仅仅是它的现象存在。也就是说,存在者并不仅仅是它显现给我们的那样,因为它不仅仅在显现中,也在自己的位置上,它同时是自在地存在。人的自在存在也就是他的自由存在。正是人的这种自在-自由的存在是一切道德和人的一切尊严、权利的根据——这当然已不是感性论的内容了。因此,康德的感性论变革并非仅仅具有为知识奠定基础的意义,它同时关涉整个康德哲学。

康德把自己在哲学上的变革称为"哥白尼式革命"。但是,我们可以发现,他的"哥白尼式革命"恰恰开始于他的感性论变革。关于自己的"哥白尼式革命",康德

---

① 康德:《纯粹理性批判》A37,B54。Kant, Immanuel., *Kritik der reinen Vernunft*. Hrsg. von Raymund Schmidt, Hamburg: Felix Meiner, 1956, SS. 79—80.

有很清楚的说明。① 哥白尼颠倒了地日关系,那么,康德颠倒了什么呢? 人们通常认为颠倒了认识的主体与客体的关系。但是,当人们以认识活动的主体这种身份出现时,他所要认识的客体是已被构造出来的对象,也即已在先验知识中获得自身同一性的对象,而对于这种获得自身同一性的对象,主体只能让自己去适合或符合所认识的客体,而不可能相反。在认识论意义上的主-客体关系是不可颠倒的。

实际上,主体所要认识的客体必定是现实的、具有自身同一性的对象,而那种使……成为现实的并且具有自身同一性的活动并不是由主体的认识活动完成的(因为后者恰恰要以前者为前提),而是由我们自己向来所是的理性存在者的先验知识完成的。这种先验知识不是可有可无的知识,而是人这种存在者向来不得不置身其中的知识,因而它首先是我们这种存在者置身其中的存在方式。一切事物要成为现实的、有自身同一性的存在者,都必须去适合先验知识这种存在方式,否则就不能给予我们,或者说,就不能向我们显现其存在。因此,康德的"哥白尼式革命"真正颠倒的不是认识论意义上的主-客体关系,而是颠倒了存在论意义上的存在方式的关系:经验(对象)的存在方式要去适合先验的存在方式,而不是相反。

但是,显而易见,康德的这种"哥白尼式革命"恰恰要以他的感性论变革为基础。因为一切事物只有通过被观念化为感性直观形式的时间才能成为现实的,进而才能被构造为自身同一物。因此,感性与知性一起构成了一切现实而具有同一性的事物的先验存在方式,相应地,超验感性论与超验逻辑学共同构成了关于事物真实存在的"存在论"。也就是说,如果事物是现实的且具有自身同一性,因而是可认识、可把握的,那么,它必定是以超验感性论与超验逻辑学提供出来的先验知识为其存在方式。事物之所以显现为这样,而不是别样,就在于它是以这种先验知识为其存在方式。在这个意义上,我们也可以把这种先验知识称为"存在论知识"。

时间和空间的观念化甚至是康德化解二律背反的关键,当康德说"超验的观念论是化解宇宙论之辩证论的关键"②时,他指的就是这个意思。因为从根本上说,宇宙论的二律背反都是建立在自在-自存的时空观上。只有在自在或自存的时-空里,现象世界的系列返进活动才会独立于我们的表象与经验而不受限制地进行下

---

① 他写道:"迄今人们仍假定,我们的一切知识必须适合(richten,符合)于对象。但是,在这一前提下,一切通过概念先验地构成关于对象的某种东西以扩大我们的知识的努力,都归于失败。所以,人们应当再尝试一下,如果我们假定,对象必须适合于我们的知识,那么,我们是否会更好地解决形而上学的任务。这一假设与所要求的一种先验的对象知识的可能性更加一致,这种先验的对象知识在对象给予我们之前就对对象有所规定。"康德:《纯粹理性批判》第二版序言 XVI. Kant, Immanuel., *Kritik der reinen Vernunft*. Hrsg. von Raymund Schmidt, Hamburg: Felix Meiner, 1956, S. 19.

② 康德:《纯粹理性批判》A491, B519. Kant, Immanuel., *Kritik der reinen Vernunft*. Hrsg. von Raymund Schmidt, Hamburg: Felix Meiner, 1956, SS. 491-492.

去。于是,作为现象系列的总体,世界永远不可能在经验中被遇见。对于这样的世界,当我们仍要用知性范畴去理解、把握它的时候,就不可避免地产生二律背反。但是,从观念时空出发,就可发现这种二律背反的根由所在,从而化解它。①

感性论进入存在论,在这里是通过时间进入形而上学来完成的。从整个西方哲学史看,这也具有转折性意味。感性世界不仅不再是柏拉图所比喻的"洞穴",即需要克服的、昏昧不明的虚假世界,而且是唯一我们能与之打交道而把握住它的现实世界。因为任何事物都只有通过时间这一感性直观形式或表象能力,才能真正给予我们而是现实的;并且也只有在时间直观中被给予的感性事物才能进一步被构造、把握为具有质、量、关系诸规定的"本质物",也即以"A 是 A"的方式存在的存在者,因为知性的质、量、关系诸范畴意识必须通过时间(意识)这一内在直观形式才能去统一、构造被给予的事物,这意味着只有时间中的感性事物才能被构造、把握为具有自身同一性的存在者(也即具有自身"本质"的存在者),并且在此基础上才能进一步把存在者带进各种关系中而展开存在者的各种属性。因此,"本质"不再像从巴门尼德以来的传统形而上学坚持的那样是纯粹思想性、概念性的东西(因而是非感性、非时间的),相反,现实的本质一定既在概念中,也在感性-时间里,因而既是概念性的,也是感性的。虽然有些本体存在者并不在时间中,因而是非感性的本质存在者,但是,就其不在时间中而言,它们不是现实的本质,而只是必然的本质或可能的本质。

这意味着,我们的知识真正应当去追问的不是那非感性、非时间的本质世界,而是那也一定在感性时间中的本质世界,因为只有后者是现实的。这是康德感性论对传统形而上学构成的根本性挑战所在,它迫使试图反思传统形而上学的哲学家重新审视人的感性存在与时间问题。由胡塞尔开创的现象学运动的最重要的成果之一就是对历来被归于感性领域的情绪意识或情感意识给予了前所未有的关注。诸如忧(Sorge)、畏(Angst)、怕(Furcht)、爱(Liebe)等情绪性意识在海德格尔、舍勒等现象学家那里不仅得到了深刻的分析,而且被提到了本源性意识的地位而构成了哲学研究的基础领域——这一点在现代法国哲学中得到了更精细的展开。

特别是在海德格尔那里,对这些情绪意识及其与时间的关系的分析甚至构成了他的"基础存在论"的全部内容。如果说在康德那里,由于时间的观念化使一切现实存在者的存在与时间联系了起来,但是,同时由于时间与我思仍然是断裂的,

---

① 关于超验感性论对于化解二律背反的重要性,作者在《真理与自由:康德哲学的存在论阐释》(江苏人民出版社,2008 年版)一书里有更详细的分析。

至少其间的关系仍是晦暗不明的,以致在康德这里仍有非时间的思想体存在,那么,在海德格尔这里,由于时间就是最本源的情绪意识(忧)本身的开显或到时,因此,时间获得了基础存在论的地位,以致时间成了开显任何存在者之存在的境域——境界性视界(Horizont),从而排除了一切非时间性的存在。任何被视为非时间性的存在者(比如传统形而上学所追问的"本质"或康德所保留的思想体)实际上只不过是一种在非本源的时间境域中开显出来的存在意义。对时间问题在存在论里的推进实际上都构成了康德和海德格尔能够强有力地批判传统形而上学的出发点。这也是海德格尔格外关注康德的《纯粹理性批判》的缘由所在。

第十四章　康德论证自由的"知识论进路"

　　康德在哲学上的一个伟大贡献就是开辟了一种超（先）验论证（die transzendentale Erörterung）的方法。所谓超（先）验论证，也就是对所论证的对象做出这样的阐明，不仅把所论证的对象阐明为先于一切经验事物，而且阐明为一切先验综合要素（die syntische Elemente a priori）或先验综合知识的前提，从而是一切可能经验事物能在关联中被给予我们的前提。简单说，超（先）验论证的方法也就是把所要论证的对象阐明为不仅先于一切个别的经验事物，而且是一切可能的经验事物之所以可能的前提，也即是一切可能经验事物能够联结在一起而构成一个有序整体的前提。因此，这种超（先）验阐明实际上也是一项存在论的工作：确立一切可能经验事物的存在方式。

　　不管是对"知识"的论证，还是对"自由"的论证，康德都是采取"超（先）验阐明的方式"，而他对知识的论证本身同时也隐含着对自由的论证。在这个意义上，自由将不只是人的一种属性，比如权利属性，相反，自由首先是人所归属的一种存在方式：人不得不以自由为其存在方式，人被抛入了自由而不得不承担起自由。

　　人们通常以为，康德只是在《实践理性批判》里通过讨论伦理-道德的基础问题去论证自由。但是,实际上,康德对自由的论证有两个进路:这就是"知识论进路"与"伦理学进路"。如果说后一个进路是在《实践理性批判》里完成的,那么,前一个进路则是在《纯粹理性批判》里完成的。通过这两个进路的论证,康德在学理上不依赖于任何经验事实而确立了个体自由的绝对性与实在性,或者说,通过这两个进路的先(超)验论证,康德可以不以任何文化背景或历史传统为前提,而在学理上真正确立起了人的自由的绝对性。由此,进一步推演出人的权利、尊严、责任的绝对性。这里,我们将着重讨论康德论证自由的"知识论进路"。

一、知识普遍必然性的根据问题

在近代哲学家中,有两种类型的哲学家,一种是以笛卡儿、莱布尼茨为代表,主要着力于探讨知识的基础问题,一种以霍布斯、卢梭为代表,他们关心和讨论的是社会政治哲学问题,核心就是讨论人的自由与权利问题。当然,还有的哲学家,像洛克、休谟等人,既讨论知识的基础问题,也探讨政治哲学的问题,但是,这两个领域的问题在他们那里似乎是分开的,在学理上并没有一个贯通的理路。

康德在哲学上试图完成的伟大使命也与这两个领域相关,这就是:不仅为一切知识奠定基础,而且为自由进行论证,从而为一切人类个体的绝对权利、绝对尊严与绝对责任奠定基础。他的著名的三大"批判"以及其他主要著作都是围绕着这一使命而展开的。不过,康德的突破性在于,他把为知识奠基与为自由论证这两项工作结合了起来,使之成为一个贯通的工作,而不再是两项分离的工作。这体现在他为知识奠定基础的工作,同时也是为自由论证的工作。这个贯通工作主要就完成于《纯粹理性批判》。

我们人类拥有诸如数学、物理学等提供出来的各种知识。但是,这些知识是否可靠呢?或者说,这些知识是否具有普遍必然性呢?如果没有,那么它们就是不可靠的,因而不能被称为知识。因为知识的一个最基本的品格就是对它所关联的对象要具有普遍而必然的效应,否则,就不成其为知识。但是,这种普遍必然性来自什么地方呢?对这个问题的解决就是为一切可能的知识奠定基础。

康德在《纯粹理性批判》里的一个核心工作就是要解决知识的普遍必然性的根据问题。

在康德之前,很多哲学家都从知识的对象里去寻找知识的可靠性根据。康德认为这条路走不通,因为知识的普遍必然性要对所有的对象有效,但是,我们接触的对象永远不可能是"所有的",而只能是部分的。从部分过渡到全体的理由,这是归纳逻辑本身无法解决的。

不是对象构成知识的根据,那么又是什么呢？经过《纯粹理性批判》"要素论"(die Elementarlehre)的一番分析,康德认为,是来自主体的两种"基本要素"构成了一切知识的根据,使一切知识具有普遍必然性。第一种要素就是感性直观形式,其中包括空间和时间两种类型。也就是说,在康德这里,时间与空间被看作是内在于人类心灵的一种感性形式,是我们心灵的一种属性或能力。时空不是外在于我们的存在物或不依赖于我们的客观属性。因为,如果时空不是先验(在先)地存在于我们心灵的感性形式,我们就无法理解空间上的并列与前后等空间关系,无法理解时间上的同时与相续。

由于作为感性直观形式的时空是一切现象事物之所以以这样而不是以别样给予我们的根据,所以,时空也就是一切知识的首要基础或最初的基础,因为我们的一切知识都是关于现象事物的知识。

但是,光有时空并不足以形成真正的知识,时空只是一切知识的一种必要的基础,而不是全部基础。在康德看来,要构成具有普遍必然性的知识,除了时空这种先验(a priori,在先)的感性形式外,还必须借助于第二种"先验要素",这就是知性给出来的诸如质、量、关系、模态四种类型的纯粹概念,也就是被运用于对现象事物进行统一活动的那些"范畴"。其中核心的范畴就是因果关系范畴,因为正是我们在先地或先验地拥有因果性范畴,我们才会去探寻现象世界的一系列规律(die Gesetze,法则)。

这里,与康德论证自由的工作相关的是,这些范畴的起源问题。康德正是通过澄清范畴的起源问题,一方面确立了范畴的先验性与非经验性,从而完成为一切知识奠定先验性基础的工作,另一方面则同时确定了范畴的客观界限,从而也就限定了以这些范畴为基础的一切知识的客观界限。而知识界限的限定,在根本上意味着把"人"从知识主体的身份中解放出来,维护了人的另一个更重要的身份,那就是"自在的自由者"。

所以,这里,我们要着重讨论范畴的起源问题。

二、理解范畴起源的关键：纯粹综合与先验杂多

一般认为,作为先验概念或纯粹知性概念的范畴来源于知性(Verstand),是由知性给出来的,它们与感性直观形式共同构成了知识之所以可能的两个先验的基本(础)要素。这在康德的文本上有其明确而可靠的依据：

> 对知性能力本身的分解,是为了这样研究先验概念(die Begriffe a priori)

的可能性:我们只在知性中去寻找先验概念,把知性当作先验概念的诞生地,并且分析知性的纯粹的一般使用。……所以,我们将在人类知性中追寻纯粹概念的最初种子与内蕴(这些概念已被预备在它们当中),直至这些概念在经验机缘中的展开,并且由同一个知性把它们从依附于它们的经验条件中脱离出来,在它们的纯粹性中展示它们。①

在这里,康德非常明确把知性当作先验概念的诞生地,因此,说先验概念或纯粹概念来源于知性,是由知性产生出来的,没知性,就不可能有概念,这是没问题的。但是,现在的问题是,知性如何给出纯粹概念?对知性的分解与分析,最多只能给出纯粹概念的类型,诸如量、质、关系与模态这些概念类型,却不可能给出概念本身。概念类型可以是空的、没有内容的,但是,概念本身却不能是没有内容的,因为即便它可以没有经验内容,却不能没有先验(a priori)内容,否则,它就不可能先验地或在先地关联(beziehen sich)到对象。而能先验地关联到对象,是一切纯粹概念之所以能够运用于对象而能够规定对象的前提。这意味着,真正能被运用于对象的纯粹知性概念是有内容的概念,而不是空的概念。但是,"就内容而言,没有概念能以分析的方式产生出来"②。也就是说,知性不可能以分析的方式给出纯粹概念。而这意味着,纯粹概念只能通过综合给出来。不过,不是通过经验的综合,而是通过先验的纯粹综合。那么什么是纯粹的综合?首先什么是综合?

"我在最一般意义上把综合理解为把不同的表象相互归置在一起,并把这些杂多(表象)统摄在一个知识里的行动。而如果杂多(表象)不是经验地被给予,而是先验地被给予(wenn das Mannigfaltige nicht empirisch, sondern a priori gegeben ist)(就像杂多在空间与时间中被给予一样),那么,这样的综合就是纯粹的综合。"③这里,综合有经验的综合与纯粹(先验)的综合之分。它们之间的根本区别就在于所综合的杂多是经验的,还是先验的。

竟有先验被给予的先验杂多?在通常的理解中,杂多似乎总是经验的,而不可能是先验的或在先的,即不可能在对象之先给予我们。但是,康德这里非常明确地区分了经验给予的杂多与先验给予的杂多。其实,康德至少还在两个地方提到"先

---

① 康德:《纯粹理性批判》A66,B90-91。Kant, Immanuel., *Kritik der reinen Vernunft*. Hrsg. von Raymund Schmidt,Hamburg: Felix Meiner, 1956, S. 106.
② 康德:《纯粹理性批判》A77,B103。Kant, Immanuel., *Kritik der reinen Vernunft*. Hrsg. von Raymund Schmidt,Hamburg: Felix Meiner, 1956, S. 116.
③ 康德:《纯粹理性批判》A77,B103。Kant, Immanuel., *Kritik der reinen Vernunft*. Hrsg. von Raymund Schmidt,Hamburg: Felix Meiner, 1956, S. 116.

验杂多"或"先验被给予的杂多"。

一个地方是 A77＝B102 的一段：

> Raum und Zeit enthalten nun ein Mannigfaltiges der reinen Anschauung a priori, gehoeren aber gleichwohl zu den Bedingungen der Rezeptivität unseres Gemuets, unter denen es allein Vorstellungen von Gegenständen empfangen kann, die mithin auch den Begriff derselben jederzeit affizieren muessen.

另一个地方是 A79＝B104 的一段：

> Das erste, was uns zum Behuf der Erkenntnis aller Gegenständen a priori gegeben sein muss, ist das Mannigfaltige der Anschauung.

但是，由于人们通常以为杂多总是经验的，因此，对于理解康德范畴理论很关键的这两段话在翻译与理解上出现了歧义。较早的蓝公武译本把第一段第一句话译为："空间与时间包含纯粹先天的直观杂多……"牟宗三则译为："空间与时间含有一种纯粹先验直觉的杂多……"新近的邓晓芒译本与李秋零译本基本维持了这一解读。[①] 他们都把 a priori 理解为修饰 die reine Anschauung。但是纯粹直观本身就是先验（先天）的，似乎并无需再用 a priori 来强调。实际上，如果像康德本人那样确认有"先验（先天）的杂多"，那么，这里会很自然地把 a priori 看作是修饰 ein Mannigfaltiges，至少这也是一种可能的理解。因此，这句话似乎应译解为"空间和时间包含着纯粹直观的先验杂多……"。

对于第二段，各译本也几乎一致地尽量抹去杂多与先验的关联。蓝译本将它译为："以一切对象之先天的知识而言，其所以必须首先授与者，第一为纯粹直观之杂多。"牟译本译为："那为了一切对象的先验知识而必须首先被给予者乃是纯粹直觉的杂多。"李译本与邓译本也同样维持了这种解读。[②] 他们都把 a priori 归

---

① 分别见康德《纯粹理性批判》：蓝公武译本，北京：商务印书馆，1960 年，第 85 页；牟宗三译本，台北：台湾学生书局，1983 年，第 206 页，邓晓芒译本，北京：人民出版社，2004 年，第 69 页，李秋零译本，北京：中国人民大学出版社，2004 年，第 100 页。

② 分别见康德《纯粹理性批判》：蓝公武译本，北京：商务印书馆，1960 年，第 85 页；牟宗三译本，台北：台湾学生书局，1983 年，第 207 页，邓晓芒译本，北京：人民出版社，2004 年，第 70—71 页；李秋零译本，北京：中国人民大学出版社，2004 年，第 101 页。

给了 die Erkenntnis aller Gegenständen（知识）。但是，如果说这里的 a prior 非得是说明前面的名词，那么，为什么不是像人们通常理解的第一段里的 a priori 直接说明前面的名词 die reine Anschauung 那样，直接说明前面的 Gegenständen？或者反过来问：为什么在第二段里 a priori 可以越过其前面的名词"对象"而去修饰"知识"，但第一段里的 a prior 却只能修饰其前面的"纯粹直观"，而不能越过"纯粹直观"去修饰"杂多"？

实际上，这里的 a priori 理应像前引那句 wenn das Mannigfaltige nicht empirisch, sondern a priori gegeben ist 一样，是说明 gegeben 的。因此，这句应译读为："为了获得关于一切对象的知识，首先必须先验地被给予我们的，就是纯粹直观的杂多。"这里，所谓"对象"就是能在时空中给予我们的现象事物，而关于作为这种现象事物的一切对象的知识，显然不可能通过给出所有对象来获得，因为我们不可能给出一切对象。也就是说，关于一切对象的知识，不可能通过对经验直观给出的经验杂多的综合，而只能通过对纯粹直观给出的先验杂多的综合来获得。正因为关于"一切对象的知识"是通过感性纯粹直观给出的先验杂多而成为可能的，它才能既是先于一切感性对象而是先验的，又是关于一切感性对象的。否则，就永远不可能有"关于一切对象的知识"。

三、理解"先验杂多"的两种进路

现在一个关键的问题是，如何理解所谓"先验杂多"或"先验（在先）被给予的杂多"？根据《纯粹理性批判》"超验感性论"有关纯粹直观的论述与"超验逻辑学"里"关于纯粹知性概念或范畴"一节的论述，对"先验杂多"我们可以有两种可能的理解。

首先，可以把先验杂多理解为由纯粹直观自己给出来的杂多。而所谓纯粹直观，也就是先验的直观形式，即时间与空间。时间和空间作为整体是不可表象、不可呈现的，但是却可以作为部分的时间与部分的空间被表象出来，而且作为部分的时间与空间也总是作为表象而存在。这种作为部分的时间与空间当然也是在作为直观形式的整体时空中被表象出来，而作为整体时空的直观形式则是通过这作为部分的时空表象去表象现象事物。没有作为部分的时空表象，我们就无法去表象现象事物。在这个意义上，作为表象而存在的部分时空是一切现象事物给予我们的前提，就逻辑而言是在一切现象事物之先的。但是，另一方面，这种作为部分的时空却又是在现象事物给予我们的同时，从整体时空那里"限制"出来而得到表象的。在康德这里，作为感性形式的时空是不会自己主动表象任何东西的，包括自己,因为它们是感受性的(rezeptiv),只有在外部或"超验自我"的刺激下才会"启动"而表象事物。在外部事物的刺激下,感性时空受到"限制"(begrenzen)而将自己"分化"为一系列部分,以表象相应的事物。

因此,作为表象的时空,或者说,作为部分的时空,一方面由于是来自作为整体时空的纯粹直观形式,因而是纯粹的、先验(在先)的,另一方面,它们又是整体时空在外部刺激下"分化"为表象事物的诸感性条件,因而它们又是与现象事物不可分离地联系在一起,只是从"逻辑学"的角度,我们可以将它们与现象事物分离开来进行讨论,以便揭示它们的先验性。这种先验的时空,就它们作为表象存在而言,它们当然也就可以被视为一种先验的杂多表象或表象杂多。

其次,我们可以把先验杂多理解为纯粹直观中显现出来的纯粹现象。这种纯粹现象之所以能够被视为先验(在先)的(a priori),是相对于有差别的经验(empirisch)事物而言的。一切经验事物都是有差别的事物,而一切有差别的事物也都是经验事物。事物的差别首先是以它被构造成了自身同一物为前提的,否则就无所谓它与其他事物的差异。在被构造为具有自身同一性的事物之前,一切事物都只是在时空直观中显现出来的纯粹现象,它们都只是时空中或相续或并列的 X_a、X_b、X_c、X_d、X_e、X_f……只有时空序号之分,而没有本质与属性之别,因为它们还没有同一与差别的规定。也就是说,它们尚没有量、质、关系、模态方面的性质。只有获得了质、量等方面的统一规定之后,事物才会有自身同一性,也即会有是它自身还是不是它自身的问题,并且进而才会进入与其他事物的关系中而显出千差万别的属性。事物具有量、质、关系、模态方面的规定,因而总是显现为具有这些方面性质的事物,这是必然的,是在先可知(a priori)的;但是,事物为什么具有这样(具体)的量、质等方面的规定,从而是这一事物,而不是其他事物,则不是必然的,不是在先可知的,因而只是经验的。在这个意义上,自身同一物倒是最初的经验物。显而易见,这种经验事物要有两个在先的条件,这就是能进行质、量等方面规定的概念与作为杂多被给予的纯粹现象。没有在先的概念,就只有没有规定的纯粹现象,而不会有具有质、量等方面性质的事物,当然也就不会有需要在具有质、量性质的事物基础上才能进一步构造出来的自身同一物;而没有在先的纯粹现象,更不会有能被规定的具体事物。

因此,如果我们有理由把自身同一物看作最初的经验物,那么,在纯粹直观中被给予的现象作为没有规定的纯粹现象,就是先验的杂多,或在先的杂多。

在上面的两种理解中,"先验杂多"都与感性直观形式密切相关,都离不开感性条件。这一点是至关重要的。

四、知识的界限与人的自由存在

这里,我更倾向于第一种理解。现在,我们可以说,康德所谓"纯粹综合",也就是对在纯粹感性直观形式(时空)中作为这形式之部分而给予我们,因而是来自这形式本身的先验杂多的综合。而正是这种纯粹综合给出了纯粹概念,给出了可运用于一切感性事物的范畴。

康德自己明确说:"于是,就普遍的意义而言,是纯粹的综合给出纯粹的知性概念。"那么,纯粹综合如何给出纯粹知性概念呢?康德紧接着说:"不过,我把这种综合理解为以一种先验的综合统一为基础(auf einem Grunde der synthetischen Einheit a priori)的综合:像我们的计数活动(Zählen)(特别是在较大的数目情况下显得更明显)就是一种根据概念的综合,因为这种综合是根据单位(Einheit)的共同基础(如十进制)进行的。这样,在这一概念下,在对杂多的综合中进行的统一就是必然的。"①

纯粹综合一方面要有先验的杂多,另一方面要以一种"先验的综合统一"为基础。所谓"综合的统一",就是说,把不同的表象,也就是杂多表象不仅归置在一起,而且要归置在一个"单位"下,以一个"单位"来统摄、归类杂多。这样的"单位"实际上就是一些概念。比如,1、2、4、5……10、11、12……这样简单的数数活动,实际上是以"十进制"这一概念对数进行的综合统一,使所有的数以及它们之间的关系都以十进制被统一起来。根据这一概念,可以轻而易举地把65856与5562综合为71418,而且这种综合是必然的——只要是按十进制,那么就必然可以从这两个数之和推出这一结果。那么"先验的综合统一"呢?显然,我们可以把它理解为以一个先验(在先)的"单位"去统摄被相互归置在一起的杂多,使之以某种"一"而不是以"多"的方式出现。在康德这里,这样的先验"单位"也就是诸如量、质、关系、模态这些类型概念或概念类型。"纯粹综合"要以之为基础的"先验的综合统一",就是以量、质等这些概念类型为"单位"进行的统一。因此,纯粹综合实际上并不仅仅是一种综合,它已包含着统一。甚至就它要以先验的统一为基础而言,它就是一种"先验的统一"。实际上,如果纯粹综合仅仅只是一种综合,那么,它就只是把杂多表象相互归置在一起,进而最多也就只是把杂多统摄在一个知识或一个表象里,但是,却无法将杂多统摄在一个普遍的"单位"里。

---

① 康德:《纯粹理性批判》A78,B104。Kant, Immanuel., *Kritik der reinen Vernunft*. Hrsg. von Raymund Schmidt, Hamburg: Felix Meiner, 1956, S. 117.

因此,说纯粹综合给出纯粹知性概念,实际上等于说,是以量、质等这些概念类型作为先验的"单位"去综合先验杂多的统一活动给出了纯粹知性概念。没有知性的量、质、关系、模态这些概念类型,就不可能以任何先验的普遍"单位"去统摄先验杂多,从而给出诸如量的概念(一、多、全体)、质的概念、关系的概念与模态的概念。在这个意义上,没有知性,就不可能有纯粹知性概念;知性有多少种概念类型,才会有多少种类的纯粹知性概念。所以,康德在前面说,知性是一切纯粹知性概念的诞生地。但是,这只是一方面;另一方面,我们发现,纯粹综合既不可没有知性的概念类型作为综合统一活动的基础,也不可能没有在纯粹感性直观形式中作为这种感性直观形式之部分而给予我们的先验杂多,以为统一的"内容"。否则,知性的概念类型永远是空的,无法关联对象而运用于(规定)对象。知性正是以这些概念类型为"单位"去综合先验杂多而给出了纯粹知性概念,也就是诸如"一、多、全体"和"实在、虚无(否定)、限制"等这些范畴,知性才能与感性事物发生关系。简单说,知性之所以能够关联到在感性直观中给予的现象事物,是因为它给出的范畴是综合的。范畴是最初的"先验综合知识"。

由于纯粹知性概念(范畴)一方面是来自于知性,而不是主观的心理联想,因此,具有普遍必然性:对所有主体来说不仅是共同的,而且是非如此不可的;同时由于它们包含着对先验的感性杂多的综合,所以,它们能够关联到、也必定关联到在感性直观中被给予的一切对象。因此,对一切在感性直观中给予的对象,先验综合知识具有使它们"只能这样存在,而不可能是别样存在"这种普遍必然性。也就是说,作为先验综合知识,范畴首先构成了在直观中的一切对象的存在方式,是它们成为一切具体科学知识的对象的前提,从而是一切科学知识具有普遍必然性的前提。在这个意义上,康德对纯粹直观的阐明与对范畴的演绎就是为一切科学知识奠定基础的工作。

但是,由于范畴是由知性以自己的概念类型去综合统一在感性直观中被给予的先验杂多而产生的,因此,范畴也只是对能在感性时空中给予我们的对象是普遍有效的,因而只能被运用于感性时空中出现的事物。这意味着,以先验综合知识为基础的一切科学知识都是也只能是关于能在感性时空中存在或显现的事物的知识。因此,作为有限的理性存在者,我们不可能拥有关于感性时空之外的事物的知识。在这个意义上,康德为知识奠定基础的工作,同时也是给知识和理性划定界限的工作。所以,他在《纯粹理性批判》的第二版序言里说:"我要终止知识,以便为信仰留下位置。"①

---

① 康德:《纯粹理性批判》第二版序言 XXX。Kant, Immanuel., *Kritik der reinen Vernunft*. Hrsg. von Raymund Schmidt, Hamburg: Felix Meiner, 1956, S. 28.

实际上,康德限制知识不仅为信仰留下了位置,同时也为人的自在-自由留下了位置。因为正如上帝、灵魂不在感性时空里给予我们一样,作为理性存在者,人本身并非仅是他在感性时空显现的那样子,否则,人就是完全透明的,处在可由知识彻底把握的必然性链条当中;相反,人在本质上恰恰存在于不可在感性时空中显现的理性当中,因而不可被任何知识把握为在某种必然性链条中的存在。就其在理性当中才得以维持自己的本质而言,人守护在理性当中,也就是守护在自己的位置上而自在地存在;而就这种自在的存在不在知识所把握的必然性链条当中而言,人的自在存在也就是他的自由存在。因此,当康德完成了为知识奠基的工作,从而把知识限制在经验领域时,他也就为人的自在-自由的存在赢得了位置。在这个意义上,为知识奠定基础,同时也是为人的自由辩护。

我们可以把康德论证自由的"知识论"进路概括为:通过为知识奠定可靠基础而划定了知识的客观界限,从而确立了人的外在于知识、外在于自然因果性关系的自由者身份。如果说知识的基础是可靠的,因而它的界限是客观的,那么,人的自由者身份就是真实的、绝对的。

第十五章 不是额外问题的问题：如何理解上帝？

如何理解上帝的存在，这一直是基督教哲学的一个核心问题。我们甚至可以说，有了这一问题，才有所谓基督教哲学。从哲学的角度来说，只有在信仰上帝存在的基础上，才会自觉地摆出这一问题，因为在没有一神教明确的上帝观念下，虽然第一哲学会追问终极存在者，却不一定会自觉而坚定地去面对这个终极存在者，不一定会自觉地把如何理解这个终极存在者的存在作为一个问题摆出来。而从纯粹信仰的角度说，则只有在哲学背景下才会自觉地提出这个问题，因为对于最初的犹太基督徒来说，上帝的存在只需信仰，无需理解与追问。这意味着，不管是对哲学来说，还是对信仰来说，如何理解上帝这一问题既非自明的问题，也非一个额外的问题。

实际上，这一问题的提出与回答对于哲学和信仰来说，都是一件重大事件。它在根本上显示了哲学与宗教、理性与信仰之间的碰撞与沟通，而从更具体的文化史角度说，它表明了希腊文明与犹太-基督教文明之间的冲突与融合。这种碰撞与沟通一方面使基督教信仰逐渐走上了理性化的道路，至少使基督教信仰摆脱了一些宗教迄今没有摆脱的对"权威"的盲从与狂热，另一方面也极大地提升和丰富了哲学本身，使哲学开发出了新的领域。用奥古斯丁的话说就是,信仰使哲学认识到了单凭理性所认识不到的东西。这也就是为什么"如何理解上帝的存在"这一问题是值得第一哲学加以深切关注的原因。

一、从理解到"证明":托马斯的逻辑之路

第一次明确提出这一问题并做出系统回答的是奥古斯丁,它实际上开辟了一条理解上帝存在的"心学"道路。不过,这里首先要着重加以分析的是托马斯·阿奎那开辟的另一条道路,这就是逻辑证明(Beweisen)的道路。托马斯开辟的这条道路在中世纪经院哲学中几乎占据支配性地位。因此,本节试图通过对它的深入分析来提供一个可靠的历史性背景视野,以帮助我们更为深入地去理解对托马斯持严厉批评态度却在某种程度上回应了奥古斯丁的那些现代宗教哲学家,特别是"白银时代"的俄罗斯宗教哲学家的思想。

实际上,把理解上帝的存在问题完全变成"证明"上帝的存在问题,始于"经院哲学之父"安瑟伦。他把奥古斯丁关于上帝存在的"心学"自明性转化成逻辑自明性。这就是他有名的关于上帝存在的本体论(存在论)证明。虽然托马斯否定了上帝存在的自明性(an sich bekannt),但是,他却完全接受了安瑟伦的启发而开辟出一条强硬的证明道路。

在托马斯这里,关于上帝存在问题的证明被分解为三个方面的问题:(1)"上帝存在"(Gott ist)是否是自明的?(2)"上帝存在"是否是可证明的?(3)上帝是否存在?

我们首先分析前两个问题。对于第一个问题,托马斯是这样证明的:"(1)人们必须承认,一种东西是自明的,只有两种可能:一种是与我们无关而自明,一种是与我们相关而自明。宾词被包含在主词概念里的陈述就是自明的,如在'人是动物'这一陈述里,'动物'就是包含在人这一概念中。(2)只有大家都熟知宾词和主词是指什么,陈述对大家才是自明的。这一点在证明的第一原理那里是很清楚的,第一原理所涉及的是一些没有人不熟知的普遍概念,诸如存在和非存在,整体和部分等。但是,如果一些人并不熟知宾词和主词是指什么,那么,陈述虽然就其自身而言是自明的,但对那些人来说,它就不是自明的。所以,结果就会像波埃修所说的,存在一些对灵魂来说才是普遍的和自明的概念,但是却只对学者来说才是普遍的和自明的,比如陈述'无形体的事物不存在于某个地方'就是如此。(3)所以,我认为……由于对于上帝(这个概念),我们并不知道,他是指什么,所以,对人们来说,'上帝存在'这一陈述就不是自明的;这一陈述必须通过我们已熟知的东西得

到证明,至少要通过在与(上帝的)自然的关联中为我们所知的东西,也即通过(上帝的)结果得到证明。"①

对第二个问题,托马斯的证明是这样的:"必须承认,存在两种证明。一种是根据原因进行的证明,称为'因此之故的证明'。这无疑就是一种先验的证明。另一种是根据结果进行的证明,称为'既然有某物的证明'。这也就是后验的证明,它首先从与我们处于关联中的东西出发,由于结果比原因更引人注意,所以,我们是从结果去进一步认识其原因的,从每个任意的结果出发,只要我们越认识它,就越能证明存在着它的原因。因为结果依赖于原因,所以,结果必定设定了原因在先存在。因此,上帝存在,虽然对我们而言不是自明的,但是,根据我们所熟知的结果却是可证明的。"②

从托马斯对这两个问题的证明,我们可以发现,他的证明之路至少已给出了两个基本信念。

第一,真正无条件自明的,只有分析判断和同语反复。换句话说,只有逻辑的东西才可能是自明的,或者说,自明的东西只能是逻辑里的东西,实际上,这等于说只有形式的自明,而没有实质的自明。自明的东西不涉及内容或实质。上帝的存在显然不仅是形式,同时也是实质的。因此,无论如何,上帝的存在都不是自明的。实际上,这就完全否定了奥古斯丁理解上帝存在的"心学"道路,即通过走向心灵,敞开内心,便可接受上帝之光的照耀而直接见证上帝,从而显明上帝存在的自明性。"你指示我反求诸己,我在你引导下进入我的心灵,我所以能如此,是由于'你已成为我的助力'。我进入心灵后,我用我灵魂的眼睛——虽则还是很模糊的——瞻望着……永定之光。……谁认识真理,即认识这光;谁认识这光,也就认识永恒。惟有爱能认识它。"③对于奥古斯丁的"心学"之路来说,为了理解上帝存在,并无需特意的(逻辑)证明,而只需去实践——反求诸己而去爱"他者"。但这绝不意味着盲目信从。"信仰了才能理解"的真正意思是说,唯有爱上帝才能使(让)上帝进入我的心灵而使我心明眼亮,从而见证上帝的神圣。

这里涉及对"爱"的理解。爱就是奉献一切。一切的什么呢?一切的关联物,一切的世俗物,简言之,一切的经验事物。奉献一切,也就是放弃这一切。剩下什么?纯粹的"生命",纯粹的自在的自身(Selbst an sich)。因此,爱,也就是从经验世界退回自身而守护于自身。财迷心窍者、色迷心窍者不会爱。从声色货利中退

---

① 托马斯·阿奎那:《神学大全》第1集第2题第1条。
② 托马斯·阿奎那:《神学大全》第1集第2题第2条。
③ 奥古斯丁:《忏悔录》第七卷第10节,周士良译,北京:商务印书馆,第126页。

身出来,更确切说,从经验世界中退回到自身,也就是敞开"心窍",敞开思想从而让他者自在。在这个意义,我们可以说,爱就是敞开的思想,换个角度说,爱就是"设身处地"地思想,就是思想着(他)而让(他)自由-自在。奥古斯丁的"先信仰后理解"真正说的就是通过爱来理解。因此,它并不是要人们盲目信从,恰恰是要人们通过敞开思想或心灵,也即通过爱,来迎候与见证神圣之光。对于爱,对于设身处地的思想来说,上帝的存在都是直接可见证的,用现代哲学家马丁·布伯的话说,就是上帝是可直接与之相遇的。因此,"心学"之路也是一条人人之路——只要敞开心灵,或说,只要去爱,人人都可以与上帝相遇,都可以是上帝存在的见证者,而无需特殊阶层的人(如波埃修所说的"学者")来把上帝存在证明给大家看。

第二,否定了奥古斯丁的"心学"道路,在某种意义上也就否定了上帝自我显示的可能性。因此,托马斯的证明给出了另一个基本信念:上帝的存在不是他向我们显示出来的,而是由逻辑的演绎证明来显现的。因此,只有通过逻辑的演绎证明,才能理解和确认上帝的存在。虽然这种证明是一种后验的证明,因而必须以现实世界中我们所熟知的事物为依据,但是,现实事物只是我们通往上帝的出发点,我们并不能在现实的具体事物中直接领会、洞见上帝的存在。上帝存在的绝对性和神圣性是由逻辑证明在形式上的必然性来显明和担保的。在这个意义上,托马斯的上帝不是真正现实中的上帝,而是逻辑中的上帝,是由逻辑演绎给出的概念化的上帝。

二、康德对"证明"的批判

托马斯最为著名的是他关于上帝存在的五个证明。这五个证明最为深刻地体现了他的"证明"之路的基本信念,同时也最为集中地隐含着"证明"道路的问题,由于这五个证明为大家所熟悉,所以,为了分析的需要,这里根据其基本意思只作简单的重述。

第一个证明是根据运动:世界上有事物在运动,这是确切无疑的事实。凡运动的事物总是为另一物所推动,而这另一物又必为其他物所推动。依此递推,必有一个不为其他事物所推动的第一推动者,否则运动就是不可能的。这个第一推动者就是上帝。第二个证明根据动力因:在感性事物中我们发现存在动力因系列,每个事物都以在先的事物作为其动力因,依此回推,必定存在第一个动力因,因为如果没有最初的动力因,也就不会有中间因和最后的结果,而这是与存在着动力因系列这一事实相矛盾的。这个第一动力因就是上帝。第三个证明是依据可能性与必然性:我们发现,有些事物处于产生和消亡的过程,因此,它们可能存在,也可能不存在；如果一切事物都只是可能性事物，那么也就意味着在某一刻一切事物都可能不存在，而如果在某一刻一切事物都不存在，那么任何事物都不可能存在，于是，现在也不可能有事物存在。这显然是错误的。因此，有可能性事物存在，必定有必然性事物存在作为其原因，而这个必然性事物又有其必然的原因，由此推论下去，同样会找到一个自身就是必然的终极因，它"不从其他地方获得其必然性原因，却是其他事物的必然性原因"。这个终极因就是上帝。第四个证明是根据事物中发现的等级：事物在善、真、贵方面是有差别的，简单说，就是事物的完善性各不相同；但显而易见的是，事物的不同完善性是由它们接近一个最高完善性的存在者的程度决定的，或说是与最完善的存在者相比较才能显明出来的，因此，必定存在一个最完善的存在者；而且它还是一切完善程度各不相同的其他事物的最高原因。因为完善程度不一样的事物组成了一个完善性等级系列，其中，较完善的事物是较不完善的事物的原因，就如火是最热的，它就是一切热的原因。"所以，必定存在一个最完善的存在者，它是一切存在者存在、善和其他完满性的原因。这个存在者就是上帝。"第五个证明依据事物的目的性：我们发现，自然界里那些无知的事物都是有目的地活动，而且往往是以同一种方式活动，以便达到最好的目的。显然，无知的东西如果没有受到一个有思想有理性的存在者的引导，它们是不可能去追求目的的。所以，必定存在一个理性存在者，由于它，无知的事物才会趋向目的，这个存在者就是上帝。①

这五个证明毫无例外地都是"后验证明"，也即从结果的存在回推原因的存在。这意味着，这五个证明是建立在这样一个基本信念上：因果性关系这种观念是绝对可靠的。如果因果关系不是绝对必然的，那么这五个证明就都是无效的。

但我们如何具有因果性观念？只有两种可能。一种是后天（验）获得的，这是休谟的答案。B事物经常跟在A事物之后出现，这种现象的不断重复就在我们心灵中形成一种习惯：一旦出现A，我们就会习惯地认为B也一定会出现，即认定A与B之间有因果性关系。在这里，因果性关系显然只是一种后验（后天）的思维习惯，它只具有主观必然性——我们不得不按这个思维习惯去观察、思考事物，作为客观对象的A与B之间是否有因果性，我们并不知道，我们至多只能对A给我们的印象与B给我们的印象之间做出因果性判断。也就是说，因果性观念只是我们用来解释、描述知觉世界的主观原则，它只能运用于知觉世界的事物，即印象或观念。显然，如果上帝的存在是客观的，而不是知觉里的一种印象，那么，就不能用仅仅是主观原则的因果性关系来证明上帝存在。即使我们退而认可用这种因果性观

---

① 托马斯·阿奎那：《神学大全》第1集第2题第3条。

念去证明上帝存在,其结果也将如一切建立在此观念基础上的知识一样变得不可靠,因为谁能担保"习惯"不会改变?因此,如果休谟的答案是正确的,那么,对上帝存在的因果证明就是不可靠的。——这里要强调的是,我们并不是要反驳托马斯的证明,而是试图揭示托马斯理解上帝的"证明之路"所隐含的基本信念和深层困境。

如果根据康德的观点,把因果性观念理解为一种超验的(transzendental)知性概念,那么情形又如何呢?作为超验的概念,因果关系本身就构成了我们面对的客观的对象世界的条件要素,因为正是一切超验形式(直观形式与知性概念)使客观的对象世界成为可能的。因此,它对于客观的对象世界当然是有效的,也即说,因果性概念可以用来理解和认识客观事物的存在及其关系。那么,我们是否可以根据这种因果概念去证明上帝的存在呢?康德给出了否定性的回答。

因果观念不管是先验的,还是后验的,它都是认识的可能性前提,也即说,它都是人作为认识主体所拥有的概念,它也只是对作为认识主体的人来说是有意义和必要的。因此,如果我们只能根据托马斯的五种证明去确认上帝存在,那么也就意味着,我们只是作为认识主体,作为概念(知性)存在者,才能理解和确认上帝存在。概念运动是我们显示上帝存在的唯一途径。换个角度就是说,上帝只对认识主体,只对概念的演绎者显明它的存在;而对于感性(并非动物)的人,对于活生生的生命之人,上帝的存在似乎永远是晦暗不明的。这是托马斯的"证明之路"所隐含的一个非常重要的神学信念。于是,上帝也就成了我们所要认识的对象世界的一个对象,一切科学认识最终都将有益于对上帝的认识,而且也都将服务于对上帝的认识。在这个意义上,一切科学都可以视为通往神学——关于上帝之知识的科学——的道路。因为上帝作为对象世界的一个最高对象,我们对他的知识当然有理由成为汇集其他一切知识的最高知识。其结果是:一切知识最终都被纳入信仰。这是托马斯的"证明之路"开辟的神学传统的一个重要特征。对于这种理智神学来说,上帝与其说是绝对的自由意志,不如说是一个无所不知的理智体——拥有一切知识的绝对主体。实在说来,这样的上帝在根本上已是一个客体化、对象化了的上帝,而不再是本源-自在的上帝,不再是活生生的上帝。这是托马斯的"证明之路"必然带来的神学后果。特别值得指出的是,由于上帝只对进行概念运动的认识主体才显明它的存在,而感性的人、生命的人则似乎是远离上帝的,因此,我们有关上帝的知识(理智神学)有理由尽可能地忽略人的感性-生命存在,甚至有理由排斥压制或否定感性生命。还有什么比妨碍我们获得神圣知识的东西更需要加以排除的吗?但是,人有信仰,并不是因为他只是一个认识者,一个只进行概念活动的理智体,而是因为他是一个整体的人,一个活生生的人——他的感性存在与人的理性一样都是超验的,是一个超验的整体存在。这也是后人批评托马斯的一个重要方面。不过,从哲学方面对托马斯的"证明之路"做出最强有力批评的,当推康德。

在康德这里,因果概念虽然可以运用于理解和认识客观的对象世界,但这个客观的对象世界同时也就是在时-空中的经验世界。因为事物只有通过我们的超验的感性形式即时间和空间,才能成为我们的对象。一个对象之所以是一个"客观的"对象,并非因为它独立于我们的感性之外,恰恰是因为它进入了超验的感性形式之中。因此,客观的对象世界同时就是我们经验(erfahren)到的世界,是一个经验的世界。因果概念与其他知性概念一样可以也只能用于这种经验的世界。这是康德对知性概念所做的一个严格限制。如果把这些纯粹的知性概念运用于经验领域之外,也即运用于不能在时-空中给予的对象上,那么必然会导致空洞的玄思而出现矛盾(二律背反)。

但是,上帝显然不属于经验领域的存在,上帝不可能在时-空中给予我们。因此,康德从根本上否定了用因果概念去证明或理解上帝存在的可能性。在康德看来,从因果概念出发,我们必然会得到一个最高原因的概念。但是,这只是对于纯粹理性来说才是必然的。知性所必然要追寻的永远只是具体的、现实的因果关系,只有纯粹理性才必然要在此基础上给出一个最高原因。也就是说,最高原因或终极原因首先只是一个理性概念,康德称为"超验的理念"(die transzendentale Idee)。而"超验的理念从不允许有构造的使用(konstitutiver Gebrauch),否则,它们就成了能给出某种对象的概念,而在这种情况下,它们就只不过是诡辩(辩证法)的概念。但另一方面,它们却有一种卓越的必然的范导性作用(regulativer Gebrauch),即引导知性朝向某种目的"①。也就是说,像最高原因或终极因这类概念作为超验的理念,它们并不能给出相应的对象,它们不能在经验世界构造出它们的对象——因为它们已超出经验世界之外。因此,它们只是纯粹的概念。它们在理性中只是起一种范导性作用,即把知性的局部统一引向整体性统一。

作为理性存在者,我们不得不承认存在一个终极的自由因,但它的存在却只是一种理性的存在,也即它只存在于我们的思想中。我们并不能因为它存在于我们的思想(理性)中而进一步推论说,它存在于现实(时-空)中。在纯粹思想(理性)中的必然性存在,绝不意味着一定也是现实的存在。关于上帝存在的存在论(本体论)证明的核心恰恰就在于从上帝在思想中的必然性存在推出上帝在现实(时-空)

---

① 康德:《纯粹理性批判》A644,B672。Kant, Immanuel., *Kritik der reinen Vernunft*. Hrsg. von Raymund Schmidt, Hamburg: Felix Meiner, 1956, S. 606.

中的必然存在。托马斯虽然反对本体论证明,但是,事实上他的五个证明恰恰是以本体论证明为基础的。用康德的话说,这些证明都可以视为"伪装的本体论证明"。因为这五个证明都存在着从有限的原因到终极因的跨越,而这种跨越只有对于纯粹的理性来说才是必然的。换句话说,这五个证明所推演出来的结果只是对于纯粹理性来说,才是必然存在的。因此,这五个证明实际上都隐含着本体论证明,或者更确切说,都不自觉地以本体论证明为基础。

为什么不能从一个对象在纯粹思想(理性)中的必然存在,推出它在现实中的存在呢?康德对本体论证明的批判之所以具有摧毁性,就在于他对这一问题给出了强有力的回答。在康德看来,一切关于对象的现实存在的判断都是综合的,而不是分析的,仅仅存在于思想中的对象只是一纯粹的概念,从此概念分析不出它的现实存在。相反,只有在感性经验中,才能把现实存在归给某一概念。也即说,只有与感性材料相结合,概念才不只是思想中的形式,而是成了现实中一个客观对象存在着。"所以,关于对象的概念,不管它包含什么内容和多少内容,我们都必须走出概念之外,才能把存在归给这一对象。"①所谓走出概念之外,也就是走出纯粹的思想,走出形式而进入时-空感性领域,与感性实质相结合。一个对象是否是现实的存在,并不仅仅取决于它必然存在于思想中,而且取决于能否在感性经验中构造出这一对象,也即对这一对象做出综合判断。显而易见的是,我们无法在感性(时-空)领域给出(构造出)诸如自由因或最高存在者这类对象。因此,我们也就不能断定它存在于现实中。

在这里,康德实际上把现实的存在(Dasein 或 Existenz)限制在经验领域。唯有能经验到的事物才是真实的存在。就这个经验领域是在时间(与空间)中的领域而言,康德的这种限制是正确的。因为这意味着只有在时间中到来的事物才是可经验的事物,因而才是真实存在的事物。在这里,时间的到来或展现实际上构成了事物存在的存在论基础。但是,就这一领域把纯粹思想、纯粹生命排除在外而言,这种限制则是需要加以检讨的。这里的关键在于他把时间限制在感性现象领域,对时间的这种限制导致了康德不得不把活生生的纯粹思想、纯粹理性活动排除在现实领域之外。

这绝不意味着康德对本体论证明的批评是错误的;他的批评仍是无可辩驳的;谁能在时间中像给出一个具体对象那样给出一个最高存在者?在《纯粹理性

---

① 康德:《纯粹理性批判》A601,B629。Kant, Immanuel., *Kritik der reinen Vernunft*. Hrsg. von Raymund Schmidt, Hamburg: Felix Meiner, 1956, S. 574.

批判》中,一方面由于康德引入了时间问题,使时间与存在问题联系了起来,因而能够从根本上否定对上帝存在的本体论证明,甚至可以说,从根本上否定了理解上帝存在的"证明"之路。而另一方面,由于康德把时间限制在感性——现象领域,从而陷入了理解纯粹理性(自在本体)的现实存在的困境。不过,他在《实践理性批判》和《判断力批判》中试图摆脱这一困境,这两大批判分别讨论两个基本问题:作为纯粹理性存在者,人是如何(在现实中)行动的?作为纯粹理性存在者,人又是如何理解他遭遇到的世界?纯粹理性(思想)的现实性存在就体现在这种行动与"遭遇性理解"(审美判断)中。如果我们不是作为认识者,不是作为知性主体,而是作为纯粹的理性存在者,或者说,如果我们暂且放弃作为认识者的主体身份,而以独立自主的"自由人"身份出现,那么,我们的行动就是一种不可抗拒的自律行动,我们面对的世界就是一个令人惊赞的神奇美妙的世界。作为"自由人",我们可以从自己的行动中,从遭遇到的事物中,洞见到神圣性,领会到上帝的存在。

在这个意义上,康德在批判关于上帝存在的"证明"之路的同时,给出了理解上帝存在的另一条道路——上帝只在思想中,在精神中。作为纯粹的理性(思想)存在者,我们在我们的行动中,在遭遇到的事物中,直接就可领会上帝的神圣性。所谓作为纯粹的理性存在者,也就是放弃一切经验及其概念,放弃一切经验关联物,就此而言,我们前面理解的爱就是纯粹理性。去爱即是依理性行动。在爱中领会上帝的存在,就是在理性的自律行动中洞见上帝的神圣性。因此,我们甚至可以说,康德在哲学上回应了奥古斯丁理解上帝的"心学"道路。[①]

三、相遇:上帝存在的"心学"道路

上面的分析并不是要否定托马斯的"证明"之路的历史意义,实际上,它对促进信仰的"理性化",促进理性对信仰的理解方面自有其独特的贡献。对于健康的、向善的信仰来说,"证明"的思想甚至是不可或缺的。

但是,如果"证明"成了理解信仰的主要途径甚至是唯一途径,那么就有可能导致将信仰理智化、将上帝对象化的危险,出现像但丁在《神曲》里描述的那种信仰图景。这最终将瓦解信仰本身。

近代西方学者对形而上学的批判,一个很重要的方面就是对信仰理智化的批

[①] 有关康德如何在哲学上"回应"和"化解"基督教信仰里的基本问题,可进一步参见叶秀山教授:《"哲学"如何"解构""宗教"——论康德的"实践理性批判"》(《哲学研究》,1997年第7期)等文。

判,对试图构造出一整套有关上帝存在、灵魂不朽、意志自由的知识体系的批判。这种批判在很大程度上使神学回到了奥古斯丁的"心学"道路。这也许就是为什么许多近现代宗教哲学家更愿意引奥古斯丁为同道的缘由。而"白银时代"的俄罗斯宗教哲学家(如 H. 别尔嘉耶夫、C. 弗兰克、L. 舍斯托夫等)之所以引起西方世界的兴趣和关注,也正因为他们在理解上帝存在的问题上,一开始就走上了回应或接近奥古斯丁的"心学"道路。他们几乎没有例外地对以托马斯为代表的中世纪理智神学持严厉的批判态度。别尔嘉耶夫甚至认为,像托马斯那样以概念思维去理解信仰问题不可避免地将神学与信仰引上了"客观化"道路,而信仰的客观化意味着信仰的堕落:这种客观化信仰不仅无助于人类的拯救,反而导致了对人类的全面奴役。[①] 如果从马丁·布伯的角度看,信仰的客观化也就是通过逻辑概念把活生生的"你"之世界转化为现成的"它"之世界,把与我们息息相关的永恒之你转化为与我天壤相隔的无限之它。这种无限之"它"实际上只是一概念"偶像",布伯把它视为"最高贵的虚妄或杜撰"(Fiktion)[②]。信仰无限之"它"与信仰虚假的"偶像"无别。

实际上,这意味着彻底否定了托马斯的"证明"道路。对于别尔嘉耶夫来说,人不可能在概念演绎中见证上帝的存在,作为概念演绎者,作为认识主体,人永远不可能理解上帝。因为认识的主体并不是人的真正现实的存在,不是人的真实身份,而是在客观化世界里的一种角色。但是,这种"客观化世界不是真正的现实世界,它只是真正现实世界的一种能够改变的状态"[③]。也即说,人作为认识的主体这种角色,是可以改变的,至少不是本源的,而是派生的。作为认识的主体,"人"实际上也是一个客体,一个受限制、被规定和被奴役的客体。

人的真实"身份"是什么?别尔嘉耶夫认为是"精神",也即"个体人格"。"精神即自由,即人自身具有的(能够)拓展人的个体人格"[④],这种个体人格是"人的最高本性和最高使命"[⑤]。作为精神生存或个体人格,人才是真正的"主体":他永远处于主位,永远是自由的,是开端和起源。一旦失去主位而退入宾位,他就不再是真正的主体,不再是个体人格,而是沉沦为一个虚假的主体,即认识的主体,实则也是一个客体。所谓"退入宾位"也就是精神或"主体"向外抛出自己以构成各种范畴和原则,从而不仅使人自己成了这些范畴和原则的承担者和体现者,而且使世界被这

[①] 参见别尔嘉耶夫:《人的奴役与自由》,徐黎明译,贵阳:贵州人民出版社,1994年,第28-29页。
[②] Buber, Martin., *Ich und Du*. Aufl. 9., Heidelberg: Lambert Schneider, 1977, S. 21.
[③] 别尔嘉耶夫:《我的末世论哲学》,黄裕生译,《哲学译丛》,1991年第4期。
[④] 别尔嘉耶夫:《人的奴役与自由》,徐黎明译,贵阳:贵州人民出版社,1994年,第49页。
[⑤] 别尔嘉耶夫:《人的奴役与自由》,徐黎明译,贵阳:贵州人民出版社,1994年,第49页。

些范畴和原则构造为一个客观的、坚不可摧的有序世界。这是精神或"主体"走出自己的一个方向,别尔嘉耶夫称为"客观化方向(道路)",一切客观现实都只是精神的这种客观化的结果。所以,"我不信奉所谓'客观'世界的坚实性和稳固性,不相信自然和历史的世界。客观的现实是不存在的,它只是意识的幻觉;存在着的只是由精神的某种意向所产生的现实的客观化"①。这个客观化的世界是科学认识的对象,也即作为认识主体的人的对象。在这个客观化的世界里,人永远不可能领会上帝的存在,永远不会与上帝"相遇"。

相反,对于真实世界来说,也即对于个体人格,对于人的精神生存来说,上帝处处存在。只要守于主位,作为精神而存在,人就能显明上帝的存在,就能觉悟上帝的存在。因为精神并不仅仅在于为人自己谋划生活——这只是精神的客观化功能,而且更在于一个更高的使命,即不断超越自己,提升自己,完善自己。精神的这种不断超越自己的超越本性显示了一个更高的精神、更高的人格的存在,这就是上帝。如果没有这种更高人格的存在,人的精神就失去了超越的方向和意义,因此,也就不会有个体人格。这也就是说,上帝是在人的精神中"出场"的,也只在人的精神中"出场"(显现)。在这个意义上,上帝的存在问题就是人的精神生存或精神体验的问题,也只是人的精神生存或精神体验的问题。换句话说,我们只能在精神生存或体验中理解上帝的存在,也即只能从人的真实存在中寻找上帝存在的根据,这一思想被十分清楚地表达在一段独白中:

> 维护上帝存在的主要根据依旧是在人身上,在他的征途中揭示出来。在人类的世界中,有预言家、圣徒、殉道者、英雄、神秘直觉的人,有无私忘我地寻求真理和为真理服务的人,有创造真正的美和美好的东西的人,有禀赋伟大热情和丰富精神的人。……所有这些并没有证明什么,但却表明最高的、神的世界存在,显示上帝的存在。神学和形而上学的理智概念游戏已令我十分厌倦,我只相信对上帝和天国存在的精神——经验的证明。②

因此,别尔嘉耶夫十分欣赏奥古斯丁关于"上帝比我自己更深藏在我心中"的思想也就并不奇怪③。所谓"更深藏在我心中",就是说,上帝是纯粹的精神存在,是更高的个体人格,我只有摆脱客观化世界而尽可能作为精神的存在,才能接近上

---

① 别尔嘉耶夫:《我的末世论哲学》,黄裕生译,《哲学译丛》,1991年第4期。
② 别尔嘉耶夫:《我的末世论哲学》,黄裕生译,《哲学译丛》,1991年第4期。
③ 参见别尔嘉耶夫:《我的末世论哲学》,黄裕生译,《哲学译丛》,1991年第4期。

帝,领会神圣。我的精神之所以为精神,我的心之所以为心,就在于它既是最真实、最本源的内在经验(erfahren)或体验,又是完全敞开的、超验的,也即是自在—自由的,因而具有让……来相遇的超验性。因此,深藏在我心中的上帝也才既是超验的,又是在内在的精神经验(体验)中的。

就上帝深藏于我心中而言,我必得走向内心,才能见证上帝。而就我的心(精神)是超验的而言,走向内心同时也就是摆脱客观化世界,切断精神的客观化道路而敞开内心,或者说,让精神守护于主位而自在—自由。自由(Freiheit)就是摆脱和敞开,而敞开总是要向……敞开,或者说,总是要让……出现(显现)。因此,自由本身就意味着一种"关系",意味着人在这个世界上不是绝对的孤独者。在他自由的精神中,在他敞开的内心(理性)里,总有一个他者在,总指示着一个他者在。

因此,走向内心,走向自由,是我们理解上帝存在的最可靠最坚实的道路。这是别尔嘉耶夫以及弗兰克[①]等俄罗斯人的坚定信念。

就上帝只在我们的精神中,只在我们的心里而言,我们与上帝的关系是一种活生生的关系,一种直接无间的关系。我们可以借用马丁·布伯的"我与你"的相遇(Begegnung)来理解这种关系。我与他者可以有"我—它"关系和"我—你"关系。只有在"我—你"关系中才是一种相遇。而我只有置身于精神中,只有在全身心的爱中,我才能把他者当作"你"来相遇,而不是把他者当作对象来认识或利用。我们在与每一个具体的"你"的相遇中,都能洞见永恒之你的神圣性;我们也只有在与"你"的相遇中才能体认神圣性的存在。每一次相遇都是见证上帝存在的机会。而我们不仅可以与他人相遇,而且可以与他物相遇。也即说,只要我置身于"纯粹精神"中,我随处都处于"我—你"关系中,即使此时我在世上踽踽独行。

因此,"相遇"概念充分表达了他者这一向度,表达了精神的超验性——摆脱限制而向他者敞开。这也就是为什么我愿意用"相遇"概念来理解"心学"道路的根据。对于"心学"道路来说,走向内心,并不是要沉迷于自我,相反,走向真正的内心恰恰同时就是要走向他者,迎向他者,与他者相遇。在这个意义上,我们可以把理解上帝存在的"心学"道路看作是"相遇"的道路。"白银时代"的俄罗斯宗教哲学对世人的重要性,并不在于他们走了一条世人陌生的道路,而在于他们从一开始就走上了与上帝相遇的道路。换一种说法就是,他们表达了俄罗斯人与上帝相遇的"经验",而不是提供了俄罗斯人关于上帝存在的证明或知识。这些"经验"也许并不具有普遍性,但却是真实的、可靠的,因而对于敞开的心灵来说,也许会是有启示意义的。

[①] 有关弗兰克这方面的思想,可参见徐凤林译的《俄国知识人与精神偶像》一书,特别是有关"生命的意义"部分。徐凤林:《俄国知识人与精神偶像》,上海:学林出版社,1999年。

第十六章　绝对的开显：华夏文化的本原性与未来思想

上章讨论的"上帝"问题，实际上也就是关于"绝对者"的问题，关于绝对的一、绝对的本原的问题。不管是犹太教的耶和华，还是基督教的耶稣，都是**那个绝对**的一个身份、一个面相。《圣经》是独一之神的启示，也就是**那个绝对者**以独一之神这一身份的言说。而基督教神学则是对这些言说的言说，是对神的启示的再传达。启示与神学言说一起构成了绝对者以"独一之神"这一面相在历史与民族中的显现，开显出了一个所谓西方文化世界。

但是，绝对者不会只以耶和华或基督的身份显现，也不会只以《圣经》与基督教神学言说自己，否则它就不是普遍的，而是特殊的与受限的。任何把某种语言或文化当作绝对者的唯一表达的设想，就如把我们所见识的世界视为绝对者的唯一居所一样，除了表示一种自我中心的优越外，都冒着背离绝对者本身的危险。绝对者的普遍性与无限性恰恰必然展现为它的开放性和多面性。就古代而言，绝对者至少在犹太、希腊、印度和华夏文化中得到了不同面相的深切表达，从而开辟出了不同的历史与文化世界。我们把这种深切而系统地表达绝对者的文化称为本原文化。这使今天的思想面临着一个共同的任务,那就是走出自我中心的迷执,在绝对者的召唤与中介下,会通不同的本原文化世界,以开显出一个包含着更多面相而具有更高普遍性的世界。

在第七章至第十五章里,我们在经验第一哲学的思想历程时,实际上也已经在经验两希文化在第一哲学层面上的交会与融通。如果我们把佛教进入中国,视为东方两大本原文化交会的开始,那么,与两希文化的会通近乎穷尽了其可能性相比,东方本原文化的会通显然并不充分,至于东西方本原文化的碰撞与交会,则只是刚刚开始了。

不过,这里我们要着重讨论的不是本原文化的会通,而是如何理解华夏文化的本原性及其精神。这也就是要在第一哲学层面上来讨论华夏文化,对华夏文化做出一个哲学的定位,以便确立东西方相互对待的应然方式。

对这一章所要讨论的核心思想,可先概述为:对"绝对者"的系统觉悟与对普遍性原则的自觉自任是一种文化成为本原性文化的两个基本规定。殷商对"上帝"的崇而不祭,表明殷人崇拜的"上帝"已超越了自然神而为一至高神;周人的"天"则进一步把绝对者纯粹化为"无亲"而"与善人"的公义之天。先秦诸子的"人文思想"的兴起不仅不是削弱殷、周对"绝对者"的觉悟与确信,相反,实乃加持了这种突破性的宗教信仰。孔子仁学的确立与仁爱法则的发现,则完成了对"绝对者"的信仰与对普遍性原则的自觉之间的贯通,从此把华夏民族带上了担当普遍性原则的"世界史"之路。就古代而言,华夏文化与希腊文化、希伯来文化、印度文化共同构成了四大本原文化。本原文化民族之间的相遇是人类思想与命运的普遍性版本升级的必经之路。

一、华夏文化的定位问题

如何给历史上的中国文化定位?这一直是一个问题。最一般的定位是,它属于"四大文明古国",但它显然又与另外三个文明古国不一样,因为其中有两个都早已灰飞烟灭,另一个则时断时续(印度)。

作为一个文化实体,中国穿越了至少逾三千年的历史。在这三千余年里,不仅在社会治理、文化教育、思想理念、经济生活、技术发明等诸多领域取得了伟大成就,常常居于世界同时代的领先地位,而且驯服并教化了在它历史上出现过的几乎所有的强力实体,经受住了一系列不幸与苦难的重压。即便在遭受"三千年未有之大变局"的近代,作为政治实体的中国可谓风雨飘摇,一败再败,但是作为文化实体的中国，却仍坚信能走出这从未有过的困境，仍以坚定的决心追寻着走出危机的希望，并且仍渴望着承担世界的未来。

因此，相比之下，其他文明古国并不具有这种穿越历史的生命力。所以，以"四大文明古国"来定位中国文化并不准确，无法真正确定中国文化在世界史中的准确位置。

对中国文化还有第二种定位，那就是雅斯贝尔斯的"轴心文明"说，他在《历史的起源与目标》一书里把中国文明与希腊文明、犹太文明、印度文明并列为四大"轴心文明"。他很敏锐地发现，这四个文明在公元前800年到公元前300年之间，实现了对人类初始文明的突破：一方面发现了人类自己在这个世界的独立性，另一方面也发现了人类自己在这个世界上的有限性。由于发现了自己的独立性，因而可以质疑、不满传统和一切现成的事物，走上了以反思寻求突破与解放的可能。发现自己的独立性与发现自己的有限性是相关的。独立性的发现，才使人类发现自己不是混同于其他万物，不是与万物可以随便转换，而是独立却有限的存在者。对自己的有限性的发现，进一步使人类提出并回应了"终极"的问题，走上了自觉追寻超越性存在的努力。从此，也才真正开始了历史，世界史就开始于人类的这种自我发现。

正是基于自我发现的这种突破，使这四个文明中的每一个文明实体不仅能够长时段延续下去，而且对周边世界具有辐射力，造就了一个以这一文明为轴心的文明世界。整个人类在历史进程中一旦遇到重大关头或重大转折，都会重新回过头来审视轴心文明的智慧，以求获得解决困境的参考。

雅斯贝尔斯对中国文化的这个定位要比"文明古国"的定位更准确。在这个定位中，更为客观地揭示出了中国文化的世界性意义，也找到了与中国文化更具有同等性意义的其他文化。相比"文明古国说"，雅斯贝尔斯的"轴心说"提高了对中国文化的历史定位。

不过，雅斯贝尔斯的这个"轴心"概念更多的是说明一种文明或文化突破的结果，而并未说明这种突破何以能够使人类发现自己与"整个宇宙"相关，因为它未能发现这种突破与人对自己的本原时间性存在的自觉，以及由此带来的对本原问题的突破性理解相关。实际上，雅斯贝尔斯的这个概念更像是一个社会学概念与历史学概念，而不是一个哲学的概念。

这里，我们要从更纯粹的哲学层面上来寻找中国文化的定位问题。

二、人性的额外力量与存在的跳跃

在历史上,能穿越千年历史而延续不断的文化系统,不仅要能承受住种种苦难、不幸、曲折的重压,也要能经受住各种腐化、堕落、暴虐的诱惑。人性有非常软弱、脆弱的一面,不管是作为个体存在,还是作为群体存在,人性常常是经不起考验的:既经不起不幸、挫折的打击,也经不起享受、堕落的引诱。如果没有从人性中开发出额外的力量,也即人性中的另一面,那么,不管是个体还是群体,都行之难远而无法成就伟大、艰难的事业。当然,也就无法开辟出长远的历史。

那么,人性中这另一面究竟是什么呢?又为什么说它是"额外的力量"呢?如果说把人性中软弱而易变的一面视为在日常生活世界呈现出来的世俗性,比如趋利避害,喜欢快乐、享受,厌恶痛苦、劳作等,那么,我们可以把人性中的另一面视为超出世俗性的超越性。这种超越性有时也被称为人性中的神性。

人的世俗性是在生存活动中与各种功能事物打交道展开出来的,因此,只要生存着,人就会展现出世俗性这一面人性。人活着,首先与通常是要吃、要喝、要安全。这是一种直接性的生存。为了这种直接性的生存,人首先且通常要与各种功能性事物打交道,并且也以功能性角色相互合作。

但是,人性中的超越性方面恰恰只有"跳出"直接性的生存与在场性的功能事物,才能被展开出来。就人有超越性的神性而言,人也总会跳出直接性的生存与功能性世界。哲学上把这种跳出称为"存在的跳跃"。但是,什么时候跳出,以及跳得多高,则取决于很多偶然的因素。不过,什么时候跳出,也就标志着什么时候有真正的文化;跳得多高,则标志着文化的层次有多深。因为人类正是通过创造文化来实现从直接的生存世界中跳跃出来,并且也是通过提高文化的深度来实现跳跃的升级。

也就是说,我们人类是通过创造文化来开发我们身上的超越性一面。在这个意义上,我们也可以说,人类是靠文化来开辟与维护历史的。因为人类正是通过开发身上的超越性一面,来获得承受在生存中遭遇的各种艰难的力量,获得持续相互信守共在的团结,从而克服自己身上的软弱与脆弱。

不过,虽然所有的族群体都有文化,因而都在一定程度上开发出了超越性的一面,但是,并非所有文化都达到了同样的高度与深度,因此,并非所有族群都达到了同样高度的超越性,否则,世界所有古老的族群及其文化都会延续下来。而实际上,大多数族群的文化都消失了或消融在其他文化里了。

如果就打开超越性人性的高度对所有文化进行划分,那么,我们可以把文化区分为"本原文化"与"非本原文化"。就古代而言,也许就只有四个"本原文化",它正好与雅斯贝尔斯所说的四大"轴心文明"重叠。这就是中国文化、希伯来文化、希腊文化与印度文化。

那么,何谓"本原文化"？这首先不只是一个历史学问题,而是哲学问题。我们知道"本原"乃是哲学最早追问的问题,也一直是哲学最根本的问题。不过,追问本原问题,并不意味着达到了对本原本身的发现与觉悟。当且仅当哲学自觉到本原的绝对性与唯一性,哲学才走上了成为哲学自己的轨道。不过,这并不意味着本原文化一定要通过哲学或思想来达到对本原本身的发现,也可以通过宗教的方式来达到。

所以,一种文化之为一种本原文化,有两个基本标志：首先一个就是觉悟"绝对"而追寻与"绝对"共在；另一个是觉悟人自身的普遍性存在而自觉承担普遍性原则。这两个觉悟是人类在历史上实现的两个最重要的"存在的跳跃"或"存在的跃动"。

就人类的生活世界而言,发现相对性事物是很自然的事情,因为我的生活首先并通常就与各种具体而相对的功能性事物打交道。如果我们停留在这样的相对性事物的世界里,我们就不可能有"本原文化"。虽然世界上有很多民族,很多文化,但是,并非所有民族都能有幸作为本原民族出现,因为并非所有民族都创造出了本原文化。严格说来,唯有这样的族群才创造出"本原文化"：在这种族群里,出现了能够打开并维护一种超越性视野的伟大心灵,通过这种超越性视野,这个群体能洞见并感受到,自己生活于其中的世界不仅仅只有可以满足我们生存的各种相对性事物,而且有绝对者与绝对性。简单说,借助于伟大心灵发现了这个世界竟然有绝对者及其绝对性,并因而发现了自己的存在是有绝对性的存在。

实际上,人类也只是在发现了绝对性存在,从而迈进了"本原文化"之后,也才踏上追寻与维护人类自身的绝对性的努力。因为在这之前,人与人之间主要就是功能性的关系,相互提供功能性的合作,因此每个人都是以功能性的角色出现在对方世界里。这种功能性角色实质上就是工具性的角色。但是,作为工具性角色存在,不管是对于个人还是族群来说,每个人就都只是相对性的存在,而不具有不可替代的价值。人类对自己的生活世界有绝对者与绝对性的发现,在逻辑上包含着对自身绝对性的发现。因为这个绝对者的发现者不仅不可避免地要去追寻绝对者与世界万物的关系,而且也不可避免地要去追问自己与这个绝对者的关系；但是,这种追问与绝对者的关系,也就是追问与绝对本原（绝对源头）的关系,而寻求与绝对本原的关系,实际上既是确立自己与绝对者之间紧密的共在关系,同时也是理解与获取自己身份的努力。换句话说,我们是在确立与绝对者的共在关系中,理解并获取自己的绝对身份,从而获得存在的力量与绝对性。

发现人自身的绝对性,可以看作是在对绝对者的觉悟这种存在跳跃里隐含着的一个存在跃动。在历史上,这个被隐含着的跃动可能要经历很长时段才会展现出来。

这种存在的跳跃除了带来了人对自身的理解的变化,同时还带来了人的存在秩序的变化:人开始从各种自然神崇拜、图腾崇拜以及各种神话中逐渐解放出来,在人与绝对者之间打开了一个开阔的天地。在这里,既给绝对者腾出了一个绝无仅有的位置,也给人自身留下了更广阔的自主空间。对绝对者的发现,切断了人与其他事物之间的关系链,把人从与他人、他物的关系中解放出来,而使人首先进入与这个绝对者的关系中。

这种存在的跳跃并不是一劳永逸的,也并不是可一次完成的事件。这种存在的跃动只是提供出一个示范,一个路径,以便可以不断引导着人们从单纯的功能世界里解放出来,重新审视生活世界,重获生活信念与生存力量,直至重建生活秩序。历史就在这种不断的重新开始中绵延成一个具有同一性的历史。

对绝对者的发现这种存在跳跃,实际上是由能觉悟到本原时间的伟大心灵实现的。那些未能打开超越性视野的民族或个人来说,在根本上意味着未能打开本原时间,未能经验到内在的本原时间,而只停留在非本原的时间里。

所谓非本原时间,也就是借助于外在事物(比如天体运动)来标明与识别的时间。我们这种存在者首先且通常就存在于非本原的时间之中,因为我们首先与通常也是要吃要喝的存在者,因而不得不与功能性事物、有限性事物或部分性事物打交道。所以,我们的存在首先且通常是以与功能性事物、部分性事物打交道的存在活动"到时",也即根据与我们的生存活动相关的事物或事件来排定我们的时间:现在是出猎之机,因为野兽现身了;现在是采集之时,因为野果成熟了;昨夜秋风起,今日云天高……这种时间之为非本原的时间,就在于,我们就是在这种时间的到时中,发现与遇见有限物或部分物,而不是绝对的本原;同时,我们自己也只是作为各种角色出现,而不是作为完整的本相自身存在。也就是说,在这种时间里,既没有真正的本原,也没有本真的自身。

与非本原时间的过去、现在与未来可以相互分割不同,本原时间是一种把过去、现在与未来作为不可分割的可能性整体包含在自身之中的整体时间。在这种本原时间里,过去、现在与未来都是作为可能性而存在,或者说,它把过去、现在与未来作为可能性包含在自身之中。这种本原时间不仅是我们这种特殊存在者的存在方式,而且直接就是我们这种存在者的存在。我们正是作为这种本原时间到时,或者说,我们作为这种包含着过去、现在与未来的一切可能性于自身之中的本原时间存在,才发现或觉悟到这个世界有"绝对者"在,有一个包含一切可能性事物于自身之中的"整体者"在,而竟然不仅仅有众多的有限物,不仅仅有诸多变换不定的功能物与部分物。

简单说,我们只有在作为"整体"的时间中,才撞见了作为绝对的"整体者",尽管我们可能对此撞见的前提一无所觉。因为绝对的整体者必定是包含着过去、现在与未来的一切可能性于自身之中,因此我们只有打开整体的本原时间而置身于这种包含着过去、现在与未来于自身的可能性整体之中,我们才能跳出各种有限的部分性事物而遇见作为绝对的整体者。

在这里,打开本原时间,就是打开一个把过去、现在与未来作为可能性包含在自身之中的超越性视野。这种视野之所以为一种超越性视野,就在于它是一种整体性的视野。打开这种整体性视野,一方面意味着我们存在于可能性之中而不是一个现成的东西,因而人是可塑造、可教化、可救赎的;**另一方面则意味着我们有了一种整体性的眼光,开始了努力从整体的角度理解、追问自己与世界的存在,并因而进入了与"整体"共在的存在**。因此,打开本原时间,既是对非本原时间的突破,也是对有限物、功能物与部分物的突破。从此,人类才开始从一个"整体"来理解、审视与引导自己的生活。

世界史就开始于这种由非本原时间进入本原时间的突破。因为只是这种突破,才意味着开始把人类带进自觉地从"绝对整体"来理解、审视、看待自己的生活,也即从作为"可能性"被包含在"绝对整体"中的"过去""现在"与"未来"来理解、看待自己的存在。从此,人类的不同才是基于一个"整体"的不同,基于一个"大同"的不同,因而是一种"普遍的"不同,"普遍的"差异,而不再是基于眼下偶然事物(环境、天气、习性等等)的"偶然的"不同。人类因此进入了普遍性的历程而进入了"世界"的历史。

如果没有对这种作为整体的绝对者的深切觉悟,也就不会有真正的"我们"。因为没有对绝对者的深切觉悟,也就不可能通过与那个既超越一切利益,也超越一切苦难与幸福的绝对者共在,来获得真正的团结与伟大的力量。

什么样的团结才是真正的团结?能够经受住直逼人性边缘的苦难重压的团结。什么样的力量是伟大的力量?能够穿越使一切希望变得黯淡的时艰与变局的力量。没有这种基于与绝对者共在的团结与力量,都不过是些乌合之众,最终都将失去"我们"的身份而消失在真正的"我们"之中。因为任何一种没有以与绝对者共在为基础的团结都是临时的,哪怕有血缘之亲,也都随时面临解体与离散而经受不起苦难的重压,经受不起幸福的侵蚀。

就绝对的一即是绝对的源头而言,真正的"我们"实乃绝对本原的守护者与承担者,因此,"我们"展开的历史才是有所守护、有所担当而有道统的历史。借此道统,"我们"的历史不仅保持着自我同一性,而且具有了世界史意义。这样的"我们"在哲学上才被称为"本原民族",也才可以被称为本原民族,"我们"的文化才成为本原文化。

上面我们讨论了本原文化之为本原文化的第一个标志,也是它的第一个规定。现在我们要讨论它的第二个标志,也即对普遍性关系与普遍性原则的自觉和承担。对普遍性的发现或觉悟,也是存在的一个跃动,一个突破。

在我们的日常生活世界里,对我们人自身之间的关系,我们首先发现的,是各种差异性存在以及基于这种差异性存在的各种差异性关系。人与人之间的关系首先就建立在相互发现的差异性存在之上。因此,人类社会首先是一个由各种差异性关系构成的等级体系。如果人类停留在这样的等级体系里,那么,这样的等级体系必将被逐渐强化,并被引向世袭与封闭。在相当长的历史时期里,的确就是如此。

在孔子之前,管仲在齐国的改革可谓大刀阔斧,但是他却通过把等级体系与分工体系相结合而使等级体系进一步固化:他一方面把士、农、工、商四民视为国家的柱石,另一方面却把他们严格分开,不使他们相互混居,以便"少而习焉,其心安焉,不见异物而思迁焉",也就是要使不同行业、不同等级的人们各安其职,各守其业而世代相袭。在古希腊、罗马,典型的奴隶等级制甚至沿袭了千年之久(这显然与希腊文化在追寻普遍性原则的努力上,在自然领域有突破,而在人伦领域却无进展相关)。对于这种封闭的等级体系,柏拉图甚至还以理论论证的方式阐明其理由。所以,在这方面的突破,显出了中国文化的领先性。后面我们将再仔细分析。

本原文化实施的第二个突破就在于,它跳出了我们生活世界的等级体系,在人之间的差异性身份、差异性存在之外或之上,看到了人的普遍性存在与普遍性身份,并发现了贯穿于所有人之间的普遍性原则,从而自觉到要去承担与维护这普遍性的原则。所以,本原文化多了一个使命,那就是承担人类的普遍原则,这也就是平常所说的普遍道德,包括普遍公义、普遍仁爱。因此,本原文化虽然总是产生于某一民族或族群,但是,这个本原文化民族在获得一种高度的文化主体性的同时,也意味着它要承担起额外的使命,那就是维护与坚守人间的普遍原则、普遍道义。对于一个本原文化民族来说,本原文化既是一种幸运,也是一种命运——不得不承担起普遍性原则。

三、绝对者在宗教意识里的出现

根据本原文化的两个要义标志，我们可以发现，希腊文化、希伯来文化、华夏文化与印度文化有理由被视为四个古代本原文化。

那么，为什么说华夏文化是一种本原文化？因为它在公元前 1000 年到公元前 300 年之间，完成了两个存在的跃动。

首先，在公元前一千多年前，华夏文化就发现我们生活于其中的世界有超越的"绝对者"在，而正是这个绝对者使我们生活于其中的世界具有整体性而是一个整体的世界，而不再是一个零碎的、散乱的环境。因此，在这个万物飘忽不定的世界里竟然有"绝对性"与"整体性"，在这个变动不居的世界里竟然有可绝对地信靠且不得不加以信靠的力量，有我们必须心怀虔诚与敬畏的异在者，也即绝对他者。这个绝对他者在殷商被视为"上帝"或"帝"。

卜辞与金文传达出来的信息表明，在商朝人的崇拜体系里，上帝已不再是自然神，而是超越于自然神的至高神。对此，我们可从三个方面来说明：

第一，上帝是超越于诸如风、雨、雷、雹以及四方神这些自然神之上的至高神。上帝虽然决定了风、雨、雷、雹等自然现象的来去，但是，他本身并不是风神或雨神、雷神这些自然神，相反，这些自然神完全服从于上帝，它们只是上帝用以实施其意志的便捷工具。

第二，上帝不仅最终决定着自然现象的兴灭，而且左右着城邑的安危、人事的顺逆、国家的祸福、君王的吉凶。所以，《尚书》这样记录了殷人心目中的上帝："唯上帝不常，作善降之百祥，作不善降之百殃。"① 就此而言，上帝的权能是全方位的，远在自然神之上。

第三，商人心目中的上帝虽然具有至上的权能，"但卜辞表明，商人却从来不向上帝祈求，从来不对上帝进行祭祀"②。殷人不祭上帝，当然不是因为他们不信上帝，相反，从卜辞中可以看到，殷人与君王总是怀着战战兢兢的敬畏心理试图窥探、测知上帝的意图。不祭的原因也不会是像一些学者以为的那样，是因为殷人与上帝没有血缘关系。因为殷人与风神、雨神等自然神也没有血缘关系，但殷人却祭祀

---

① 《尚书·伊训》。

② 参见《商代宗教祭祀》，常玉芝著（载宋镇豪主编《商代史·卷八》），北京：中国社会科学出版社，2010年，第 541 页。关于殷人信仰上帝，却不祭祀上帝的现象，陈梦家在其《殷虚卜辞综述》（中华书局，1988 年，第 577、580 页）已有指陈。但他以及有关学者认为不祭的原因是殷人与上帝没有血缘关系，这一观点表明他们对宗教信仰的深度层次缺乏思考，否则就不会停留在明显不通的解释上。

它们。

那么,殷人为什么不祭祀上帝呢？实际上,宗教信仰作为人类基于其自由本性而必然会有的一种存在方式①,它与其他可能的存在方式一样,有其内在的层次之分与深浅之别。这种内在的层次之分在历史中就展现为深化、提升的历程。就宗教信仰这种存在方式而言,从从事人-神交易的自然神崇拜或偶像崇拜,到切断人-神交易的至上神崇拜,就是一个信仰深度提升的历程。殷人之所以对上帝崇而不祭,是因为殷人的宗教信仰达到了一个新的高度,在这个高度上的上帝信仰里,上帝已跳出了与人的交易关系。因此,人与神(上帝)之间不再允许进行任何交易活动。于是,在殷人的上帝信仰里,上帝的意志有了自己绝对的尺度与纯粹的原则,不会因人的世俗愿望或世俗行为(如讨好或献媚)而改变。正因为上帝的意志具有了绝对性与纯粹性,商王每次在占卜上帝的意旨时,才总怀着诚惶诚恐之情。所以,在殷人信而不祭的上帝崇拜中,实乃表明在殷人的宗教信仰里已达到了对上帝意志之绝对性和纯粹性的自觉。正是这种绝对的纯粹性使殷人的上帝区别并超越于一切自然神崇拜、多神崇拜与图腾崇拜中的神;而对这种绝对纯粹性的发现则使殷人的上帝信仰在根本上不同于这些崇拜,因为在后面这些崇拜活动中,奉献人间美物的祭祀活动始终是其核心内容。

如果说以奉献人间美物为主要内容的人-神交易活动是一种迷信,那么,超越人神交易的上帝崇拜则是一种纯然的信仰。迷信虽然也是宗教信仰,却属于低级的、不纯粹的宗教信仰,因为基于人神交易的崇拜活动在根本上隐含着这两个核心观念：①神或上帝可被人间美物所诱惑、驱动,因而可被人类所腐蚀与败坏。②人可以动用自己占有的世间美物来向神求得所需要或所期待的好处,包括消灾除业,因此,谁拥有更多财富,谁就更有机会从神那里获得额外的福利;不仅如此,一个罪孽深重的人,只要拥有足够的财富便可以想方设法从神那里获得赦免。这两个相关的观念实质上可以归结为一个观念：人间美物或财富可以影响乃至左右神的意志。这等于说,可信靠的终归是人间美物或财富。这显然是宗教意识的一种迷误。因为宗教意识本身原本乃指向现场物之外的非现场者,乃诉诸在我们之上而无法由我们左右的超越者。但是,一切基于人神交易的崇拜活动在实质上恰恰退回到了现场物与可由我们把控的现成物。这是宗教意识在初级阶段的一种迷误与退化。宗教意识的真正展开(发展)、深化必是越来越自觉地朝向非现场者,越来越信靠异在的他者,而脱离人神交易活动。

上述的分析表明,殷人的上帝信仰或天神崇拜乃是一种至上神的崇拜,达到了

---

① 关于宗教如何是人不可避免的一种存在方式,可参见作者的《论国家与宗教》等专论。

对绝对性与纯粹性的发现和觉悟。因此，我们可以说，华夏文化至晚在殷商即已完成了向"绝对"与"整体"的突破，而跨进了"本原文化"的门槛。

正如耶和华曾带有犹太人家族神的色彩，所以，提到上帝时，会经常说"亚伯拉罕的上帝""以撒的上帝""以色列的上帝"，殷人的"上帝"也带有家族神的色彩，因为根据卜辞传出来的信息，商人的先公先王能够"宾于帝"①。但是到了周，当上帝被转换为"天"或与"道"结合而为"天道"时，这个绝对者则进一步成了普遍的绝对者，成了更具超越性的一，是以有"皇天无亲，唯德是辅"②之说出。在这里，"皇天"的纯粹性与绝对性通过"唯德是辅"得到了进一步的突显。人们既不能凭借奉献更多的财富、美物，也不能凭靠出身、地位、权力，来获得上天的眷顾，唯有通过虔诚以及基于虔诚的德行来寻得上天的辅佑与共在。

因此，毫无疑问，三代时期诸如"上帝""皇天""上天"这些指引性原初词表达的都是一种绝对而纯粹的宗教觉悟，或者说，它们表达了"绝对的一"在宗教意识里的自觉。在这里，"绝对者"是以宗教信仰的方式被觉悟与被发现。在这个意义上，三代文化在根本上乃是一种宗教性文化，甚至我们可以说，是一种典范的宗教性文化。我们可以从三方面来说明这一点：

第一，被觉悟、被确信为一的绝对者是一个有意志且公正而美善的最高存在，他拒绝因财施爱，而唯德是辅，常与善人。

第二，对这种绝对者的觉悟与确信，在根本上也包含着对绝对公义的确信与诉求：虽然现实的人世间总是存在着不公与不义，却一直有一个绝对他者的眼光审视着这个不义不公的人世间，并且总是通过亲近"善人"与辅佑"德者"来校正世间的不公不义，因此，历史终究是有公义的。换言之，我们的历史是有绝对公义贯穿其中的历史，因而是有"道统"的历史。在中国人心目中，修史之所以一直是一件沉甸甸事件，而非只是一份史学工作，就因为它首先是一项承祖绍脉、成就大统的事业。只是这里所要承绍的非亲亲之祖、血缘之脉，而是超越于血缘亲情的"太祖与天命"；所要成就的"统"并非血统，而首先是"道统"。修史的根本意义在于述明道统以引正政统。③ 实际上，这里隐含着一个基本信念：在华夏大地展开的历史是行进在天道运行的道统之中，故有其"神圣性的正义"在，也即有来自于上帝或上天的合法性与正当性。因此，这里展开的历史，既有由上天开启的绝对源头，也有由天道担保的可靠未来。这一信念构成了华夏文化的内核之一，它实际上把历史引

---

① 参见《商代宗教祭祀》，常玉芝著（载宋镇豪主编《商代史·卷八》），北京：中国社会科学出版社，2010年，第547页。

② 《尚书·蔡仲之命》汉孔安国传。这一说法在《史记》里被改写为"天道无亲，常与善人"。

③ 实际上，在中国古代，经、史之义皆在于此。

入了人类自我理解的世界图景当中,使历史成了人们自我理解、自我定位的一个基本维度。不管是国家,还是个人,都因此而能够通过对历史的叙述与理解来获得存在的伟大力量。华夏文化的这一历史信念正如犹太-基督教文化的历史信念一样,都包含着对人类自身的**历史性存在**的深刻觉悟。这种觉悟是这两种本原性文化对人的深度存在的一种共同的深切洞见。正是对人性深度的这种洞见与觉悟,使华夏文化与犹太-基督教文化能够深入人心而为人类提供安身立命之所,能够对人类本身具有巨大的教化与提升力量,从而开辟出具有世界意义的历史。

第三,基于对绝对者的觉悟与对历史公义的确信来打开对世界与生活的理解,包括对过去、现在与未来的理解。因此,过去与现在、未来总是作为一个整体被置于绝对者应许的正义之下得到领会和解释,以致从国家到社会再到个人的生活都处身于对"上帝"或"上天"的崇敬与期待之中。因此,生活不仅只有世俗的内容,而且有神圣的意义,也即贯穿着对天道、公义的确信、实践与期待。

因此,尽管近代学人一再否认中国文化的宗教性,并且以中国文化之"非宗教性"为骄傲乃至自高,而实际上却不可能否定三代文化在最深邃层面上恰恰在于其宗教性觉悟。甚至我们要说,这种宗教性一直保留在中国文化传统之中,否则我们无法理解"上天"或"天"为什么仍深深扎根在中国民间信仰之中,甚至也无法理解董仲舒以及后来的理学为什么会把一切正当性都诉诸"天"而给出"天理"这样绝对性的概念。

近代学人之所以对宗教多持消极乃至否定的态度,实乃出于对宗教信仰本身的过于表面的理解而导致的误解:或者以为宗教最早产生,因而是最原始而是最落后的,或者以为宗教是基于浅层次或低层次的人性,随着人性的提高与理性的成熟,宗教终归要被"人文"所取代直至消失。① 在这种宗教观下,周代人文的突破与兴起被叙述为宗教的消退。但是,近代学人这种宗教观不仅是肤浅的,且是很成问题的。最原始的并非就是最落后的,更非最表面的。宗教作为伴随人类起始的原始性现象,倒恰恰表明它是最内在于人类自身的一种现象。随着人类理性的成熟,宗教本身将不是被人文或科学所取代,却是通过改变其具体形态而走向更高级的形态,并激发出新的人文思想。因为宗教与人文思想一样,在本质上都植根于人类

---

① 国内学者这种宗教观当然也是在近代西人学者影响下形成的。黑格尔以其强大的历史哲学叙述把宗教定为精神通往哲学的一个环节,因此,哲学终将取代宗教。还有类似"科学是活着的宗教尸体"这类似是而非的观念迄今也仍颇为流行。中国近代史最肤浅的事件,莫过于很多中国学者从西方学习了肤浅的"人文主义",并以此来解释中国传统,把整个中国传统文化解释为人文主义传统,并洋洋得意于有这样的"人文主义传统",掩盖、删除了中国传统文化中更深邃更丰富的内涵,神圣性、玄微性与超越性被近代肤浅学人全部过滤掉,剩下的就是"人性的,太人性的!"。

最深邃的自由本性。因此，它们之间永远存在着深切的相关性。

四、绝对者在"人文思想"里的自觉

中华文化的复杂性与丰富性就在于，它不仅以宗教的方式达到了对绝对的觉悟，而且从周代始也以思想的方式追问与思考绝对者问题。

这是一次更大范围的觉醒，也是一次更系统的觉醒。虽然流派众多，但就主流的儒道法墨而言，它们都在先前的宗教觉醒的启示下，以思想的方式自觉地朝向一个绝对者——或为"天"，或为"道"，或为"天道""自然"。这里，我们仅以墨家为例来说明。

我们之所以选择墨家，首先是因为，它虽然曾被淹没，但它的核心思想属先秦范畴，且渊于儒家，它对终极性或绝对性问题的思考以及所达到的程度，应也能代表先秦儒家[1]；其次，相比之下，墨家在精神上具有更明确地追求世俗功用的色彩，在论说方法上具有更严格的逻辑分析风格。因此，墨家有关天的思想最能代表"人文思想"的觉醒与宗教信仰的相容性和相关性。

在墨翟看来，百工皆有所法，治天下与治国当然也需有所法。那么，法什么呢？父母、学者、君王皆不可法，因为这三者永远都是"仁者寡"，而不仁者众。因此，法三者无异于"法不仁"。"故父母、学、君三者，莫可以为治法。然则奚以为治法而可？故曰莫若法天。天之行广而无私，其施厚而不德，其明久而不衰，故圣王法之。既以天为法，动作有为必度于天。天之所欲则为之，天所不欲则止。……天必欲人之相爱相利，而不欲人之相恶相贼。"[2]这里，墨子非常明确地表达了三层意思：一、治国或治天下需要有绝对可靠的"正当（确）性理由"；二、这种绝对的"正当性理由"不来自我们人类自身，而只能来自天，因为天才能真正无私无偏而是周全普遍的；三、天给出的最高原则就是"人人相爱相利"，只有基于这个原则，治国才获得了"正当性的理由"，正如百工治业获得了"正确的标准"一样。

在墨子这里，"人人相爱相利"的原则也就是"仁义"原则，它虽明于人心，却来自上天。因为在墨子看来，仁义必定导向"善政"，而"善政""必自贵且知（智）者出也"，谁为最贵且知？"天唯贵、天为知而已矣。"[3]是以知仁义必出自于天。这里，天不仅是最高贵的，且是最智慧的，它是我们在这个世界的一切正当性、合法性的

---

[1] 关于墨家与儒家关系，从《淮南子·要略训》所言"墨子学儒者之业，受孔子之术，以为其礼烦扰而不说"，可知墨儒关系密切。从学理精神上也可以感知到，正如法家可出于儒家一样，墨家也当出于儒家。

[2] 《墨子·法仪》。

[3] 《墨子·天志》。

唯一来源。墨子在这里一方面道出了每个人，不管是作为父母，还是作为君王，都不可能作为这个世界的绝对原则的来源；另一方面则在分析论证中指引出了一个超越于所有人（包括天子或圣人在内）的至高至善至明的天，它构成了这个世界的绝对法度（原则）的源头。这里，人人关系乃是以天人关系为基础，为政之道要以上天之道为根据。这意味着，墨家要为政治与道德提供一个"形而上"的理由。这个理由在天上。在这个意义上，合法的政，公义的政，实乃一种"天政"，而"天政"即是"神权政治"。在这点上，儒墨道没有两样。

这里需要同时指出的是，虽然墨子以天为至高至贵至智者，但人也有其贵与智，那就是人可以明"天则"而行之。人虽然不是绝对法则之来源，却可以通过知绝对法则而行之来获得自己存在的绝对性——"天性"。能明仁心而行义者，为"天人"。这里，人身上的绝对性来自于天，而天的绝对性则见证于人身上的绝对性。这一点上，诸子也无二致。因为这是一切"理性神学"的基本路径。

墨家作为名学的源头，它在先秦诸子中因最重逻辑分析而最具"理性主义"色彩，因此，它对天作为最高绝对者的自觉、保留与维护，最具代表性地表明，被视为"人文思想"的先秦诸子，其兴起如何同时也是宗教信仰精神的深化与加强，而不是对宗教信仰的削弱。

这次思想觉醒之所以也可以被视为一次"人文觉醒"，是因为它是通过更深入地追问、揭示人性本身来理解与朝向绝对整体者。也就是说，这次觉醒是通过探究人自身的内在存在来通达超越于人的绝对者，通过发现与肯定人自身存在的绝对性来肯定与见证整体者的绝对性。在这个意义上，这种"人文觉醒"可视为一次"人文的宗教觉醒"。因此，先秦诸子既是一种人文思想，也都是一种"神学"。

这次觉醒之所以被视为更具系统性，就在于它包含了这三方面的大觉醒：

第一，它不仅只是发现、承认与确信有一个绝对者，而且自觉地以更多的环节、事件来叙述、言说、展示绝对者，甚至以更多的概念与分析来指示绝对者。在近代学人的研究中，通常会罗列出"天"或"道"的多种含义，比如根据儒道法墨文献中有关"天"的论述而把天分解为神圣的主宰之天、义理（伦理）之天、命运之天、自然之天等，并以此论说人文觉醒的去神化乃至无神化。而实际上，在先秦的这些人文论说中，天的多重含义恰恰是被用来申述天的绝对性的不同环节：不管是义理之天，还是命运之天、自然之天，甚至所谓物质之天（如果有的话），都可被归到作为神圣绝对者的"上天"之下，绝对之天据此获得更丰富、更具体的内容。因此，在这里的天并不因被分解、分层而失去了绝对性与统一性，倒是因获得了更丰富的统一性而获得了更生动与具体的绝对性。

第二，在重新确认与确信绝对者之为万事万物与一切美善之源头，因而是一切正当性之根基的同时，发现并确立了人在与绝对者关系中的特殊地位。在诸如"人能弘道""人能修德以配天""真人"能无待而任"自然"等这类论说里，都隐含着从人与绝对者的相互性关系角度来理解绝对者，理解人本身在这个世界上的特殊地位以及人本身的绝对性存在。在这个意义上，这次人文觉醒既是对绝对者的觉悟，也是对人自身的觉悟。我们甚至可以说，这次人文觉醒之为人文觉醒就在于它在宗教启示下通过自觉到绝对者而发现、肯定人自身存在的绝对性。

第三，发现并申述了绝对者以某种人类能够认识并加以遵循的原则来体现、实施他在人类现实生活中的意志或意旨，因此，人类的现实生活并不只是一种世俗的生活，同时也是一种神圣的生活。不管是对于个体，还是对于群体（国家），生活并不仅仅只是满足各种自然欲望，更不是只按自然欲望行事而为所欲为，而是首先要遵循与担当一些来自于上天启示给我们的原则，比如通过圣人作则而垂示给我们的规范，或者通过上智者之先觉而显明给我们的仁爱法则。因此，人类的生活并不只是活着，不只是享受各种感性欲望的满足，而首先是要贯彻、实施某种神圣原则，成就某种神圣事业。

因此，周代人文思想的兴起实质上乃深化了对绝对者的觉悟与论说。在这个意义上，正如柏拉图的理念论与亚里士多德的第一哲学都是某种意义上的神学一样，周代诸子百家的人文思想也是一种神学——神圣学。如果说之前的宗教觉悟启示了人文思想，那么后者则深化并增强了前者关于绝对者的觉悟与信念。就此而言，周代人文思想的兴起不仅不是如近代学人推断的那样削弱甚至取代了对天或神的绝对性的信仰，相反，倒是加强了、深化了这种信仰。[①]

五、独立之学的确立与普遍性原则的发现

上面的讨论只涉及华夏文化之所以有资格被规定为本原文化的第一个根据。第二个根据则是它对普遍性原则的觉醒与承担。实际上，对绝对整体的深度觉悟必定会走向对普遍原则的自觉与自任，这是另一个超越性的突破。这个突破不仅

---

① 近代学人的宗教观给他们带来的先见使他们推断人文思想的兴起必然削弱宗教信仰，并依这种推断去选择和叙述先秦材料，所以几乎是众口一词地得出了惊人一致的结论：周代从春秋到战国，由于人文思想的兴起，人们对天或至高神的信仰已逐渐衰落而走向解体，对天命出现了普遍的怀疑云云。但这种论断并不合文献事实。参见《先秦道家天命鬼神思想研究》（张海英著，湖南大学出版社，2014年），该书作者的宗教观与近代学人无异，却整理、呈现了大量材料以说明近代学人的上述结论之非。

是前一个突破的延伸,而且是对第一个突破的落实与贯彻。

如果说前一个突破是从有限物、相对物、部分物到绝对整体者的跨越,那么,后一个突破则是从局部性、特殊性、差异性到普遍性的跨越。这首先体现为独立立说之自觉,以及以此确立绝对价值之自任。在这一事业上,儒家在诸子中最具代表性,且在历史上影响最大。所以,我们这里仅以儒家来论说。

《学而》篇之所以被当作《论语》的开篇之作,并非随意的,因为它的三句话既表达了为学的三个境界,更表明了为学本身的独立诉求与独立价值。

"学而时习之,不亦说乎"是为学进入的第一层次。不管是学艺,还是学经,在反复的实践、练习中,体验并发现其中果然有"理",心中油然而生喜悦之情。此乃在自己的生活习用中证悟"道理"而喜悦,并因这喜悦而为学不止。

穷经达艺的为学过程,必定也是在生活与行事中验证和澄明更多"道"与"理"的历程。今日明一理,明日更明一理;为学不止,则明理日多。日积月累,理理相通,终至"周而不比"之境,则心中有道而事有是非,身任定则而行显万理。是以,风范远邻,而有闻风者来。来者之为"朋",之为"友",而不是来看热闹的一般人,是因为来者也是一"学道"之人,"为学"之人。那么,来者何为?问道也!求道也!证道也!而非为名,非为利,非为势!总之,只为"学"而来,非为"学"之外而来。人生有众乐,大多与功名利禄相关,而"有朋自远方来"之为一乐,则与此无关。这里,乐之所乐,唯在与来者的问道、求道中与之共同见证横贯天地、人间的"道理"。这种共同见证天道常理,不仅是共同发现与共同验证"真理",而且是共在于"真理"。是以,信然而乐焉:吾道不孤也!

虽然学无止境,但是,为学至此,也可谓学而有成。就人世间的一般情况而言,一个人学富德芳,总会被周邻所知,甚至会闻达于天下。因此,总会有一些功用、福报随学而来,包括有知己者自远方来。但是,为学之目的却与此功用、福报无关。因为即使福禄在为学之中,为学本身也自有目的,而并不为福禄,不为闻达。那么,为学之目的是什么呢?孔子为了申明其立学的根本宗旨,特意设置了一个处境来讨论:如果一个人身有贯天下之学,却不为天下人所知,不闻达于诸侯,那么,当如何自处呢?自艾自怜吗?怨天尤人吗?孔子给出了否定性的回答:不埋怨上天不给自己好运气,不怨恨别人不了解自己、不推崇自己,不责备社会不给自己应得的好处或福报。因为在孔子心目中,为学的根本目的不在其他,乃在达道而明理,简单说,乃为"道理"本身。明心见道,成就君子,乃是孔子立学的根本目标,它独立于闻达与否,独立于一切功用与福报。这在根本上意味着,明道而成就君子本身就具有独立的绝对价值。

在《学而》篇里,孔子既表达了他所立之学的独立性,也申明了其立学所要成就的目标本身具有绝对之价值。在孔子之前,已有悠久的官学,"私立"之学想必也已流行。但是,只是到孔子,立学之独立性,以及所要成就的目标的绝对性,才得到了明确的自觉与实践。

正是对这种独立性与绝对性的自觉,孔子确立起来的"新儒学"才完成了对特殊性、差异性与局限性的突破,而走向对普遍性原则的发现与担当。

在日常生活世界里,人们首先看到的是事物之间的差异,因为这些差异对应着我们生活中不同的功能需要。而在所有事物当中,同一物种的成员个体之间,以及群体之间,呈现出差异最大的,莫过于人类。所以,对于人类自身,我们首先看到与关注的更是各种千差万别的差异:人们之间因种种差异而承担不同功能、占据不同地位,进而享有不同待遇。差异因此首先把人类带进了等级关系与不平等对待。

实际上,在很长的历史时段里,人类竟没有一个"普遍的人",因而没有一种普遍的相互对待方式。在这个漫长的时段里,每个人都是特殊的:特殊的能力、特殊的功能、特殊的地位与特殊的待遇。这里只有一种否定的"普遍性":不管是个体,还是群体,都是以等级差序的身份相互理解与相互对待;这里存在的普遍性就是对人类自身的普遍性的否定。

在这种缺乏肯定的普遍性的等级体系中,人类个体的存在永远只是"器"的存在,也即只具有工具性意义的存在,而没有工具之外的目的性意义,因为在否定普遍性的等级分工里,每个人都只是作为发挥特殊功能的角色而被承认与被接受。这里既没有普遍的人类尊严,也没有具有绝对价值的个体存在。

在孔子确立仁学之前,中国的历史实际上就仍徘徊在这样的缺乏普遍性的历史边缘。在孔子时代,规定着人间一切关系的礼主要基于三个方面:血缘亲情、等级关系与宗教传说。礼崩乐坏虽然有各种原因,但礼乐体系本身缺乏内在统一性与普遍性是其分崩离析的根本原因。孔子说自己"信而好古,述而不作",好像他只是整理、传承文献,而实际上他完成了一件应时的伟大工作。在礼乐普遍失效、心灵与行为普遍失序的溃败时代,还有什么理由要求人们"复礼"?我们又应当"复"什么样的"礼"?孔子的伟大就在于,他在回应这些人类需要一再面对的问题时确立起了仁学,发现了普遍的仁爱,并借此既为重估与重构一切现有的礼乐提供了一个普遍而绝对的标准,也为一切可能的普遍礼乐奠定了内在而超越的根基。简单说,对仁的发现,仁学的确立,为"损益"礼乐,"删定(重估)诗书"确立了普遍的标准与依据。

那么,如何理解孔子的"仁"?尽管孔子在不同场合对仁有不同的解说,后人更有种种解读,但是,他对樊迟、子贡、颜回、仲弓等学生问仁的回答应是最根本的回答。对樊迟问仁,"子曰:爱人"①。仁,就是爱所有的人。对于一个人,不管亲疏远近,不管出身、地位、等级,都应当爱他。那么,如何爱所有人呢?"己所不欲,勿施于人。"②这被孔子视为每个人终身要奉行与坚守的绝对法则:不要把不愿意发生在自己身上的事情,施加到任何人身上。这就是仁爱法则,它要求如此这般对待每个他人。这一法则实际上包含着两条基本原则:

第一,要把任何他人都当作与"自己"一样的存在者:承认每个他人为与自己一样却又独立于自己的另一个自己;第二,尊重并维护每个他人为另一个独立的自己,因此,不允许也不忍心以自己不愿意被对待的方式对待他人,而只能以自己也愿意被对待的方式对待他人。③

这两条递进的原则是孔子所说的仁爱的根本内涵。它实际上表达了一个绝对的命令:把自己与任何他人都当作"同样的一个人"或"同样的一个自己"来对待!在这个命令里,我们每个人都应当让他人在一种普遍的对待方式里,或者在一种普遍的态度里来与我们相遇照面。于是,这里终于出现了一个以一种普遍的方式、普遍的态度被对待的人。实际上也可以说,这里出现了一个要求相互被同等对待的人,因而出现了一个存在于每个个体身上的普遍之人。因此,在仁爱里,每个人都首先是一个"一样的人",一个"普遍的人",而不再是等级体系里的身份者,不再是血缘关系里的亲疏者,也不再是职业分工里的角色者。

孔子对仁之发现与觉悟,在根本上意味着对普遍之人的发现与觉悟,而在更深层次上则指向了对普遍的个体之人的自觉。而就时代言,孔子仁学之确立,仁爱原则之奠定,则彻底突破了三代文化的特殊性诉求与特殊性局限:他以普遍的仁爱突破了人类沉迷了千年之久的血缘亲情、等级关系、种族区隔与神话传说,借此克服了由种族、血缘、地域、等级与传统造成的分别和局限,为人间的一切正当关系确立了普遍性的基础。如果说孔子奠定仁学的工作就是确立普遍性原则的工作,那么,我们也可以说,他的工作就是一项解放事业:把人类从血缘亲情、等级关系、种族区隔、地域亲疏等等特殊性状态中解放出来,从而将人类带入了普遍性的关系生活,开辟了自觉承担普遍性原则的历史。

孔子仁学之确立,一方面完成了对"绝对者"的确信与对普遍性原则的自觉、自任之间的贯通,使华夏文化完成了由局限于特殊性原则向自觉承担起普遍性原则

---

① 《论语·颜渊》。

② 这是孔子回答颜回、子贡与仲弓这三个孔子最看重的学生问仁的一个共同回答。这足以表明,这个回答对于理解"仁"的重要性。

③ 耶稣把这一条表达为"在一切事情上,你们要别人怎样待你,你们就要怎么样待人"《圣经·马太福音》7:12。

的突破。简单说,孔子仁学的奠定,完成了使华夏文化成为本原文化的突破。另一方面,仁学的确立为始于三代而兴于周的"民本"政治理念奠定了远高于这一理念本身的本原基础。从此,"天下主义"的"王道理想"才成了穿越无数黑暗与暴虐的绝对希望,并获得了穿越千年历史的不竭动力。

孔子的仁爱原则就其超越了一切诸如血缘亲情、传统习俗、等级关系、地域差别以及其他一切特殊性而言,仁爱原则乃独立于这一切特殊性因素,因此,仁爱原则本身就具有独立的绝对价值。它就是最高的"道理",是为"天理"。仁爱原则的这种独立性与绝对性后来被荀子以令人动容的词句表达为:

> 仁之所在无贫穷,仁之所亡无富贵;天下知之,则欲与天下同苦乐之;天下不知之,则傀然独立天地之间而不畏![1]

在有仁爱的地方,必定存有无价的温良、无价的公义,它比再多的财富都更加宝贵。而在没有仁爱的地方,即便财富如山,也与贫穷无异。有了仁爱,不管闻达与否,都无损其价值。因为我们一旦在心灵里明觉了仁爱,那么它将使我们真正地顶天立地而不畏:不畏贫穷,不畏威逼,不畏生死。

实际上,正因为孔子以其仁学确立起了具有普遍性与独立性的仁爱原则,启动了追寻、担当普遍性的自觉努力,才使墨家与法家的相继登场成为可能。如果儒家是从传统的亲亲出发来追寻和承担普遍仁爱,那么墨家则是从陌生人一端的兼爱出发来追寻和承担普遍仁爱。同时,也只有基于普遍性精神才会走向"法无例外"的法家理念。所以,从表面看起来,虽然法墨与儒家有根本差异,但是,它们却都与儒家开启的普遍主义精神密切相关。

六、未来的思想事业

正如开头所说,就古代而言,世界上有四个本原文化民族:希腊与希伯来,还有就是华夏与印度。他们是人类最早发现绝对本原并自觉以自己的历史承担起绝对性与普遍性的文化民族。就其作为发现者而言,他们是绝对性的最早见证者而确立了人类普遍史的基轴,以致史学的任何世界史叙述都无法离开他们的历史。而就其作为历史承担者而言,他们则是绝对者的古老"选民"而展开着绝对者的不同面向。

---

[1] 《荀子·性恶篇》。

因此，本原文化民族之间的共同，是绝对者的唯一性的表达；他们之间的相异，则是绝对者的（诸）可能性的表达。因此，本原民族或本原文化之间的相遇，不仅是人间的事件，也是绝对者的事件：这种相遇是见证者身份的相互印证，也是绝对者的多种可能性面向的呈现。见证者在相互印证的同时，也见证着绝对者的多种可能性面向。人类通过本原民族的相互印证而走向更高的普遍性，也因见证绝对者的更多可能性面向而更接近真理，更确信历史与未来都有普遍的公正在。

不管是走向更高普遍性，还是更接近真理，更确信公正，于我们而言，都意味着更走向成熟，更走向自由，因而更成就了自身。对于人这种特殊存在者而言，不管是作为类还是作为个体，自由之外无自身，自由之外无自己。在这个意义上，唯有走向自由，才能真正成为自己，而要真正走向自己，成就自身，则唯有走向自由。真正的自己不在别处，只在自由里。

因此，本原文化民族的相遇是人类走向自由而成就自身的必经之途。在人类历史上，这种相遇首先发生在两希文明之间，也即发生在以思想为其标志的希腊文明与以一神教信仰为其核心的希伯来文明之间。这种相遇在相互改变、提升了对方的同时，把自觉承担起这种相遇的民族与个人提高到了他们前所未有的高度与深度，直至他们能够以前所未有的普遍性捍卫人类的尊严与道德，以前所未有的广度改变人类与世界，以前所未有的力量开辟新的世界史。设若没有两希文明的相遇给宗教与哲学（包括科学）带来的深度变化，我们无法想象以深度觉识自由为其根本的启蒙运动会首先在欧洲大陆上展开。

如果说人类是通过近代自然科学实现了对自然的跨越式认识，那么，人类正是通过启蒙运动把对人自身的认识提高到了一个跨越性的高度，实现了对自由的一次深度自觉，并据此确立了现代社会的普遍原则而开辟了一个全新的世界性时代——不同于古代的"现代"。

一个现代社会之为现代的社会，而不是古代的社会，不是旧社会，并不在于它所在的物理时间获得校准，也不在于它拥有了多少新的科技要素，而在于它是否奠定在一系列基于自由的那些更具普遍性的原则之上。

在这个意义上，两希文化的相遇为现代社会做了遥远的准备，而现代社会则把人类带向更具普遍性的普遍性。西方哲学作为两个本原文化相遇的主角（不管是作为参与者，还是作为效果者，它都是主角），它同时也是奠定现代社会的主角。因此，如果走向更具普遍性的普遍性，也即走向包含更多可能性、更多特殊性于自身的普遍性，因而也即更走向成熟与自由，是人类的目标与希望——因为否认这一点，人类将停留于各种特殊主义而固守在没有希望、没有出口的自我封闭里，那么，告别古代，进入另一个时代，也即走进现代社会，则是人类必须面对与完成的一个任务。而这在根本上意味着,作为两希本原文化在思想层面上交会的结果,西方哲学是人类**自觉**走向现代社会的一个关口,是人类**自觉**进入现代社会的一个桥梁。因为唯有自觉到现代社会奠定其上的那些普遍原则,才有可能承担起这些原则而自觉进入现代社会。

进入现代社会有各种方式,比如日本以及菲律宾这样的东亚国家,只需通过学习技术性制度就可以进入现代社会。这是一种被卷入式或被带入式的进入。但是,对于本原文化民族的我们,则无法单纯以这种被卷入式的方式进入现代社会,因为这是一种对现代性价值原则无所自觉、无所承担的方式。而作为本原文化民族,我们从来都不可能对自己能够并愿意生活于其中的社会的价值原则无所自觉、无所承担,相反,我们从来就以自觉担当起其价值原则的方式生活于奠定在这些价值原则基础上的社会里。对于我们而言,要么坚守着古代原则而尴尬地生活着,要么自觉地承担起现代原则而更自由地生活着。

因此,于我们而言,面对两希文化,研究西学,就不只是专业的事情,而首先是一个本原文化民族继续以自觉的方式去承当起时代原则的事业。如果说中国传统社会是在逼迫中朝向现代社会,那么,中国要完全从这种逼迫中解放出来,要完成从朝向现代社会到进入现代社会,直至承担与改善现代社会,则唯有通过哲学,通过思想事业,自觉地承担起现代社会的普遍原则。

就近现代西方文化世界是两希文明相遇的结果而言,作为另一个本原文化民族,作为第三方,我们研究、理解西方文化,并非只是出于我们自身的需要,也并非只为了我们自身的需要,它同时也是我们这个本原文化民族继续为人类打开、见证和担当更高普遍性的使命。如果说西方人承担了两个本原文化的相遇,那么,中国人则不得不承担着多个本原文化的遭遇。正如承担了两希文化相遇的欧洲人打开了前所未有的普遍性一样,我们命定要在承担多种本原文化的相遇中去打开和承担人类从未有过的普遍性。换言之,我们会通西方文化,研究西方思想,不仅将把我们自己,也将把西方哲学与现代世界带进新的普遍性,并据此改善现代社会。我们将不再是原来的我们,但我们将更成为我们自己,西方哲学将不再是西方的哲学,但哲学将更成为哲学本身,思想将更成为思想本身。

普遍性的升级,一方面意味着我们进一步突破自身的局限,另一方面意味着绝对者的更多可能性面向的开显,意味着真理的更多维度的显现。因此,我们不仅通过升级普遍性来解放自己——把自己从特殊性、地域性、时代性中解放出来,从而升级我们的自由而升级我们的"自身",而且通过升级普遍性来追求真理,更接近真理本身。

在这个意义上,我们通过研究、消化作为两个本原文化相遇之产物的西方思想世界,以升级人类的普遍性,既是为了追求真理的需要,也是为了成就"我们自身"的需要。我们无需像一些人所担心的那样,深入西方文化世界,将会失去"我们自己",相反,作为一个本原文化民族,我们倒将在其他本原文化的深处发现我们自己而提升我们自己。

参考文献

中文参考文献

1. 古典文献

圣经[M].
阿奎那.神学大全[M].
刘安.淮南子[M].
许慎.说文解字[M].
顾野王.玉篇[M].
李塨.上毛河右先生书[M].

2. 中文译著、论文

奥古斯丁,1981.忏悔录[M].周士良,译.北京:商务印书馆.
别尔嘉耶夫,1991.我的末世论哲学[J]//黄裕生,译.哲学译丛. 1991(4).
别尔嘉耶夫,2007.人的奴役与自由[M].徐黎明,译.贵阳:贵州人民出版社.
齐纳逊·伯内斯,1989.亚里士多德[M].余继元,译.北京:中国社会科学出版社.
笛卡儿,1996.第一哲学沉思集[M].庞景仁,译.北京:商务印书馆.
黑格尔,1983.哲学史讲演录:第四卷[M].贺麟,王太庆,译.北京:商务印书馆.
康德,1960.纯粹理性批判[M].蓝公武,译.北京:商务印书馆.
康德,1983.纯粹理性批判[M].牟宗三,译.台北:台湾学生书局.
康德,1990.任何一种能够作为科学出现的未来形而上学导论[M].庞景仁,译.北京:商务印书馆.
康德,2004.纯粹理性批判[M].邓晓芒,译.北京:人民出版社.
康德,2004.纯粹理性批判[M].李秋零,译.北京:中国人民大学出版社.
斯宾诺莎,1996.神学政治论:第二十章[M].温锡增,译.北京:商务印书馆.
斯宾诺莎,1997.伦理学[M].贺麟,译.北京:商务印书馆.
斯宾诺莎,1999.政治论[M].冯炳昆,译.北京:商务印书馆.
亚里士多德,1982.物理学[M].张竹明,译.北京:商务印书馆.
亚里士多德,1997.范畴篇[M].方书春,译.北京:商务印书馆.
亚里士多德,1991.形而上学[M].吴寿彭,译.北京:商务印书馆.
亚里士多德,2003.尼各马可伦理学[M].苗力田,译.北京:中国人民大学出版社.
亚里士多德,2010.尼各马可伦理学[M].邓安庆,注释导读.北京:人民出版社.

3. 中文专著、论文

王力,1980. 汉语史稿[M]. 北京：中华书局.

徐凤林,1999. 俄国知识人与精神偶像[M]. 上海：学林出版社.

叶秀山,1988. 思·史·诗[M]. 北京：人民出版社.

叶秀山,1997. "哲学"如何"解构""宗教"——论康德的"实践理性批判"[J]. 哲学研究,1997(7).

余纪元,2011. 亚里士多德伦理学[M]. 北京：中国人民大学出版社.

张祥龙,2008. 概念化思维与象思维[J]. 杭州师范大学学报,2008(5).

西文参考文献

Aquinas T,1979. De ente et essentia, Das Seiende und das Wesen[M]. übersetzt von Franz Leo Beeretz, Leipzig: Reclam.

Aristoteles, 1920. Metaphysik[M]. übersetzt von Rolfes. Hamburg: Felix Meiner.

Aristoteles, 1920. Kategorien[M]. übersetzt von Rolfes. Hamburg: Felix Meiner.

Aristoteles, 1960. Nikomachische Ethik[M]. Aristoteles Werke Band 6, übersetzt von Franz Dirlmeier, Berlin: Akademie Verlag.

Aristoteles, 1985. Nikomachische Ethik[M]. übersetzt von Fugen Rolfes, Hamburg: Felix Meiner.

Buber M,1977. Ich und Du[M]. Aufl. 9, Heidelberg: Lambert Schneider.

Duden, 2003. Deutsches Universal wörterbuch[M]. fünfte Auflage, Mannheim: Duden.

Heidegger M, 1958. Ein führung in die Metaphysik[M]. zweite Auflage, Tübingen: Max Niemeyer.

Heidegger M, 1961. Vom Wesen der Wahrheit [M]. vierte Auflage, Frankfurt am Main: Vittorio Klostermann.

Heidegger M, 1979. Sein und Zeit [M]. siebente unveränderte Auflage, Tübingen: Max Niemeyer.

Heidegger M, 1991. Kant und das Problem der Metaphysik [M]. Gesamtausgabe Band 3, Frankfurt am Main: Vittorio Klostemann.

Kant I,1956. Kritik der reinen Vernunft[M]. Hrsg. von Raymund Schmidt, Hamburg: Felix Meiner.

Kant I, 1994. Was ist Aufklärung? Aufsätze zur Geschichte und Philosophie[M]. Hrsg. von Jürgen Zehbe, Göttingen: Vandenhoeck und Ruprecht.

Plato, 1974. Platos Gesamtausgabe[M]. Band 3, Zurich: Artemis.

后　　记

　　真正的哲学问题都属于第一哲学的问题,或者说,唯有第一哲学的问题才是真正的哲学问题。

　　思考与讨论第一哲学问题有两种方式。一种是直接面对问题本身,这通常只有极少数天才才能做到,像维特根斯坦、胡塞尔等,他们从自己的生活经验或某一学科的基础问题出发,直逼第一哲学问题,并做出超越前人的讨论。以这种方式讨论第一哲学问题,是充满危险的,除了极少数天才能走上正道而有所贡献以外,大部分人都将沦为"民哲"而外在于历史。因为哲学的真正问题一方面需要寻找,需要在自己的生活深处倾听到它们的召唤,并经受住它们,另一方面对这些问题的思考与讨论需要有能穿越历史的视野,也就是说,这些思考与讨论要扩展了前人的思考视野而包含着之前的思想视野。未能做到这一点,即使找对了第一哲学的问题,也未能作为历史的一个环节而进入历史。实际上,试图绕过哲学史而以直接面对问题本身的方式去思考哲学的人,往往连问题都难以找对。所以,相对可靠的另一种方式就是通过哲学史进入哲学问题。哲学史乃是由进入历史的哲学家标志出来的历史,而能够进入历史的哲学家则是这样的思想者,他的思想标志了他所在的那个时代、那个社会的高度与深度。因此,他的思想才构成了思想史的一个环节:通过他的思想,我们可以知道他对之前的思想的突破,也可以知道他之后的思想的推进。尽管哲学史上的哲学家讨论与思考的问题各有侧重,但是他们讨论的,一定是真正的哲学问题。

　　对于哲学这门科学来说,通过哲学史去展开哲学研究之所以可靠有两个理由。首先是,从任何一个进入历史的哲学家那里,都可以学习到如何提出与讨论真正的哲学问题,因此,学习哲学史是纠正我们偏离哲学问题的最有效机制。不少号称研究哲学的人,他们研究与讨论的问题实际上与哲学没什么关系,或者完全外在于哲学,他们把已经偏离了哲学的问题误以为哲学问题;而导致这种情况发生的主要原因就是他们拒绝哲学史的训练与引导。第二个理由是,由于进入历史的哲学家都是一个时代的精神世界所达到的高度与广度的标志,因此,通过哲学史进入哲学,不仅更有可能找对哲学问题,而且更有可能保障我们的思考水平达到一个时代的高度,从而运思在历史之中;而只有首先运思在历史之中,才更有可能穿越历史而展开新的历史。我们常说,哲学即哲学史。这并不是说哲学研究就是研究哲学史，不，单纯编年史式的哲学史研究不能称为哲学研究，因为那只是对哲学的历史学研究。实际上，这个说法表达了三层意思：第一，哲学研究的问题总是与哲学史上的哲学家们所研究和推进的问题相关，真正的哲学研究不可能脱离哲学史的已有努力；第二，任何一个时代的哲学都是思想或精神在这个时代所能达到的高度与广度的标志，因此，每个时代的真正哲学都是通往其他时代的关节点，且是哲学史不可或缺的构成环节；第三，每个时代的哲学之所以能够作为那个时代的标志，通常是因为它在高度与广度上包含着之前的哲学所达到的程度，因此，每个时代的哲学实际上既是对之前的哲学的终结，又是之前的哲学展开的结果而包含着之前的哲学。在这个意义上，每个时代的哲学本身就是一部哲学史。这是"哲学即是哲学史"的真正要义，而这同时也意味着，真正的哲学史是由那些具有时代关节点意义的哲学构成其环节的哲学史。因此，通过哲学史展开哲学思考，并非一项历史学工作，而是要站在时代的关节点上，站在历史的环节里展开思想事业。

本书是作者关于第一哲学问题研究的部分汇集。在思考第一哲学问题上，我采取的是第二种方式。不过，在形式上，有一部分更像以第一种方式进行，有一部分则明显是以第二种方式进行，所以，在整理和编排过程，我把它们分成上篇与下篇。对第一哲学问题的讨论是我持续不断的工作，也是我用力最多的工作，所以，这方面的工作远不只限于本书，在我的其他作品里，也都贯穿着对第一哲学问题的思考。这里汇集的只是这方面的部分工作，既是回顾，也是为了新的开始。第一哲学问题本身一方面是开放的，永远需要重新思考，同时它们本身就包含着对系统性与一贯性的要求。本书在章节的编排上，已尽可能回应第一哲学的这一要求。在本书的编辑、校订过程中，郭东辉、郭真珍、吴清原做了许多工作，责编梁斐女士为本书的出版贡献了非常专业、认真的工作，在此一并致以诚挚的谢意！

黄裕生

2019 年 1 月 12 日于学清苑